# Justice
# Le ministère infernal

Du même auteur

*François Besse – La métamorphose d'un lieutenant de Mesrine*, Flammarion, 2006.

Mathieu Delahousse

# Justice
# Le ministère infernal

Flammarion

ISBN : 978-2-0812-0844-5

# Introduction

C'est le plus sensible des ministères. Le plus passionnant. Et le plus passionnel. « Le ministère de la Justice ? Si vous vous intéressez à ce qui s'y passe actuellement, vous le trouverez dans un état indescriptible », avait grincé, tandis que je l'interrogeais, un haut magistrat fort jovial, ouvertement proche du pouvoir mais pourtant terriblement perfide vis-à-vis de la si célèbre garde des Sceaux alors choisie par son propre camp.

Un ministère indescriptible ? Il semble l'avoir été de tout temps. La Place Vendôme n'est pas un univers limpide. D'ailleurs, aucun des quinze gardes des Sceaux rencontrés pour ce livre n'a hanté les lieux avec un style identique. Aucun des magistrats venus s'approcher du pouvoir n'en a gardé une vision uniforme. Et aucun des visiteurs d'un jour du ministère, qu'il soit un acquitté de l'affaire d'Outreau, un procureur convoqué pour plaider sa cause, un quidam ou encore un journaliste venu y saisir une actualité n'a tiré de son incursion dans la machine une seule et même perception.

Il existe bien mille façons de visiter le ministère de la Justice. Mais, au risque de déplaire d'emblée aux ministres successifs, la promenade à travers bureaux et salons de la Place Vendôme se mène souvent sur l'air de *Tout va très bien, madame la marquise.* Dans un pays où la crise de la justice semble chaque année s'aggraver, les gardes des Sceaux, toutes couleurs politiques confondues, affichent invariablement leurs bilans positifs. Ce n'est qu'après leurs missions ministérielles menées tambour battant et sur un rythme infernal que certains d'entre eux admettent, finalement, leurs doutes, leurs difficultés, voire leurs échecs. Pour eux, la chancellerie fut à la fois un passage d'intense exposition et un parcours du combattant épuisant souvent conclu d'une sortie par la petite porte.

Pourquoi ces paradoxes ? Comment un ministère aussi bouillonnant peut-il donner aux Français le sentiment d'être immobile ? La course engagée par les gardes des Sceaux successifs est-elle perdue d'avance ? Et comment marche donc cette grande machine ? Ce sont ces questions qui nous ont incité à explorer tous les recoins de la chancellerie, à y pousser toutes les portes et à y rechercher petits et grands secrets.

Ce livre ne constitue en rien une histoire officielle du ministère de la Justice. La visite guidée qu'il propose a choisi de s'appuyer sur les femmes et les hommes qui ont le plus séjourné Place Vendôme [1]. D'abord les têtes d'affiche, c'est-à-dire les gardes des Sceaux successifs entre 1981 et aujourd'hui. Ensuite, les locataires plus discrets mais essentiels, comme les directeurs, qu'ils soient au cabinet du ministre ou dans les directions du ministère. Enfin, les visiteurs réguliers de la Place Vendôme, souvent les plus observateurs et les plus critiques.

---

1. Les entretiens avec les anciens gardes des Sceaux et avec les magistrats ont été enregistrés puis envoyés pour relecture aux intéressés qui les ont, pour la plupart, amendés. La liste des gardes des Sceaux depuis 1981 figure en annexe.

## *Introduction*

# *Les gardes des Sceaux se racontent*

Tous se sont prêtés au jeu. Michèle Alliot-Marie était installée au ministère depuis trois semaines seulement quand elle a accepté d'en livrer sa première vision et de révéler ses premières surprises.

Rachida Dati était encore en poste Place Vendôme quand nous l'avons rencontrée. La première garde des Sceaux de Nicolas Sarkozy, alors enceinte de huit mois, revenait juste d'un déplacement organisé le matin même et était attendue en début de soirée par des parlementaires quand elle nous a répondu dans son bureau, installé dans la bibliothèque royale du ministère.

Avant l'entretien, son prédécesseur, Pascal Clément, avait préparé la liste des réformes adoptées sous son ministère et nous a reçus chaleureusement dans son bureau de l'Assemblée nationale. Tout comme Dominique Perben, juste remis de son échec aux municipales à Lyon et visiblement heureux de revenir sur les grandes pages de sa vie d'avant.

Autour d'un déjeuner, Marylise Lebranchu, volubile et peu avare d'anecdotes, a refait défiler son existence ministérielle comme si elle l'avait quittée la veille. De son côté, dans son bureau de l'Assemblée nationale, Élisabeth Guigou a détaillé de mémoire chaque facette de son action. Jacques Toubon, dix ans après son office à la Justice, a replongé avec précision dans les noms, les dates et les polémiques de son ministère. Pierre Méhaignerie, lui, accaparé le jour de l'entretien par la négociation d'un texte important à la commission des affaires sociales de l'Assemblée, s'est souvenu que les événements judiciaires lui arrivaient justement de cette façon-là : sans cesse et toujours dans l'urgence.

Michel Vauzelle, avant de répondre, a d'abord évoqué l'actualité judiciaire du moment et insisté sur les principes mis à mal par les réformes voulues par la droite. Henri Nallet a raconté avec enthousiasme son expérience, y ajoutant nombre d'anecdotes inédites et des réflexions profondes. Pierre Arpaillange a d'abord refusé tout entretien mais, à l'évocation de son village natal en Dordogne, a finalement accepté avec entrain, nous envoyant en guise de réponse détaillée quatre-vingts pages dactylographiées. Albin Chalandon, installé dans un bureau du groupe pétrolier Total, est revenu méthodiquement sur chacun des chantiers entrepris, réussis ou manqués. Maurice Faure, dans son appartement parisien, a raconté avec un franc-parler mêlé d'ironie ses expériences de ministre.

Robert Badinter, passionné et captivant, nous a reçus chez lui et nous a livré anecdotes, documents, réflexions et détails, allant jusqu'à extirper d'un coin de son bureau, dominant les cimes des arbres du jardin du Luxembourg, une maquette de la maison d'arrêt de Mauzac, inaugurée selon ses vœux durant son ministère. Toutefois, rédigeant alors ses mémoires de garde des Sceaux, il a expressément exprimé la volonté de conserver pour son propre ouvrage [2] la révélation de ses souvenirs personnels et politiques de la Place Vendôme. Personnage à part dans l'histoire de la justice française, Robert Badinter l'est donc également dans la série de témoignages recueillis pour cette enquête.

Pour ce livre, les questions sur la justice nous ont également conduits loin de ce ministère. Au Palais de l'Élysée, face au discret mais influent fauteuil du conseiller judiciaire du président de la République, qui, pour la première fois, a accepté d'ouvrir sa porte à un journaliste. À Matignon. Au Palais de justice de Paris, aussi, dans les superbes bureaux des magistrats les plus puissants de France. Enfin, dans les bureaux plus exigus ou les salons plus chaleureux de ceux qui avaient quitté leurs fonctions. Le but a toujours été de comprendre comment fonctionne la machine, d'écouter les versions des témoins de l'histoire avec leurs émotions, leurs sourires, parfois leurs

2. Robert Badinter publie en 2009 chez Fayard ses souvenirs de la Place Vendôme entre 1981 et 1986.

trous de mémoire ou leurs révélations. Volontairement fondé sur les anecdotes les plus éclairantes de chacun des guides, le sens de la visite s'est en vérité principalement axé sur la confrontation incessante entre les enjeux politiques et les réalités judiciaires.

## *Un écrin de luxe pour les Sceaux de la République*

Derrière les façades de la place Vendôme, l'image du ministère de la Justice s'affiche différemment selon les ambiances et les enjeux du moment. Tour à tour présenté comme le siège d'une institution en ruine où tout ne serait que dysfonctionnements, comme le terrain d'ardentes et inédites réformes ou comme le palais d'une ministre médiatisée comme jamais, la Place Vendôme ne quitte jamais la une de l'actualité plus de vingt-quatre heures. Il s'y déroule au moins une fois par semaine un petit tremblement de terre. Un jour, s'y focalisent les passions autour de grands principes judiciaires. Le lendemain, s'y élèvent les échos des drames et des souffrances que les magistrats traitent au quotidien. Un dernier jour, enfin, s'y confrontent la lenteur minutieuse des gens de droit et l'impatience revendicatrice d'une opinion publique qui s'est approprié la justice de son pays.

Pour se rendre au ministère, une courte chevauchée dans les plus belles rues de Paris suffit. Ni la vie quotidienne des tribunaux ni la tension des affaires en cours ou les difficultés des prisons n'ont leur place ici : la dernière rue à parcourir n'est-elle pas celle de la Paix ? Un quart de cercle autour de la colonne Vendôme plus tard, après un passage au ralenti devant la vitrine des joailliers puis les chasseurs de l'hôtel *Ritz* faisant les cent pas, il ne reste qu'à pénétrer dans l'hôtel de Bourvallais. L'arche n'est pas plus large que sur les autres façades de la place mais celle-ci se voit surmontée d'un panneau annonçant en lettres d'or, sur fond noir, et en capitales : « Ministère de la Justice ».

Une fois le contrôle de gendarmerie franchi, il faut encore quelques minutes pour se débarrasser de l'impression de luxe offerte par le quartier. Nichée au milieu de hauts immeubles qui la protègent du tumulte de la capitale, la cour pavée de la chancellerie est tranquille. Elle ne peut être observée que des fenêtres des chambres du *Ritz*, à sa droite. Pour accéder à ce qu'il convient d'appeler l'hôtel du ministre, en revanche, il faut se diriger vers la gauche et monter les quelques marches du perron.

Les lieux sont symboliquement gardés par les huissiers du ministère. La tradition, encore en cours, voulait que des surveillants de prison soient détachés par leur administration pour assurer cette fonction prestigieuse. Portant queue-de-pie et chaînes en argent autour du cou lors des réceptions, ils ont, au quotidien, la tâche de veiller aux portes et aux visiteurs.

L'huissier, allure fonctionnellement placide, est au carrefour des trajectoires de ce ministère bouillonnant. Sa place lui offre une vision centrale des mouvements. Relégué aux couloirs et antichambres, il a pour compagnie de passage les officiers de sécurité du garde des Sceaux, ce ministre qui porte le nom de code de « Mercure » dans les conversations à l'oreillette des policiers du service de protection des hautes personnalités. Attachés au ministère, les huissiers ont ainsi en mémoire les noms et les visages de ceux qui y sont passés. Ils ont connu leurs instants de découverte, quand les gardes des Sceaux prennent possession des lieux. Ils ont été témoins de leurs quotidiens harassants. Et finalement, en ont vu partir plusieurs un peu dépités, dans ces instants où le ministère, vide, semble subitement aussi abandonné que son locataire sortant. Un habitué des lieux se souvient que, pour l'un d'eux, l'unique priorité à cet instant était de savoir s'il pouvait encore bénéficier de la voiture officielle dans la demi-heure suivant la passation de pouvoir afin qu'on l'amène… à la gare. Grandeurs et misères de la fonction gouvernementale.

Quand tout est calme, l'huissier rejoint son petit bureau qui, maigrement éclairé, fait le coin d'une vaste pièce à l'allure de salle d'attente de grande entreprise. De mous canapés font patienter les visiteurs. L'antichambre, malgré son apparence quelconque, contient de vrais fragments d'Histoire. Pour comprendre pourquoi cette salle d'attente est nommée la salle des Sceaux, il faut s'extraire de son siège et s'approcher de l'exposition de l'histoire de France présentée, tout au long de l'année, dans de grandes vitrines éclairées.

Le temps semble s'être arrêté sur leur contenu constitué de documents jaunis et de massifs palets de cire rouge, jaune ou verte. Dans la vitrine consacrée à la V^e^ République, on identifie la Constitution de 1958. Où on reconnaît la signature du Général de Gaulle et lit les noms déjà oubliés des stars politiques de l'époque. Une photo en noir et blanc montre Michel Debré, dernier des gardes des Sceaux de la République précédente, appuyant des deux mains la presse à sceller. C'est bel et bien en ce lieu que se gardent et se pressent les Sceaux.

Tous les connaisseurs du ministère savent commenter cette brève exposition. Que l'on y fasse une halte avec le ministre lui-même ou avec l'huissier, chacun livre quelques mots d'explication sur les trophées exposés matérialisant la place constitutionnelle exceptionnelle du locataire des lieux : le ministre de la Justice est le garde des Sceaux depuis la fin du XIX^e^ siècle. Il a la charge officielle et solennelle de conserver intacts les moulages républicains. En plus du portefeuille, lui sont confiés la possession et même parfois le maniement de l'antique presse qui permet, en la tournant, d'entrer à son tour dans l'Histoire.

## *S'entourer des siens, se fondre dans le décor, s'adapter aux chocs*

Au fur et à mesure de l'excursion au sein du ministère, les interrogations grandissent. Comment parvient-on à s'organiser depuis ce petit palais de la République pour veiller à la justice de tout un pays ? Comment se sont jouées et prises dans ces salons et couloirs les grandes et les petites décisions ? Pourquoi le ministère n'a-t-il jamais su rester insensible aux volontés des hommes d'État de connaître ce que tramaient les hommes de loi ? Comment les dossiers sensibles sont-ils suivis heure par heure ? Comment, malgré les idées reçues, la justice est-elle le secteur de la société qui s'est le plus réformé depuis vingt-cinq ans ? Et pourquoi l'excellence de la plupart des gens appelés à servir les ministres est-elle continuellement masquée par les incuries apparentes de l'institution et les soupçons de manipulation ?

Le voyage au cœur de la chancellerie apporte plusieurs réponses que les ministres, sitôt l'émotion de leur nomination passée, ne vont pas tarder à découvrir. Quelles que soient leurs époques et leurs bannières, les gardes des Sceaux ont d'ailleurs presque tous suivi des parcours initiatiques similaires. Pour prendre pleinement possession de leur rôle, leur mission s'est inscrite en trois points : d'abord s'entourer des leurs en nommant aux postes clés des collaborateurs de confiance. Ensuite, se fondre dans le décor pour comprendre les rites judiciaires et leur fonctionnement institutionnel. Enfin, s'adapter aux chocs de l'actualité incessante et des chaos provoqués par les affaires, les manifestations et les enjeux politiques.

Un ancien garde des Sceaux, parlant tout à la fois de ses sentiments vis-à-vis de la justice et de sa propre carrière, résume parfaitement les bouleversements que chaque homme politique héritant de ce portefeuille, doit anticiper : « On ne sort pas indemne de la Place Vendôme… »

PREMIÈRE PARTIE

# S'entourer des siens

## CHAPITRE 1

# L'arrivée à reculons des ministrables

La scène paraît bien lointaine. Ceux qui y ont assisté l'évoquent aujourd'hui avec une nostalgie un peu amusée. Ils ont le regard qu'on porte sur les photos de famille où se sont nouées les réunions marquantes, sans que l'on sache alors quel destin aura chacun des acteurs présents ni comment se terminera l'histoire entamée ce jour-là. L'entrée dans la carrière, pour un minitre de la Justice, ressemble à une cérémonie initiatique.

Le 18 mai 2007, Place Vendôme, la séquence est lacrymale. Ministère des émotions. Nicolas Sarkozy a été élu président de la République dix jours auparavant. Et ce vendredi-là, le premier Conseil des ministres est programmé dans moins de deux heures. Un peu partout dans Paris, les passations de pouvoirs s'organisent. Les derniers ministres des années Chirac sont sur le départ. La première équipe de l'ère Sarkozy, sur le pied de guerre. Ici, le soldat sorti des troupes de la campagne victorieuse s'appelle Rachida Dati et s'apprête à endosser les habits de garde des Sceaux.

Sous les dorures du ministère, le sortant puis la nouvelle nommée prononcent chacun un court discours. Et ce sont les yeux de Pascal Clément qui se mouillent de quelques larmes. Le dernier garde des Sceaux de Jacques Chirac transmet avec une émotion palpable sa charge de ministre à Rachida Dati. Les membres du cabinet sortant sont regroupés en un bloc, à quelques instants du départ. Face à eux, alignés au complet, comme à la parade, les directeurs du ministère sont venus saluer le partant et se mettre au service de la nouvelle venue. Chacun s'observe. La scène semble figée et très formaliste. Mais elle contient son lot de sentiments, tant dans les yeux du ministre que dans ceux des permanents du ministère.

Rachida Dati ne succombe pas à cette effusion. Sa voix s'affiche sans débordement. En réalité, elle a déjà pleuré à l'instant où le poste lui a été offert. « Ce n'était pas brutal, confie-t-elle aujourd'hui. Mais jamais, je n'aurais pensé devenir un jour garde des Sceaux. Quand je suis arrivée à Paris, l'institution de la République qui m'attirait le plus était le Conseil d'État. Je me disais alors : “Si un jour je pouvais rentrer au Conseil d'État !” comme d'autres peuvent dire : “Si un jour je rentrais à l'Académie !” J'ai toujours eu une attirance pour le droit, car les métiers du droit sont des métiers de liberté, de protection et aussi d'élévation. Exercer une profession juridique, c'est connaître ses droits, c'est se sentir protégé, c'est être libre [3]. »

Lorsque Nicolas Sarkozy l'a convoquée pour lui apprendre qu'elle, jusque-là quasi inconnue, conseillère du ministère de l'Intérieur puis porte-parole du candidat en campagne, deviendrait garde des Sceaux, c'était quelques jours après la victoire électorale. « Nicolas Sarkozy m'a fait venir dans son bureau, raconte Rachida Dati. “Voilà. Je souhaiterais que tu sois mon ministre de la Justice.” Il a ajouté : “Je veux que tu travailles, je veux que tu réussisses, et s'il te plaît, arrête de pleurer [4]” ! »

Ce fauteuil, jusque-là, s'atteignait davantage à la cinquantaine : Robert Badinter avait cinquante-trois ans à sa

3. Entretien de l'auteur avec Rachida Dati.

4. Rachida Dati, entretiens avec Claude Askolovitch, *Je vous fais juges*, Grasset.

nomination, Dominique Perben, cinquante-cinq, Élisabeth Guigou, cinquante et Albin Chalandon, soixante-six... À quarante-deux ans, Rachida Dati affiche, en mai 2007, treize ans de moins que l'âge moyen de ses prédécesseurs à leur arrivée [5]. Elle est la première femme d'origine maghrébine à accéder à un ministère régalien. Son choix est une surprise pour tous. Mais tout le monde ignore alors à quel point sa présence va bouleverser le quotidien de la Place Vendôme, au point même de mettre sur la place publique les coulisses et les pratiques d'un ministère qui, dans leurs détails, n'intéressaient jusque-là que les initiés. Et comment vont se projeter dans des gazettes non judiciaires les moindres faits et gestes d'une garde des Sceaux aux déplacements ordinairement plus discrets.

## *Un ministère qui se désire si peu*

Pour retrouver un ministre de la Justice si jeune, il faut remonter à près de cinq décennies, vers l'une des périodes de la V^e^ République où les gouvernants ont dû hausser le ton pour trouver un locataire à la Place Vendôme.

Nous sommes au printemps 1962. Le président Charles de Gaulle cherche de nouveaux ministres après la démission du gouvernement Debré. La guerre d'Algérie vient de s'achever avec la déclaration d'indépendance et les accords d'Évian. Et Jean Foyer est chargé de la coopération quand le Premier ministre le convoque. « En avril 1962, expliquait Jean Foyer [6], Georges Pompidou me demande de devenir garde des Sceaux. Je dois dire que j'ai refusé, pensant que cela allait être épouvantable, notamment avec la perspective d'avoir sur les bras tous les procès de l'OAS. J'ai répondu au Premier ministre :

---

5. La moyenne d'âge des gardes des Sceaux à leur arrivée est, entre 1981 et 2005, de 55,8 ans.

6. Jean Foyer est décédé en octobre 2008.

— Écoutez, ce n'est pas un cadeau à faire à un enfant par les temps qui courent, vous trouverez certainement un homme politique confirmé pour assurer cette noble tâche.

Cependant, mon refus n'a pas été accepté puisque c'est le général de Gaulle qui m'a convoqué le lendemain matin. Dans son bureau de l'Élysée, il a prononcé trois phrases :

— Vous savez ce qui arrive.

Je n'ai pas voulu le contredire parce que j'ignorais à quoi il faisait allusion.

— Monsieur Pflimlin, après avoir accepté le ministère de la Justice, y a renoncé sous la pression de ses amis MRP.

Le Général, à ce moment-là, a pointé son index vers moi et m'a lancé de sa voix inimitable :

— Dans les circonstances présentes, j'attends de vous que vous n'ayez pas la même lâcheté !

— Mon général, ai-je répliqué, je ne me croyais pas de taille à me charger de ce fardeau à l'heure actuelle mais je ne peux refuser compte tenu des paroles que vous venez de prononcer. Vous avez voulu que je sois garde des Sceaux, je le serai ; mais je ne vous garantis pas que je ferai des étincelles [7]. »

Alors qu'il n'était pas volontaire pour le poste, Jean Foyer y demeure finalement cinq années et inscrit son nom au palmarès des grands gardes des Sceaux. Les conditions de son arrivée illustrent en tout cas une réalité : la Justice est un ministère où les hommes politiques sont, pour la plupart, entrés à reculons. Même ceux qui y ont fait un passage remarqué n'étaient pas enthousiastes à l'idée de s'y installer.

Quinze ans après [8] Jean Foyer, Alain Peyrefitte est précisément dans ce cas. Plus que les ennuis, le dernier garde des

7. Entretien de l'auteur avec Jean Foyer.

8. Entre-temps, passeront Place Vendôme Louis Joxe, René Capitant, Jean-Marcel Jeanneney, René Pleven, Jean Taittinger, Jean Lecanuet, Olivier Guichard puis, à compter de 1977, Alain Peyrefitte.

Sceaux de Valéry Giscard d'Estaing prétendait davantage craindre de ne pas être à la hauteur. « Une première fois, après les élections législatives de mars 1973, confiait Alain Peyrefitte, Georges Pompidou et Pierre Messmer m'avaient proposé le ministère de la Justice. J'avais cru devoir décliner cette offre, pour inaptitude. Mars 1977 m'a apporté la charge de notre système judiciaire. Quatre ans à la tête d'un domaine qui m'était resté jusqu'alors étranger [9]. »

## *Ils préféraient les Affaires étrangères aux affaires !*

En réalité, dans les périodes où les gouvernements sont en gestation, beaucoup de ceux qui ont finalement atterri à la Justice avaient d'autres souhaits. En mai 1981, celui qui est sur le point de devenir le premier et bref garde des Sceaux de François Mitterrand est le radical-socialiste Maurice Faure, déjà passé par plusieurs ministères. « De 1956 à 1958, rappelle-t-il, je n'avais eu aucune difficulté à aborder le Quai d'Orsay [10]. Cela avait très bien marché. L'accord sur la Sarre, le traité de Rome en 1957… J'avais suivi tous les grands dossiers des Affaires étrangères. Quand François Mitterrand a remporté l'élection présidentielle, je suis le premier auquel il ait téléphoné. Il a appelé à mon appartement parisien, mais j'étais alors dans le train : Comme il avait été élu, je revenais dare-dare de Cahors. Le lundi midi, me voilà finalement le rejoignant à la fin de son déjeuner. André Rousselet et Lionel Jospin étaient là. Au moment du café, Mitterrand s'est levé :

— J'ai besoin de parler à Maurice Faure.

Les autres sont partis. Et là, nous avons eu une explication décisive :

---

9. Alain Peyrefitte, *Les Chevaux du lac Ladoga*, Plon.

10. Maurice Faure était alors secrétaire d'État aux Affaires étrangères.

— Ce sont les Affaires étrangères qui vous auraient plu ?

— Vous ne vous trompez pas…

— Le malheur, c'est que je les garde pour moi ! Je vais y appeler un haut fonctionnaire [11]. (...) Alors, quel poste peut-on envisager pour vous ?

Il énumère la liste des ministères puis il s'arrête : la Justice.

— La Justice, c'est tout de même un ministère très prestigieux. Ce n'est pas se moquer de quelqu'un que de lui offrir la Justice. (...)

Le Président a donc formé l'équipe gouvernementale. Ministre de la Justice ? Maurice Faure ! Ceux qui me connaissent, dans le Lot, se sont dits : "Ça ne marchera pas. Il n'y restera pas." Ils étaient dans le vrai [12]. »

Cinq ans après le passage éclair de Maurice Faure à la chancellerie, un autre ministre – de droite celui-ci – arrive Place Vendôme à défaut de pouvoir s'établir au Quai d'Orsay. Albin Chalandon est un industriel, ancien député déjà passé par des équipes gouvernementales. « J'avoue ne pas m'être préparé à devenir ministre de la Justice comme certains le font, précise-t-il. En réalité, quand le gouvernement s'est constitué, je devais être nommé ministre des Affaires étrangères. J'ai refusé le poste pour des raisons diverses. J'avais passé des années à Elf [13] en ayant une vie de nomade, je ne voulais pas recommencer cela. De plus, comme je savais que Jacques Chirac voulait s'occuper de politique étrangère, je ne souhaitais pas être pris dans les bagarres de la cohabitation avec François Mitterrand. Bref,

---

11. Le premier gouvernement Mauroy ne compte pas de ministre des Affaires étrangères, mais un ministre des Relations extérieures, Claude Cheysson.

12. Entretien de l'auteur avec Maurice Faure.

13. Albin Chalandon est P.-D.G. d'Elf-Aquitaine de 1977 à 1983.

j'ai dit non et je me suis retrouvé garde des Sceaux ! En pénétrant dans la chancellerie, j'ai eu la perception d'une atmosphère inhabituelle dans laquelle je me suis peu à peu senti parfaitement à l'aise [14]. »

Dernier candidat malheureux à la diplomatie devenu finalement garde des Sceaux : Michel Vauzelle, aujourd'hui président de la région Provence-Alpes-Côte d'Azur. Ministre de la Justice à compter d'avril 1992 dans le gouvernement Bérégovoy, lui aussi caressait la perspective de prendre les rênes de la diplomatie française. « À l'époque, se souvient-il avec humour, j'étais à la commission des affaires étrangères de l'Assemblée nationale. J'avais rencontré le président irakien Saddam Hussein et je m'étais rendu en mission à Moscou au moment du renversement de Mikhaïl Gorbatchev. Quand j'ai été nommé Place Vendôme, des journalistes ont écrit : "Il voulait être ministre des Affaires étrangères, il est devenu ministre des *Affaires* !" Ce bon mot a fait le tour de Paris [15]. »

## *Ministère de la passion*

En somme, dans ce paysage, les amoureux de la justice forment presque l'exception. Entre 1981 et aujourd'hui, seuls Robert Badinter, Michel Crépeau, Pierre Arpaillange, Jacques Toubon, Pascal Clément, Rachida Dati et Michèle Alliot-Marie avaient, dans la grande variété de leurs parcours et de leurs personnalités, déjà manifesté un intérêt pour l'univers de la justice et du droit.

Pour autant, aucun n'affichait l'ambition de s'asseoir un jour dans le fauteuil de garde des Sceaux. Pas même la figure emblématique qu'est Robert Badinter, décidément cas exceptionnel parmi les gardes des Sceaux puisqu'il

14. Entretien de l'auteur avec Albin Chalandon.
15. Entretien de l'auteur avec Michel Vauzelle.

n'ambitionnait, lui, aucune carrière politique. D'ailleurs, quitte à rejoindre un palais de la République, il ne voulait que celui-ci, comme il l'avait confié à François Mitterrand, au lendemain de la victoire de la gauche en 1981 :

« Nous étions seuls, assis côte à côte, raconte Robert Badinter. Il y eut un moment de silence. Il me posa la question attendue :

— Est-ce que vous voulez entrer au gouvernement ?

— Vous savez bien, monsieur le Président, que je ne m'intéresse qu'à la Justice.

La réplique jaillit, immédiate :

— J'ai déjà choisi Maurice Faure comme garde des Sceaux.

Je le félicitai de ce choix et lui dis : "Alors n'en parlons plus." Nous échangeâmes encore quelques propos. Il partit promptement. La foule l'applaudit. Je m'en fus de mon côté.

J'étais à la fois frustré et soulagé. Par discrétion, jamais je n'ai demandé à François Mitterrand quel portefeuille ministériel il me destinait. La Jeunesse et les Sports peut-être... Il se moquait toujours de mes passions sportives [16]. »

Robert Badinter est finalement nommé après les législatives de 1981 et quitte le ministère cinq ans plus tard, laissant la place à un autre professionnel de la justice. Il s'agit de Michel Crépeau. Alors avocat depuis vingt-deux ans, radical, député-maire de La Rochelle, il est l'un des ministres heureux d'être là. « Se retrouver ministre de la Justice, on ne peut pas dire que cela ne me fait pas plaisir [17] », confie-t-il lors de son installation. Au même moment, la presse rapporte que pour sa nomination, décidée à midi un jour de Conseil des ministres, Michel Crépeau n'aurait été consulté qu'à 11 heures 45...

---

16. Robert Badinter, *L'Abolition*, Fayard.

17. « Michel Crépeau, radicalement optimiste », *Le Matin*, 14 mars 1986.

À cette période, François Mitterrand a déjà repéré différentes personnalités du monde judiciaire. Il adresse ainsi régulièrement des signaux positifs à Pierre Arpaillange, haut magistrat qui voit, à compter de l'arrivée de la gauche à l'Élysée, les événements heureux se succéder. Une ascension qui le conduira jusqu'à la fonction de garde des Sceaux. Différents épisodes ont marqué Pierre Arpaillange : « En mai 1981, raconte-t-il, Maurice Faure, périgourdin comme moi, "confia" aux journalistes que sur le bureau du Président ne se trouvait aucun dossier mais seulement une feuille blanche sur laquelle mon nom figurait, sans autre annotation. Je ne connaissais pas François Mitterrand, je ne l'avais jamais rencontré. Ma surprise et mon information s'arrêtèrent là. Depuis mon entrée dans la magistrature, j'avais occupé plusieurs postes en vue, notamment à la chancellerie. Je n'avais pas de relations politiques ou autres : je ne faisais pas partie du sérail. La rumeur dont j'ai parlé prenait de l'ampleur et j'appris ainsi que j'allais être nommé procureur général près la cour d'appel de Paris [18] (...). » En 1984, François Mitterrand lui annonce lui-même sa prochaine nomination à un échelon supérieur, cette fois comme procureur général à la Cour de cassation puis, à la fin 1987, lui promet plus encore : « Il me dit que s'il est réélu, je serai son garde des Sceaux. Je ne réponds pas, je suis secoué, c'est tellement inattendu ! Je ne dis rien à personne, sauf à ma femme. Pourquoi cette attitude ? La confidentialité, bien sûr. Ensuite, je n'ai jamais envisagé ou pensé à une telle nomination et je n'y ai jamais cru malgré les rumeurs qui, à une certaine période, ont pu courir à ce sujet. D'une part, il y a tellement de candidats éventuels qui souhaitent un portefeuille, d'autre part, on raconte souvent que des promesses ont été faites qui ne se sont jamais réalisées [19]. »

---

18. Lettre de Pierre Arpaillange à l'auteur.
19. *Ibid.*

De fait, les assurances des gouvernants ne sont en rien des garanties de nomination. Entre 1993 et 1995, durant la cohabitation précédant l'élection de Jacques Chirac, les spécialistes de la justice au RPR ne sont pas ainsi les premiers appelés. Jacques Toubon doit par exemple attendre deux ans avant d'être désigné. « Je désirais ce ministère, plaide-t-il aujourd'hui. J'étais persuadé du besoin de changer les choses dans l'appareil judiciaire. La mission m'intéressait et je souhaitais m'y investir. Quand le changement parlementaire arrive, en 1993, il est vrai que m'envoyer à la chancellerie aurait pu être envisagé. Cela aurait même été naturel. En réalité, Édouard Balladur avait pensé à Simone Veil. Elle ira finalement aux Affaires sociales. Et le Premier ministre préférera ne pas mettre un RPR Place Vendôme pour choisir un centriste, Pierre Méhaignerie. Mon autre compétence étant la culture, j'aurai donc ce portefeuille durant la cohabitation entre 1993 et 1995[20]. »

Le dernier garde des Sceaux de Jacques Chirac reste sans doute celui dont le rêve d'entrer un jour à la chancellerie était le plus prononcé. Pascal Clément n'en fait pas mystère, en particulier début 2005 après avoir réussi à convaincre la commission des lois de l'Assemblée de faire inscrire dans la Constitution le principe de précaution en dépit de nombreuses résistances. Jacques Chirac, qui tenait beaucoup à ce texte, le reçoit alors pour le remercier. L'ancien ministre de la Justice se souvient au mot près de la conversation :

« Je te dois beaucoup, me dit Jacques Chirac. Est-ce que tu veux rentrer au gouvernement ?

— Non, monsieur le Président, j'adore la commission des lois. Sauf… si vous me proposiez d'être garde des Sceaux

— Ah ! Tu veux être garde des Sceaux !

Je confirme. Silence.

---

20. Entretien de l'auteur avec Jacques Toubon.

— Je vais en parler au Premier ministre. Mais personnellement, je suis d'accord.

Deux jours plus tard, Jean-Pierre Raffarin me prend à part et me lance : “Dis donc, tu as enthousiasmé le Président. Il veut vraiment te nommer !” Le 14 juillet 2005, lors de l'interview à l'Élysée, quand Jacques Chirac parle de moi comme d'un “grand juriste” et souligne mon “remarquable travail”, tout le monde se retourne vers moi. À partir de ce moment-là, je suis devenu le *ghost minister*. Tout le monde disait : ça y est, on sait qui est le prochain[21]... »

Aussi inattendue Place Vendôme que son prédécesseur était prévisible, Rachida Dati entre, elle, dans la catégorie des gardes des Sceaux répétant à l'envi leur passion du monde judiciaire. « Avant d'intégrer la magistrature, rappelle-t-elle, j'ai travaillé dans le privé pendant plus de dix ans. Je voulais devenir magistrat, c'était un choix réfléchi et un véritable objectif. J'ai exercé ce métier avec beaucoup de passion. À aucun moment, je n'ai eu l'impression de ne gérer que des dossiers ou des actes de procédure. Il s'agissait de la vie d'hommes ou de femmes. Je suis très attachée à la justice et je tiens à ce qu'elle soit la même pour tout le monde et sur l'ensemble du territoire[22]. »

Dernière à figurer dans la collection de gardes des Sceaux proposée par ce livre, Michèle Alliot-Marie ne dissimule pas ses états d'âmes : elle ne voulait pas venir à la Justice ! Elle lutta même toute une journée pour ne pas quitter Beauvau pour Vendôme : « Les journées de remaniements ministériels sont toujours agitées », note-t-elle en habituée. Mais pour elle, celle du 23 juin 2009 le fut particulièrement : « J'ai été approchée une première fois vers midi et demi au moment où je sortais de la cérémonie de baptême de la promotion de l'école des commissaires de

21. Entretien de l'auteur avec Pascal Clément.
22. Entretien de l'auteur avec Rachida Dati, *op. cit.*

Police à Lyon, raconte-t-elle. Lors de ce premier entretien, j'ai expliqué que ce serait un grand honneur d'être choisie pour le ministère de la Justice mais qu'il me restait bien des choses à mener au ministère de l'Intérieur, notamment faire passer la seconde loi d'orientation sur la sécurité intérieure, le texte d'intégration de la gendarmerie et une réforme des collectivités territoriales. J'ai vu le président de la République en fin d'après-midi à l'Élysée. Nous avons rediscuté, longuement. Le président m'a assuré qu'il comprenait mon souhait de finir ma mission à l'Intérieur mais qu'il avait un problème pour remplacer Rachida Dati et qu'au vu de ses critères, j'étais la seule à convenir au profil recherché [23]. »

Après avoir tourné la page du ministère de l'Intérieur, Michèle Alliot-Marie viendra donc place Vendôme : « Ma réticence ne tenait pas au fait que ce soit le ministère de la Justice, insiste-t-elle. Mais à ce moment-là, le goût de l'inachevé que je ressentais par rapport au ministère de l'Intérieur primait. Six mois plus tard, j'aurais dit oui sans la moindre hésitation [24]. »

## *Le ministère qui sabote les carrières politiques*

Pourtant, malgré les rêves et les ambitions, le choix d'accepter ce fauteuil s'entend – dans le monde politique – comme un sacerdoce dont on sort, au mieux lessivé, au pire perdu à jamais. « On disait toujours : "Quand vous voulez saboter une carrière politique, allez au ministère de la Justice : on y entre debout, on en ressort les pieds devant", prévient Jacques Toubon. C'était la tradition politique française [25]. »

---

23. Entretien de l'auteur avec Michèle Alliot-Marie.
24. Entretien de l'auteur avec Michèle Alliot-Marie, *op. cit.*
25. Entretien de l'auteur avec Jacques Toubon, *op. cit.*

Dominique Perben, qui avant d'accepter la Place Vendôme en 2002 se serait davantage vu dans les habits de ministre de l'Intérieur, se souvient des mêmes mises en garde : « J'accepte en ayant en tête une phrase que m'avait confiée Édouard Balladur cinq ans auparavant : "Dans un gouvernement, le seul poste qu'il ne faut jamais accepter, c'est la Justice. Parce qu'il est impossible d'en sortir vivant." Olivier Guichard[26] m'avait dit la même chose, tout comme Michel Vauzelle qui est un ami d'enfance, originaire de Lyon comme moi. Simone Veil, pour sa part, alors que je lui demandais pourquoi elle n'avait pas occupé ce poste, m'avait un jour confié : "On ne peut pas être garde des Sceaux si l'on n'a pas la confiance personnelle du président de la République." En ce qui me concerne, on m'avait déjà proposé de devenir garde des Sceaux durant la cohabitation 93-95 mais j'avais estimé, pour ces raisons, que ce serait impossible avec un président nommé François Mitterrand. (...) Quand j'y suis nommé, c'est pour moi un véritable honneur. Je n'ai pas encore conscience, en revanche, de la difficulté humaine de la tâche compte tenu des problèmes que l'on traite. Ce qui me reste désormais, alors que les années sont passées, c'est le côté extraordinairement passionnant de la fonction qui est la plus belle qu'il m'ait été donnée d'occuper. Je tiens un discours radicalement inverse de ceux que l'on tenait à mon arrivée[27]. »

Élisabeth Guigou, pour sa part, se souvient qu'elle avait « conscience du risque politique ». Quand Lionel Jospin lui propose le poste, elle demande une réflexion jusqu'au lendemain. « J'ai revu les promesses de campagne, confie-t-elle. J'ai parlé avec Henri Nallet, Michel Vauzelle, Pierre Joxe et Robert Badinter que j'ai ensuite forcément consulté. J'ai rappelé le Premier ministre le lendemain pour lui dire

---

26. Olivier Guichard a été garde des Sceaux de 1976 à 1977.
27. Entretien avec Dominique Perben.

que s'il me donnait sa garantie politique sur la non-intervention dans les affaires, sans aucune espèce d'exception, et sur la revalorisation des moyens de la justice, j'étais prête. (...) Lionel Jospin affirmait qu'il avait besoin de quelqu'un en qui il ait toute confiance et, selon la formule qu'il avait employée – et qui m'avait convaincue –, "quelqu'un dont il était évident qu'il se maintiendrait dans la droiture". Ce n'était pas un choix technique mais un choix politique [28]. »

Comment vaincre les hésitations des futurs ministres ? Henri Nallet se souvient que l'offre lui a été présentée comme une belle promotion : « Le premier qui me parle de la Place Vendôme, c'est le directeur de cabinet de Michel Rocard, Jean-Paul Huchon. Un homme que je connais depuis très longtemps, en qui j'ai confiance. Il tâte le terrain pour connaître mes réactions. Je commence à m'interroger. Ensuite, c'est le président de la République qui me pose la question. Il me dit : "Ce serait bien, ce serait bien pour vous... Vous avez fait votre démonstration à l'Agriculture." Il valorise cette évolution. Je restais attaché à l'Agriculture parce que j'avais lancé la négociation de la réforme de la politique agricole commune qui a abouti en 1992 et que j'aurais bien aimé mener jusqu'à son terme. Quinze jours se passent. Et à l'occasion d'un voyage à La Rochelle, le Président m'en reparle en se promenant dans les dunes... Il insiste beaucoup. Je me demande, dès ce moment-là, s'il n'a pas une idée derrière la tête autre que ma promotion au sein du gouvernement car je sais que le Premier ministre veut remplacer le garde des Sceaux [29]. »

Faut-il reculer si le poste paraît vraiment risqué ? Pierre Méhaignerie avoue que ses doutes étaient tels qu'ils l'ont conduit à tenter de faire changer d'avis Édouard Balladur, ce dernier l'ayant choisi de longue date pour la Place

28. Entretien de l'auteur avec Élisabeth Guigou.
29. Entretien de l'auteur avec Henri Nallet.

Vendôme. « Au moment de la composition du gouvernement, je lui propose d'autres ministres de la Justice, s'amuse-t-il. Jacques Barrot en particulier, qui fut avocat. Mais Édouard Balladur me rétorque : “Non, c'est vous !” Grande hésitation personnelle. Et nous avons une confrontation entre dirigeants du CDS dans le bureau de René Monory au Sénat. Là, tous me disent : “Pierre, tu ne peux pas refuser, tu y vas !” Le sens du devoir me conduit à y aller. Mais j'étais dans la même position que celle de René Monory quand je lui avais annoncé qu'en 1986, il allait prendre le ministère de l'Éducation nationale. (...) Au téléphone, René Monory m'avait répondu qu'il ne le souhaitait pas. C'était son sentiment immédiat, dans ces instants où l'inquiétude et l'angoisse vous étreignent. J'étais dans une situation similaire quand j'ai accepté la Place Vendôme[30]. » Avec le recul, Pierre Méhaignerie considère toutefois que « l'arrivée à ce poste est à la fois une surprise et un défi extraordinaire[31] ». Et Michèle Alliot-Marie, comme pour conjurer le sort d'un ministère à la réputation si terrible, relativiste cette tradition politique : « Dans le couloir qui mène à ce bureau, figurent les portraits d'un certain nombre de mes prédécesseurs. Parmi eux, j'en vois un bon nombre qui ont fait de belles carrières en quittant ce ministère ! Il n'y a pas de règles[32]. »

Dans le panorama des sentiments, enfin, la stupéfaction figure en bonne place. Celle par exemple de Marylise Lebranchu, désignée en octobre 2000 : « Par le passé, Lionel Jospin m'avait déjà fait une proposition de poste que j'avais refusée. Laquelle ? C'est confidentiel ! Mais je lui avais alors promis d'accepter s'il devait me refaire une offre à l'avenir. Je l'avais assuré que je dirais oui, quoi qu'il

30. Entretien de l'auteur avec Pierre Méhaignerie.
31. *Ibid.*
32. Entretien de l'auteur avec Michèle Alliot-Marie, *op. cit.*

arrive. (...) J'ai accepté sans réfléchir. C'était très surprenant comme proposition. Lionel Jospin voulait quelqu'un qui possède les qualités pour réussir mais qui n'ait pas d'a priori sur la machine [33]. »

Car la machine, justement, les attend de pied ferme.

33. Entretien de l'auteur avec Marylise Lebranchu.

## CHAPITRE 2

# La plongée immédiate des heureux élus

Ils se souviennent tous du coup de téléphone qui a changé leur vie. Une minute auparavant, ils étaient encore dans un rythme quotidien ordinaire. Désormais, les voilà projetés dans l'existence de ministre de la Justice. « Tout était allé si vite, résume Robert Badinter. Hier, tout m'était familier : mon métier d'avocat, ma fonction de professeur. Et voilà qu'à cinquante-trois ans, je me retrouvais garde des Sceaux, sans aucune expérience de la vie publique dans un gouvernement dont on attendait qu'il "changeât la vie [34]". » Curieux de savoir ce qui l'attend, Albin Chalandon évoque quant à lui la perspective de se « retrouver dans une atmosphère inhabituelle [35] ».

L'accélération du rythme produit par l'effet d'une nomination est un choc y compris pour ceux qui s'y préparaient. Pierre Arpaillange, en 1988, réalise soudain qu'une promesse glissée au palais de l'Élysée lors d'un petit-déjeuner remontant à plusieurs mois va brutalement éclater aux yeux du monde : « Par le secrétaire général, confie-t-il, on apprend la nomination de Michel Rocard comme Premier ministre. Le lendemain, je reçois un coup de fil de François Mitterrand, assez bref. Je lui exprime mes félicitations et

34. Robert Badinter, *L'Abolition*, *op. cit.*

35. Entretien de l'auteur avec Albin Chalandon, *op. cit.*

aussitôt : “Vous vous souvenez de notre conversation ?” Je réponds : “Oui, bien sûr.” “Alors, je donne votre nom à Rocard. À bientôt.” Je préviens aussitôt ma femme en lui disant pour tout commentaire : “Et je ne me suis en rien préparé ! Quelle erreur !” J’aurais en effet pu penser à la formation d’un cabinet, envisager un programme [36]… »

Au moment de saisir les rênes du ministère, son successeur, Henri Nallet, sera pris par un « sentiment des premières heures » qui ne le quittera plus : « L’institution judiciaire est au bord de l’explosion et les ponts avec la chancellerie sont coupés depuis de longs mois [37]. » « J’ai pris conscience du gigantesque travail à effectuer », diagnostique pour sa part Pierre Méhaignerie à son arrivée.

## *Le ciel leur tombe sur la tête*

Les scènes les plus cocasses surviennent évidemment chez ceux qui, au moment des négociations prégouvernementales, n’étaient pas restés dans leur bureau pour veiller religieusement près de leur téléphone dans l’attente d’une heureuse nouvelle. Au cours des années quatre-vingt-dix, les portables ne trustaient pas encore les poches des costumes, même ceux des parlementaires d’importance.

Ainsi, Michel Vauzelle, alors président de la commission des affaires étrangères à l’Assemblée nationale, est en pleine scène ordinaire de la vie de famille quand la France l’appelle. « Ce jour-là, j’étais à Disneyland, raconte-t-il, en congé. J’ai horreur des attractions de Disney mais j’avais alors des enfants en bas âge et je ne leur avais pas refusé ce plaisir. J’étais dans mon petit avion Mickey quand je vis mon chauffeur de la commission des affaires étrangères me faire de grands signes en disant : “Descendez !” Lorsque

36. Lettre de Pierre Arpaillange à l’auteur, *op.cit.*
37. Henri Nallet, *Tempête sur la Justice*, Plon.

j'ai atterri, avec mon petit Mickey, il m'a dit : "Vous êtes nommé ministre de la Justice." C'était assez drôle. J'ai appelé Pierre Bérégovoy qui m'a confirmé la chose et je suis alle voir François Mitterrand auquel j'ai expliqué qu'il fallait que nous soyons d'accord sur le fait qu'il convenait de laisser faire la justice sur le financement des partis politiques et que mon premier geste de garde des Sceaux serait d'émettre une circulaire aux procureurs généraux concernant les clubs de foot après avoir ouvert une information judiciaire sur les comptes de l'OM. J'ai eu ensuite la surprise de me retrouver dans un gouvernement où il y avait précisément le président de l'OM [38]. C'était un peu paradoxal comme message politique envoyé par le Président [39]... »

Ayant préparé sa venue depuis deux ans, Jacques Toubon est l'un des mieux armés pour affronter la solitude des premières heures. « Depuis 1988, je travaillais à la tête d'un groupe de réflexion, Hommes et société, résume-t-il. Nous avions réfléchi à de grandes questions de société et avions rassemblé plusieurs spécialistes : déjà, Alexandre Benmakhlouf, Philippe Ingall-Montagnier, Dominique Matagrin et les professeurs André Decocq et Jacques-Henri Robert étaient là. L'idée était d'arriver dans les lieux en terrains reconnus [40]. »

Élisabeth Guigou, qui prendra la suite de Jacques Toubon deux ans plus tard, affiche le même calme face aux premières heures et la même détermination dans les préparatifs : « Avec les garanties que m'avait données Lionel Jospin, on évitait deux écueils : les affaires et le manque de moyens. Je suis arrivée au ministère de la Justice avec trois idées : impartialité de la justice garantie

---

38. Le président de l'Olympique de Marseille était alors Bernard Tapie.

39. Entretien de l'auteur avec Michel Vauzelle, *op.cit.*

40. Entretien de l'auteur avec Jacques Toubon, *op. cit.*

par la non-intervention dans les dossiers individuels ; une justice proche des citoyens avec des moyens accrus ; une action européenne et internationale car, dans toutes les affaires de délinquance financière, la dimension internationale était forte [41]. »

Prévenue de sa nomination la veille de sa prise de fonction, Marylise Lebranchu n'a, quant à elle, pas le même temps de préparation. Dans son cas, l'urgence s'impose avec l'allure d'une course contre la montre. Quand Lionel Jospin l'a appelée, elle se trouvait au Sénat comme secrétaire d'État aux petites et moyennes entreprises. « On a interrompu la séance en raison de son appel, s'amuse-t-elle. Au téléphone, il m'a simplement demandé : “Est-ce que tu accepterais d'être ministre de la Justice, garde des Sceaux ?” Immédiatement, j'ai dit oui. Là, il y a eu un grand blanc : “Est-ce que je peux quand même te donner les arguments que j'avais préparés pour justifier ta nomination ?”, m'a demandé Lionel Jospin. (...) Ai-je eu des jours pour me préparer ? Non, rien ! Je suis restée au Sénat très tard, en séance de nuit. Et ma nomination est devenue officielle le lendemain matin à 8 heures 30 [42]. »

Son départ de la chancellerie, dix-neuf mois plus tard, est marqué du même sceau de rapidité. « Le gouvernement a été constitué un mardi soir, raconte son successeur Dominique Perben. Avant même qu'il ne soit rendu public, le secrétaire général du gouvernement, Jean-Marc Sauvé, m'a appelé dans mon petit bureau à l'Assemblée nationale et m'a prévenu que Marylise Lebranchu souhaitait une passation le soir même. Je suis donc allé Place Vendôme dès que la composition du gouvernement a été rendue publique. Le communiqué est de 19 heures. Nous avons fait la passation trois quarts d'heures après [43]... »

---

41. Entretien de l'auteur avec Élisabeth Guigou, *op.cit.*
42. Entretien de l'auteur avec Marylise Lebranchu, *op.cit.*
43. Entretien de l'auteur avec Dominique Perben, *op.cit.*

## *L'arrivée des gardes du corps*

Pascal Clément, après les messages peu équivoques adressés par l'Élysée, avait eu neuf mois pour se faire à l'idée de sa nomination, mais il avoue aujourd'hui que la nouvelle fut « une véritable émotion ». La journée qui le vit passer du fauteuil de président de la commission des lois de l'Assemblée nationale à celui de garde des Sceaux fut longue.

« Le matin, raconte-t-il, tandis que je suis à pied, la voiture du président de l'Assemblée nationale remonte l'allée de l'hôtel de Lassay. La vitre se baisse. Jean-Louis Debré m'annonce : "Tu seras ministre de la Justice." » Quelques heures plus tard, le Premier ministre Dominique de Villepin m'appelle : "J'ai une bonne et une mauvaise nouvelle : la bonne, tu vas devenir garde des Sceaux. La mauvaise, c'est que tu vas devoir devenir muet. Tu vas devoir te taire." Je n'en parle à strictement personne. C'est en fin d'après-midi que l'information est vraiment officielle. Je suis au tournoi de tennis de Roland-Garros. En plein match, je reçois un appel de Jean-Pierre Raffarin pour me dire que c'est fait. J'ai eu un moment d'émotion. Je voulais ce poste depuis le début de ma carrière parlementaire. Mais très vite, je ne vois plus ma joie mais uniquement l'importance de la charge[44]. »

Juste après l'annonce officielle du gouvernement, arrivent en effet à tout nouveau garde des Sceaux les premiers attributs du pouvoir. Se présente à lui la voiture officielle du ministre et sa suiveuse, véhicule occupé par des officiers de sécurité armés et prêts à protéger « Mercure » de toute tentative d'attentat ou d'agression. Au total, ce sont quatre policiers du service de protection des hautes personnalités qui, désormais, suivent comme une ombre le ministre nouvellement nommé.

44. Entretien de l'auteur avec Pascal Clément, *op. cit.*

« C'était symbolique de la charge, poursuit Pascal Clément. Ensuite, le premier choc, c'est l'arrivée dans la cour du ministère pour la passation de pouvoir. Du jour au lendemain, on est traité comme le président des États-Unis... On a le sentiment d'avoir gagné le prix Nobel. C'est invraisemblable ! On est entouré de dizaines de photographes. On passe réellement de l'ombre à la lumière. J'ai eu un tel stress que pendant trois jours, je n'ai plus eu de voix. J'ai découvert physiquement l'importance du poste[45]. »

Rachida Dati, passant d'une ombre encore plus prononcée à une lumière encore plus vive, ressent elle aussi ces répercussions sur le corps. Dix kilos perdus durant les premiers mois, confie l'une de ses proches ! « La responsabilité est impressionnante, souffle Rachida Dati. La volonté de ne pas faire d'erreur est permanente. Je suis présente tôt le matin jusqu'à tard le soir, y compris les week-ends. (...) Lorsque j'ai pris mes fonctions, j'ai rencontré une grande partie de mes prédécesseurs. Chacun m'a dit, à sa manière, que ce ministère était extrêmement difficile. On s'en rend compte très vite (...). Devant la responsabilité d'une telle fonction, il y a une réelle tension. Elle vient de la volonté de ne pas faire d'erreur, de ne pas improviser, de connaître ses dossiers. Aujourd'hui, la parole est devenue publique. Chaque mot que vous pouvez dire, même si vous le chuchotez, est amplifié. La moindre déclaration est reprise et diffusée. Chaque prise de parole devient une tribune[46]. »

Sitôt la passation de pouvoirs terminée, l'homme politique qui n'était rien quelques heures auparavant se voit littéralement projeté dans sa nouvelle fonction. Et ses mots, effectivement, prennent la force de paroles ministérielles.

---

45. Entretien de l'auteur avec Pascal Clément, *op. cit.*
46. Entretien de l'auteur avec Rachida Dati, *op. cit.*

## *Les Sceaux cachés dans le coffre-fort*

À la Justice, la tradition républicaine du passage de témoin a toujours existé. Y compris en 1981, note Maurice Faure qui est, durant ces temps d'alternance historique, une exception : le premier garde des Sceaux de François Mitterrand est un radical-socialiste et le seul ministre du nouveau gouvernement à rencontrer son prédécesseur : « Tous les ministres prenaient leurs fonctions dans des locaux vides, raconte-t-il. Ailleurs, il n'y avait pas eu de successions entre les équipes. Aucune cérémonie de passation de pouvoirs n'avait été organisée. Un seul ministre y a eu droit : moi-même ! L'équipe d'Alain Peyrefitte était là, au complet, pour me présenter le ministère. Pour ma part, j'étais avec mon directeur de cabinet. (...) C'eût été un ministre socialiste, Peyrefitte serait certainement parti. Mais je l'avais plusieurs fois rencontré à l'Assemblée dans des duels contradictoires. Nos rapports étaient très déliés, détendus [47]. »

Un mois plus tard, Maurice Faure cède à son tour son bureau et accueille Robert Badinter : « Il m'expliqua les motifs de sa décision, raconte ce dernier. Il n'était pas fait pour ce ministère où tout n'était que revendications et récriminations. Il me laissait volontiers la place : "Vous connaissez tout cela, me dit-il, le droit, les prisons, les syndicats de magistrats, les avocats et le reste." À l'évidence, le monde judiciaire, avec ses passions et aussi ses mesquineries, ne lui seyait pas. "Et puis, comme cela, c'est vous qui abolirez la peine de mort", conclut-il. Il voulut me montrer les Sceaux de la République. J'étais surpris : le ministre de la Justice gardait donc effectivement les Sceaux ? Ils étaient dans le coffre du ministre. Malheureusement, ce jour-là, il se révéla impossible à ouvrir [48]. »

---

47. Entretien de l'auteur avec Maurice Faure, *op. cit.*
48. Robert Badinter, *L'Abolition*, *op. cit.*

À cette période, les moules des Sceaux de la République, en argent pur, étaient, il est vrai, encore conservés dans une cassette en bois rangée dans le coffre-fort du garde des Sceaux. Ils étaient symboliquement sortis quand un nouveau ministre arrivait. Depuis, les matrices ne sont plus dans le coffre-fort mais dans un autre lieu sécurisé. Et ne sont sorties que sur demande, pour les grandes occasions [49].

Les passations de pouvoirs, instants d'émotion, savent aussi révéler tensions, détestations ou malentendus. Pierre Arpaillange évoque ainsi son départ de la Place Vendôme et son remplacement par Henri Nallet, alors ministre de l'Agriculture : « Peu de temps après la sortie du Conseil des ministres, Henri Nallet me téléphona et nous prîmes un rendez-vous immédiat, raconte Pierre Arpaillange. (...) En réalité, il n'y aura aucune passation de pouvoirs, contrairement à la tradition. Je lui demandai de faire entrer Georges Kiejman [50] dans le bureau et il me répondit que ce n'était pas nécessaire et que celui-ci se trouvait dans la salle d'attente ! ! ! Il se leva, je le suivis pour féliciter Georges Kiejman qui était un ami. La salle était remplie de journalistes et de personnes venues me voir ou voir les nouveaux ministres. Tous deux partirent assez vite en voiture. J'en ai été surpris et navré car je n'ai pas pu, comme je le souhaitais, parler à mes successeurs de certains dossiers particulièrement brûlants : par exemple les affaires Bousquet et Papon, Urba, les affaires de délits d'initiés. (...) J'ai eu rapidement la conviction qu'un entretien entre nous aurait pu ensuite éviter quelques bévues [51]. »

49. Voir l'épilogue où les secrets des Sceaux sont révélés par un chef des archives du ministère.

50. L'avocat Georges Kiejman est ministre délégué auprès du garde des Sceaux entre le 2 octobre 1990 et 15 mai 1991.

51. Lettre de Pierre Arpaillange à l'auteur, *op. cit.*

Henri Nallet, pour sa part, assure que « [son] prédécesseur [lui] fit quelques recommandations personnelles concernant certains de ses collaborateurs puis, après un échange de politesses, quitta le ministère où il venait de vivre, comme il le dit lui-même, deux années bien difficiles. Quelques jours suffiront pour que je comprenne ce que cela peut signifier [52] » !

De tout temps, les coulisses des passations de pouvoirs ont conservé leurs petits secrets. Qu'il s'agisse de conversations entre amis politiques ou de simples échanges de la courtoisie républicaine que l'on réserve aux adversaires politiques, l'usage est de passer cinq à quinze minutes ensemble. On sait que, dans une convivialité toute relative, Jacques Toubon et Élisabeth Guigou parlèrent des réformes en cours. Marylise Lebranchu et Dominique Perben, de la loi pénitentiaire alors préparée sans être votée. Pascal Clément et Rachida Dati, des dossiers en cours et des ouvrages historiques présents dans la bibliothèque royale, l'immense et magnifique pièce de la chancellerie où se trouve le bureau du ministre.

Très vite, dès l'excitation de l'arrivée retombée, c'est sur ce même bureau que se poseront les premiers dossiers pénaux, législatifs, pénitentiaires ou autres... La déferlante de problèmes commence. « À partir de cet instant, s'amuse un directeur, nous les voyons entrer dans l'essoreuse. Ils n'en sortiront qu'à leur départ de la Place Vendôme [53] ! »

## Curriculum vitae *non judiciaires*

Le garde des Sceaux doit-il, pour s'en tirer, être un juriste expérimenté ? Quelles doivent être ses fréquentations passées avec l'univers judiciaire ? Doit-il maîtriser le

---

52. Henri Nallet, *Tempête sur la Justice*, *op.cit.*
53. Entretien avec l'auteur.

langage et les codes en vigueur dans la sphère judiciaire ? L'arrivée Place Vendôme ne requiert évidemment aucun diplôme. Et les expériences en ce domaine sont totalement variées d'un ministre à l'autre.

Jouant la modestie quant à son cursus universitaire et son statut d'énarque, Alain Peyrefitte lançait à son propos . « Avoir fait son droit trente ans plus tôt et l'avoir largement oublié n'autorise nullement à s'instituer juriste mais tout au plus confère une disposition au recyclage. (...) Fallait-il me récuser ? J'ai fini par passer outre à ce doute. Il me sembla que je partageais mon ignorance avec la majorité des Français, tous ceux qui ne vivent pas dans l'univers judiciaire ou qu'un procès n'y a pas jeté. (...) Non content d'être entré à la chancellerie sans brevet de compétence, voici que je me suis mis à écrire sur la justice [54]. »

Maurice Faure, originellement professeur agrégé d'histoire et de géographie, était docteur en droit [55].

Licencié de philosophie, agrégé de droit [56], Robert Badinter, à son arrivée, possédait une vision judiciaire forgée dans ses vies d'universitaire et d'avocat. Trente ans d'expérience ardente étaient à son actif mais il ne connaissait pas du tout le fonctionnement d'un gouvernement.

Ministre de la Justice durant un seul mois, avant la première cohabitation de 1986, Michel Crépeau était avocat, diplômé de la faculté de droit de Bordeaux [57].

Son successeur, en revanche, n'avait pas le moindre tropisme judiciaire. « Je n'ai pas ressenti de complexe par rapport à cela », décrit d'ailleurs Albin Chalandon, titulaire d'une licence de lettres et d'un diplôme d'études spécialisées de philosophie [58]. « Le fait de n'être ni un ancien avocat ni un ancien magistrat ne m'a pas paru être un

54. *Les Chevaux du lac Ladoga*, *op.cit*.
55. Notices biographiques, ministère de la Justice.
56. Trombinoscope 1983.
57. Notices biographiques, ministère de la Justice.
58. *Ibid.*

handicap gênant. J'avais reçu une formation solide de droit public et commercial. En revanche, mes connaissances en droit pénal étaient limitées. Je me suis vite adapté. En outre, il en est de la Justice comme de beaucoup d'autres ministères, il n'est pas mauvais d'arriver à ce poste dans une position d'étranger par rapport au milieu dans lequel on se doit de plonger. En tout cas, c'est meilleur que de désigner quelqu'un venant du sérail. Il faut pouvoir prendre à la fois distance et hauteur pour se faire un jugement sain, indépendant et rationnel [59]. »

Quant à sa formation littéraire et philosophique, tout juste Albin Chalandon fait-il cette remarque : « Au début, on pense que l'on va être en manque d'action et que l'on va s'ennuyer. Mais très vite, les événements affluent, l'espace se remplit par le surgissement ininterrompu de problèmes. Et on se rend compte que la vie judiciaire est agitée, et de plus secouée par des passions et des bagarres à la fois idéologiques et personnelles entre les magistrats. (...) Quelle est la légitimité de la justice ? Sur quoi repose l'autorité morale de son action ? Autant de questions posées qui m'ont ramené à des questions qui occupaient déjà mon esprit en préparant l'agrégation de philosophie. Quand vous concevez des lois sur la garde à vue, sur la sanction pénale, sur l'organisation des rapports entre le terrorisme et la démocratie, bref sur tout ce qui porte sur l'équilibre entre l'ordre et la liberté, vous devez forcément vous poser ces questions et y apporter des réponses. Il faut commencer par lire l'*Antigone*, de Sophocle, théâtre des affrontements dramatiques entre Antigone et Créon [60]. »

Pierre Arpaillange, procureur général près la Cour de cassation, c'est-à-dire premier magistrat du parquet de France, est à son arrivée Place Vendôme le garde des Sceaux qui affiche la plus vaste expérience judiciaire : près de quarante années au

59. Entretien de l'auteur avec Albin Chalandon, *op.cit.*
60. *Ibid.*

service de la justice se sont écoulées depuis ses études de droit à Toulouse et à Paris. Son professionnalisme est incontesté. « Ma nomination, compte tenu de mon expérience auprès de trois gardes des Sceaux, témoigne-t-il aujourd'hui, pouvait paraître à certains comme un geste destiné, à la sortie de la première cohabitation, à rétablir une situation largement compromise. La connaissance de l'institution et de ses problèmes pouvait paraître un avantage, mais aussi un handicap vis-à-vis des responsables de l'opposition qui, quels que soient les ministres, cherchaient prioritairement à discréditer le gouvernement. Pour moi, le but n'était pas de ménager les magistrats, mais de réconcilier les Français avec leur justice [61]. »

Son successeur, Henri Nallet, possède un diplôme d'études supérieures de droit public et de sciences politiques [62] mais il reconnaît avoir été tiraillé par un « moment de doute devant une responsabilité inconnue [63] ».

Juste après lui, Michel Vauzelle, licencié en droit et diplômé de l'Institut d'études politiques de Paris, est avocat depuis vingt-quatre ans quand il est nommé : il avait notamment défendu en 1979 les intérêts de François Mitterrand dans le dossier de la radio pirate « Radio riposte [64] ».

Totalement néophyte, Pierre Méhaignerie affiche, pour sa part, des diplômes d'ingénieur agronome, ingénieur du génie rural et ingénieur des Eaux et Forêts [65]. Et au cours de sa carrière politique, jamais auparavant il n'avait eu le moindre contact avec la justice : « Ma première priorité a été de lire toutes les synthèses faites à mon intention, raconte-t-il devant son bureau encore envahi aujourd'hui de dizaines de dossiers. J'ai beaucoup écouté sur le terrain.

61. Lettre de Pierre Arpaillange à l'auteur, *op.cit.*
62. Notices biographiques, ministère de la Justice, *op.cit.*
63. Henri Nallet, *Tempête sur la Justice*, *op. cit.*
64. Entretien de l'auteur avec Michel Vauzelle, *op. cit.*
65. Notices biographiques, ministère de la Justice, *op.cit.*

Il m'a fallu un mois. Ce premier mois, c'est celui de l'apprentissage [66]. »

Jacques Toubon, licencié en droit, diplômé de l'Institut d'études politiques de Lyon et énarque [67], semble pouvoir se passer de ce préalable. À son arrivée Place Vendôme, il affiche une expérience identifiée : « Mes compétences judiciaires étaient acquises de longue date. En 1974, j'étais conseiller technique de Jacques Chirac à Matignon, chargé de la Justice en compagnie de Marie-France Garaud, conseillère politique, qui suivait notamment les affaires de chancellerie. C'est là que j'ai constitué mon réseau de magistrats. Comme parlementaire, à compter de 1981, j'ai naturellement travaillé sur la législation pénale, d'abord comme député de base puis comme président de la commission des lois. Entre 1988 et 1993, j'étais porte-parole du RPR sur ces sujets. Quand Albin Chalandon était ministre de la Justice et moi, président de la commission des lois, on a travaillé de façon très étroite. En 1986, on peut dire que je suis le père de la loi antiterroriste, avec Alain Marsaud alors magistrat au parquet antiterroriste [68]. »

Élisabeth Guigou, pour sa part, n'avait jamais été confrontée aux questions judiciaires avant ses premiers mandats électifs, en 1997 dans le Vaucluse et, la même année, son arrivée au ministère. Licenciée ès lettres, diplômée d'études supérieures d'anglais et énarque [69], elle en sourit : « La justice, avant, je ne connaissais pas ! Ni prison ni procès. Et de plus, je ne m'intéressais pas aux faits divers. C'était une force finalement, parce que j'avais un regard neuf. J'ai passé l'été à travailler dur et à beaucoup consulter. Dans mes études, j'avais plus étudié l'économie que le

66. Entretien de l'auteur avec Pierre Méhaignerie, *op.cit.*
67. Notices biographiques, ministère de la Justice, *op.cit.*
68. Entretien de l'auteur avec Jacques Toubon, *op.cit.*
69. Notices biographiques, ministère de la Justice, *op.cit.*

droit. J'avais d'ailleurs choisi la direction du Trésor en sortant de l'Ena puis j'avais rejoint le cabinet de Jacques Delors, ministre des Finances, avant d'être appelée à l'Élysée comme conseillère de François Mitterrand sur les questions économiques et financières internationales et sur l'Europe. Puis j'avais été ministre des Affaires européennes et députée européenne avant d'être élue députée. Je n'étais donc pas une spécialiste du droit mais j'étais très motivée par la nouveauté et décidée à mettre cette expérience et ma légitimité d'élue au service de mon nouveau ministère [70]. »

Marylise Lebranchu, titulaire d'une maîtrise d'aménagement du territoire [71], avait bien, comme tout parlementaire, eu l'occasion d'observer la justice au cours des grands débats des législatures mais « sur les aspects pratiques et pragmatiques, l'expérience était absente. Je ne m'attendais pas à cette réalité de l'institution, notamment la prégnance pour un garde des Sceaux de toutes les questions concernant l'administration pénitentiaire [72] ».

Durant ses premières semaines de fonction, Dominique Perben, énarque après des études en sciences économiques et en sciences politiques [73], est également frappé par cette confrontation avec les réalités de la justice : « C'est une fonction passionnante mais humainement terrible. La délinquance des mineurs, la maltraitance des enfants m'ont bouleversé. La difficulté du métier de juge m'a sauté aux yeux tout comme la dimension internationale de la délinquance… J'ai coutume de dire que l'on ne passe pas trois ans Place Vendôme impunément [74]. »

Réputé pour ses emportements comme pour son franc-parler, Pascal Clément, licencié en droit, licencié ès lettres,

---

70. Entretien de l'auteur avec Élisabeth Guigou, *op.cit.*
71. Notices biographiques, ministère de la Justice, *op.cit.*
72. Entretien de l'auteur avec Marylise Lebranchu, *op.cit.*
73. Notices biographiques, ministère de la Justice, *op.cit.*
74. Entretien de l'auteur avec Dominique Perben, *op.cit.*

diplômé de Sciences-Po Paris, fut brièvement avocat mais surtout président de la commission des lois de l'Assemblée nationale durant trente ans [75]. Lui, ne cache pas son irritation quand on évoque le décalage entre la complexité de la justice et la connaissance que la plupart des hommes politiques en ont. À ses yeux, « c'est le drame de ce ministère : les politiques n'y connaissaient rien, ils n'aiment pas les avocats, ils détestent les magistrats, ils ne savent pas à quoi sert un notaire, ils ignorent l'existence des experts-comptables et pour eux, les huissiers de justice, c'est Balzac ! En réalité, le ministère de la Justice, c'est d'abord être ministre de la loi, responsable de l'action publique, responsable de l'administration pénitentiaire et responsable des professions réglementées. Il y en a peu qui savent comment cela marche. Le droit, c'est une langue étrangère. Il faut parler la langue [76] ! »

À son arrivée, Rachida Dati possède au moins cet atout aux yeux des gens de justice. Même si son expérience de magistrat s'est limitée à trois ans de palais, elle est, pour la deuxième fois seulement dans l'histoire de la Vᵉ République, une garde des Sceaux issue des rangs de la magistrature. Le précédent était Pierre Arpaillange et ses quarante années d'exercice. Rachida Dati, pour sa part, est titulaire d'une maîtrise en droit public, d'une maîtrise en sciences économiques et ancienne élève de l'Institut supérieur des affaires [77]. À sa sortie de l'École nationale de la magistrature, elle a exercé en juridiction entre 1999 et 2002, à Bobigny, Péronne et Évry, avant de rejoindre le ministère de l'Intérieur, comme conseillère technique [78]. Elle reconnaît cependant aujourd'hui le gouffre existant entre la vie quotidienne d'un palais de justice et les enjeux discutés au ministère : « En juridiction, un magistrat est là pour décider, pour trancher des litiges et rendre la justice au nom du peuple

75. Wikipedia, le 26 octobre 2008.
76. Entretien de l'auteur avec Pascal Clément, *op.cit.*
77. Notices biographiques, ministère de la Justice, *op.cit.*
78. Annuaire de la magistrature.

français, expose-t-elle. Il rend une décision individuelle. Au poste de garde des Sceaux, les enjeux sont majeurs. J'ai comme responsabilités la protection des citoyens, la protection des libertés individuelles… Chaque décision qui est prise, que ce soit au pénal ou au civil, a un impact direct sur la vie des Français. C'est à la fois une lourde responsabilité et un immense honneur [79]. »

Michèle Alliot-Marie, quant à elle, aurait bien pu devenir juge ou procureur. Mais ses études en décidèrent autrement. Au milieu des années soixante-dix, raconte-t-elle, « j'ai failli passer le concours de la magistrature, je l'ai même préparé à l'institut d'études judiciaires de Paris. J'ai obtenu le CAPA [80] en même temps, mais les cours du doyen Georges Vedel m'ont donné l'envie d'enseigner à mon tour. Brusquement, je me suis dit que c'est cela que je voulais faire. » Docteur d'État en Droit privé et en Droit public, elle en retient un atout : « Le droit et l'ethnologie juridique m'ont aidée et m'aident encore à comprendre les ressorts et les mécanismes de nos sociétés, dit-elle. Ce sont des études qui vous amènent à ne pas raisonner en fonction d'une émotion ou d'une intuition mais en fonction de grands principes que vous avez intégrés [81]. »

## *Comment les politiques épousent les grandes causes judiciaires*

Sur la feuille de route des ministres de la Justice, le premier credo est universel : « Redonner confiance aux Français dans leur justice. » Cette ambition est prononcée dans des termes quasiment identiques par tous les titulaires du poste…

---

79. Entretien de l'auteur avec Rachida Dati, *op. cit.*.
80. Le Certificat d'Aptitude à la Profession d'Avocat est le diplôme qui permet de devenir avocat.
81. Entretien de l'auteur avec Michèle Alliot-Marie, *op. cit.*

« Je voulais redonner à la justice une confiance en elle-même et une indépendance [82] », affirme Pierre Méhaignerie. Élisabeth Guigou, défendant en première lecture la loi sur la présomption d'innocence, évoque une réforme « nécessaire pour que la justice retrouve la confiance de l'opinion publique [83] ». « Trop de Français ont perdu confiance en la justice. Je compte sur votre soutien pour donner à notre pays une meilleure justice pénale [84] », lance aux parlementaires Dominique Perben en défendant l'une de ses lois. « Mon but, c'est que les Français gardent confiance en leur justice [85] », justifie Pascal Clément en renvoyant devant le Conseil supérieur de la magistrature le juge Fabrice Burgaud et le procureur Gérald Lesigne. « Je serai le garde des Sceaux qui redonnera aux Français confiance en la justice et qui les associera réellement à l'exercice de sa mission [86] », lance même Rachida Dati le jour de son arrivée. Devant une telle surenchère, on se demande ce que diront leurs successeurs !

Outre les formules convenues, la ligne suivie par les ministres est évidemment plus lisible quand elle s'accompagne d'objectifs majeurs.

En 1981, le grand combat est clairement identifié : l'abolition de la peine de mort. La réforme figure parmi les *110 Propositions* de François Mitterrand. Au moment de lancer les premiers chantiers du ministère, elle est la « priorité absolue [87] » aux yeux de Robert Badinter. Le 17 septembre, à

82. Entretien de l'auteur avec Pierre Méhaignerie, *op.cit.*

83. Discours d'Élisabeth Guigou, première lecture du texte sur la présomption d'innocence, Assemblée nationale, 23 mars 1999.

84. Discours de Dominique Perben, présentation du projet de loi visant à adapter la justice pénale aux évolutions de la criminalité, Paris, 1er octobre 2003.

85. Interview sur Europe 1, 10 juin 2006.

86. Discours de Rachida Dati au ministère, le 18 mai 2007.

87. Robert Badinter, *L'Abolition*, *op. cit.*

l'Assemblée nationale, il entame son discours par la phrase entrée depuis dans l'Histoire : « J'ai l'honneur, au nom du gouvernement de la République, de demander à l'Assemblée nationale d'abolir la peine de mort en France… »

Maurice Faure révèle aujourd'hui qu'il fut soulagé de ne pas avoir à soutenir lui-même cette promesse de la gauche : « La vérité ou en tout cas une vérité, confie-t-il, c'est que je savais que le premier débat qui viendrait serait la peine de mort. Et sur cette question, je n'avais pas tout à fait l'opinion du président de la République et de la majorité des députés. Si vous voulez, on peut dire que j'étais agnostique. (...) Pour tout dire, je n'étais pas un fana de l'abolition de la peine de mort [88]. »

Outre la suppression de la peine capitale, François Mitterrand avait affiché dans ses *110 Propositions* que « l'indépendance des magistrats [serait] assurée par la réforme du Conseil supérieur de la magistrature », que serait prononcée « l'abrogation des procédures d'exception (Cour de sûreté, tribunaux militaires en temps de paix), de la loi anticasseurs et de la loi Peyrefitte » et que serait réaffirmé « le principe fondamental de la présomption d'innocence [89] ».

À son arrivée à l'Élysée en 1995, Jacques Chirac entend, selon les termes de son programme présidentiel, « améliorer l'efficacité de la justice [90] ».

À la période de la cohabitation Chirac-Jospin, entre 1997 et 2002, ce sont les promesses de la gauche qui sont l'étendard du ministère de la Justice. Après une période chargée en la matière, « la campagne avait été menée sur la promesse de ne plus intervenir dans les affaires politico-judiciaires, rappelle Élisabeth Guigou, ainsi que sur l'engagement d'une revalorisation des métiers de la Justice [91] ».

---

88. Entretien de l'auteur avec Maurice Faure, *op.cit.*

89. *110 Propositions* de François Mitterrand, 1981.

90. *La France pour tous*, programme de Jacques Chirac en 1995.

91. Entretien de l'auteur avec Élisabeth Guigou, *op.cit.*

En 2002, les « consignes présidentielles » ne sont qu'une partie mineure des réformes législatives engagées par la suite. Jacques Chirac a seulement fixé comme impératifs la création des centres éducatifs fermés pour les mineurs délinquants et l'instauration de juges de proximité, Dominique Perben y ajoutera une série d'autres projets et, dès son arrivée, un principe en rupture avec ses prédécesseurs de gauche, Élisabeth Guigou et Marylise Lebranchu. « Comme philosophie judiciaire, rappelle-t-il, j'avais pris position contre l'indépendance du parquet quand la question avait été débattue avec Jacques Toubon. Je suis donc très clair sur ce point. D'ailleurs, lorsque Jean-Pierre Raffarin me propose le poste, je lui rappelle ma position sur l'autorité hiérarchique sur les parquets. Je l'affirme lors de ma première intervention publique afin de refuser toute ambiguïté [92]. »

Souvent les enjeux des années à venir sont posés dès les premières heures. Ils le sont plus encore en 2007 quand le programme présidentiel de Nicolas Sarkozy s'affiche comme la clé de voûte de l'action de Rachida Dati. « Le président de la République, au cours de la campagne, a rappelé qu'il était nécessaire de faire évoluer l'organisation de notre justice. Il faut le faire dans la concertation, car tous les acteurs judiciaires sont concernés. (...) Le débat [sur la récidive] a été clair, notamment durant la campagne électorale. On ne peut pas faire comme si les Français n'avaient pas exprimé leur choix. Ils attendent maintenant la réalisation de cet engagement du président de la République [93] », prévient Rachida Dati quelques mois après son installation. Elle aura l'occasion de le redire.

Plus inattendue est la méthode de Michèle Alliot-Marie lorsqu'elle prend possession des lieux. « Quand j'arrive

---

92. Entretien de l'auteur avec Dominique Perben, *op.cit.*

93. Interview de Rachida Dati par Éric Decouty, Mathieu Delahousse, Marie-Amélie Lombard-Latune et Sophie Roquelle, *Le Figaro*, 14 octobre 2007.

dans un ministère, confie-t-elle, j'essaie toujours, au cours des premières vingt-quatre heures de me poser quelques instants et de m'extraire de l'agitation. Je m'isole et j'inscris sur une feuille blanche les choses que j'ai envie d'y réaliser. En arrivant ici, on peut avoir de grandes ambitions. Elles sont nourries de ce que j'ai vu dans les deux ministères que j'ai occupé précédemment[94]. J'ai constaté que la période que nous vivons est extrêmement dangereuse pour la cohésion de la France et l'unité nationale avec un développement des communautarismes et de la contestation violente de l'autorité, quelle qu'elle soit. Par rapport à ces forces centrifuges, il me semble que la mission du ministère de la justice est de montrer que la loi est la règle commune qui permet à tous de vivre ensemble, que pour cette raison elle doit être respectée comme doivent être respectés ceux font appliquer la loi, c'est-à-dire, ici, les magistrats… Tout ce que j'ai inscrit sur ma feuille blanche, le premier jour, est la déclinaison concrète de cette analyse[95]. »

Pour chaque garde des Sceaux, les hommes et les femmes qui mettront en œuvre la feuille de route politique sont à présent à bombarder à leurs postes…

---

94. Le ministère de la Défense entre 2002 et 2007 et le ministère de l'Intérieur entre 2007 et 2009.

95. Entretien de l'auteur avec Michèle Alliot-Marie, *op. cit.*

## Chapitre 3

# La garde rapprochée

« L'arrivée dans un ministère ressemble un peu à une rentrée des classes[96] », décrit bien pacifiquement Pierre Arpaillange, celui des gardes des Sceaux qui a le mieux connu le ministère pour y avoir vécu plusieurs vies : comme directeur des affaires criminelles et des grâces, trois fois comme directeur de cabinet, puis enfin comme garde des Sceaux lui-même. « Chacun cherche un bureau et prend les premiers contacts. Tout cela demande pas mal de temps et de discussions[97]. »

Dans ces journées d'installation, généralement seule la tête d'affiche apparaît. Seul le nom du ministre est mis en avant. Pourtant, tout se joue en ces instants-là. Le nouveau venu consulte pour nommer les personnages clés. Apparaissent les hommes de confiance qui l'entoureront au sein du cabinet ministériel, ceux qui dirigeront l'administration à la tête des grandes directions du ministère et, enfin, ceux qui tiendront les discrets rôles d'influence à la tête des grands parquets et parquets généraux[98].

---

96. Lettre de Pierre Arpaillange à l'auteur, *op.cit.*

97. *Ibid.*

98. Le ministre de la Justice a sous ses ordres hiérarchiques les procureurs généraux des cours d'appel et les procureurs de la République des tribunaux de grande instance.

Souvent inconnus du grand public, les directeurs de cabinet, les directeurs des administrations centrales du ministère[99] et les procureurs généraux occupent des fonctions clés dans la bonne marche de la machine. Leurs noms et fonctions sont parfaitement connus des initiés d'autant qu'ils ne forment finalement qu'un petit groupe d'hommes et de femmes, le plus souvent magistrats. Leurs noms sont cités à chaque *mercato* judiciaire. L'éventuel progrès de l'un ou le recul prévisible de l'autre fait l'objet de pronostics et de commentaires principalement diffusés par le petit monde judiciaire parisien.

## *Plusieurs univers cohabitent au ministère*

À chaque changement de locataire de la Place Vendôme, les choses sont en tout cas d'une clarté brutale. Parmi les femmes et les hommes du ministère, tous ne sont pas logés à la même enseigne : les membres du cabinet font leurs valises avec le ministre sortant. Les directeurs des administrations centrales du ministère restent en place mais les textes permettent de les changer à tout moment. Les procureurs généraux peuvent également changer d'attribution par un simple décret en Conseil des ministres. Les procureurs de la République, quant à eux, peuvent aussi connaître de soudains bouleversements de carrières mais comme leur processus de nomination est plus complexe, cela ne se passe jamais dans la foulée de l'arrivée

99. Le ministère compte aujourd'hui cinq directions chapeautant chaque domaine judiciaire concerné : la Direction des affaires criminelles et des grâces (DACG), la Direction des affaires civiles et du Sceau (DACS), la Direction des services judiciaires (DSJ), la Direction de la protection judiciaire de la jeunesse (DPJJ) et la Direction de l'administration pénitentiaire (DAP).

d'un nouveau ministre mais plutôt plusieurs semaines plus tard, et plus discrètement.

Dans le décor de la chancellerie, il faut donc observer trois scènes distinctes : le cabinet, les directions et les postes importants de procureur. Chaque univers connaît ses codes et ses particularités. Chacun connaît sa place, ses prérogatives et les limites de son pré carré. Et des cloisons existent, notamment entre le cabinet et les directions.

Pour caricaturer la situation, on peut dire que le cabinet travaille pour le ministre tandis que les directions travaillent pour le ministère. « Deux mondes coexistent, confirme Yves Charpenel, directeur des affaires criminelles et des grâces entre 1999 et 2001. D'un côté, le conseiller qui a la confiance du ministre. Et de l'autre, le directeur qui a la légitimité du technicien. Il arrive que le cabinet aille directement au contact du rédacteur de base, au sein de la direction. Mais la procédure est connue : le cabinet s'oriente vers la direction qui peut aller extrêmement vite. En une heure, une note est fournie. C'est le cas, par exemple, les jours des questions d'actualité à l'Assemblée nationale. Parfois, le ministre peut s'irriter de tant de technicité. Ils cherchent une réponse politique, nous apportons une réponse factuelle, juridique, argumentée [100]. »

L'origine des premiers malentendus entre sphères judiciaire et politique est déjà posée. Regroupés sous le même toit, les univers sont en effet cloisonnés. Pierre Arpaillange, bien avant de devenir garde des Sceaux, en fait l'expérience à son arrivée comme simple conseiller technique chargé des affaires pénales. « Une anecdote est intéressante, expose-t-il. Un des premiers dossiers que j'eus à traiter me fut adressé par la Direction des affaires criminelles et des grâces : il posait un problème juridique délicat, que le directeur avait exposé dans une longue note. Quelque peu en désaccord sur les conclusions retenues, je fis à mon tour

100. Entretien de l'auteur avec Yves Charpenel.

une note faisant état de mon point de vue et je retournai le tout à la direction compétente. J'appris quelques jours plus tard que j'avais mis toute la direction en émoi. Comment ? Un conseiller technique se permettait "de donner des leçons à la direction" ! C'était méconnaître gravement que les problèmes juridiques sont du ressort de la direction alors que le conseiller, comme son nom ne l'indique pas, ne doit pas s'occuper des problèmes techniques. J'avais eu le tort d'inverser l'ordre des choses ! Ce petit problème fut rapidement tranché : j'avais retenu la "leçon [101]". »

Maryvonne Caillibotte, aujourd'hui conseiller pour la justice du Premier ministre François Fillon, passée par le cabinet de Pierre Méhaignerie à la Place Vendôme, confirme : « Entre le cabinet, les directions et les juridictions, des codes de communication existent. Quand on arrive de juridiction, on ignore même que cela existe [102]. » Elle note également que, depuis ces quinze dernières années, les cabinets ont progressivement étendu leurs prérogatives sur des terrains jusque-là réservés aux grandes directions centrales de la Place Vendôme.

Le cabinet, comme dans tout ministère, constitue un noyau dur autour du garde des Sceaux. Une dizaine d'hommes et de femmes sont chargés de l'assister dans son action politique et dans ses relations avec les services. À sa tête, le directeur de cabinet est le collaborateur le plus proche du garde des Sceaux. Il possède, Place Vendôme, un bureau immédiatement voisin de la bibliothèque royale. Le « dir'cab » est souvent maître à bord, au point d'être, à plusieurs reprises dans l'histoire, qualifié de véritable « ministre bis », soit pour gérer les catastrophes potentielles de l'instant – notamment les affaires – soit assurer les multiples missions quotidiennes d'un ministre à l'existence trop

101. Lettre de Pierre Arpaillange à l'auteur, *op.cit.*
102. Entretien de l'auteur avec Maryvonne Caillibotte.

occupée… À la Justice, le poste de directeur de cabinet est alternativement occupé par de hauts magistrats ou par des conseillers d'État.

En 1981, le premier directeur de cabinet de Maurice Faure puis de Robert Badinter est André Braunschweig, ancien président de l'Union syndicale de la magistrature, ancien juge d'instruction, chargé notamment par le passé de l'affaire de l'Observatoire [103] et ancien président de cour d'assises.

Pour former le cabinet, ceux qui connaissaient la justice ont évidemment l'avantage. Albin Chalandon n'est pas dans ce cas : « À mon arrivée, souligne-t-il, je ne connaissais presque personne dans le milieu judiciaire. Je ne voulais pas en tout cas faire un cabinet politique, c'est-à-dire truffé de gens de mon parti. Jacques Toubon m'a fourni plusieurs noms parmi lesquels j'ai choisi. J'ai formé le mien avec Jean-François Burgelin [104] et, finalement, le trio qui se cachait derrière "Solon [105]", c'est-à-dire, Jean-Marie Coulon et Jean Léonnet. Tous les trois étaient considérés comme des centristes convaincus. Une confiance totale a régné entre nous et nous avons travaillé avec beaucoup d'efficacité. Nous avons cependant décidé de nous séparer lorsqu'est intervenue la réforme pénitentiaire, pour laquelle je souhaitais mener une privatisation intégrale : ils n'y étaient pas favorables. S'agissant d'un dossier aussi difficile, tant dans la conception que dans l'exécution, il fallait un directeur de cabinet qui soit à la fois convaincu du bien-fondé de la réforme et ait des qualités de

103. Lire le chapitre 16, où l'affaire de l'Observatoire qui avait valu une inculpation à François Mitterrand est rappellée.

104. Lire le chapitre 5 où le parcours de Jean-François Burgelin, premier procureur de France, est détaillé.

105. *Raison pour la justice*, Jean-François Burgelin en collaboration avec MM. Jean-Marie Coulon et Jean Léonnet, sous le pseudonyme de Solon, 1986.

gestionnaire. C'est pourquoi Paul-André Sadon [106] a pris la suite [107]. »

## *Le petit cercle des juristes qui forment les équipes*

Pierre Arpaillange, pour sa part, choisit lui-même ses collaborateurs, une sorte de garde rapprochée : « En quittant la Cour de cassation pour rejoindre la Place Vendôme, je suis accompagné de plusieurs de mes proches qui vont faire partie de mon cabinet, énumère-t-il : Franck Terrier qui sera chargé des affaires pénales ; François Cordier, qui était secrétaire général de l'École nationale de la magistrature, s'occupera du personnel ; Nicole Maestracci, des problèmes concernant les mineurs ; Martine Bellon, conseiller référendaire à la Cour des comptes, du budget ; Irène Allier ; Christine Chanet pour les droits de l'homme et d'autres encore [108]... »

Henri Nallet se souvient de sa « grande liberté pour constituer [son] équipe [109] ». Michel Vauzelle, d'avoir « recruté des gens qui partagent [son] éthique mais pas forcément [sa] couleur politique [110] ». Pierre Méhaignerie, d'avoir choisi un directeur de cabinet [111] qu'on lui avait certes suggéré mais qui « correspondait à [son] idée de l'indépendance de la justice et de la connaissance du corps [112] ».

Dans le choix des hommes, Jacques Toubon assume le fait d'avoir fait appel à des magistrats proches de ses

106. Lire le chapitre 16 où le cas Paul-André Sadon, magistrat proche de ministres de la Justice de droite, suscite des réactions scandalisées sur le terrain politique.

107. Entretien de l'auteur avec Albin Chalandon, *op.cit.*

108. Lettre de Pierre Arpaillange à l'auteur, *op.cit.*

109. Entretien de l'auteur avec Henri Nallet, *op.cit.*

110. Entretien de l'auteur avec Michel Vauzelle, *op.cit.*

111. Le directeur de cabinet de Pierre Méhaignerie est Philippe Léger.

112. Entretien de l'auteur avec Pierre Méhaignerie.

sensibilités politiques : « Alexandre Benmakhlouf[113] est un fin technicien, très discret et très bon connaisseur du droit et des hommes, lance le premier garde des Sceaux du président Chirac. Il considérait depuis les années soixante-dix que des juges comme Patrice de Charette[114] agissaient de façon critiquable. D'où son adhésion à l'Association professionnelle des magistrats (APM). Il fait partie de ces magistrats qui ont décidé de jouer un rôle au moment de l'arrivée de Robert Badinter comme garde des Sceaux. Comme directeur des affaires civiles et du Sceau, il était déjà un cadre incontestable de la chancellerie. Je l'ai pris comme directeur de cabinet parce que cela me paraissait vraiment naturel. La partie politique était assurée et assumée par mes soins. Lui devait gérer le droit et former une partie de l'équipe. Je n'ai pas hésité à le promouvoir d'autant qu'à cause de sa réputation politique, sa carrière avait pâti de l'arrivée de la gauche[115]. »

Pour imposer une rupture après les affaires ayant marqué le ministère de son prédécesseur, Élisabeth Guigou se montre également déterminée à trier sur le volet les hommes de confiance du premier cercle : « Je voulais un cabinet avec des gens hypercompétents mais venant d'horizons divers,

---

113. Lire le chapitre 6 où les polémiques politiques autour d'Alexandre Benmakhlouf, proche de Jacques Chirac, sont virulentes.

114. Patrice de Charette était juge d'instruction et membre du Syndicat de la magistrature. En 1975, à la suite d'un accident mortel du travail, il avait incarcéré pendant cinq jours Jean Chapron, directeur de l'usine Huile, Goudrons et Dérivés de Vendin-le-Vieil (Pas-de-Calais). La chambre d'accusation de la cour d'appel de Douai s'était réunie un dimanche matin pour infirmer sa décision. Le nom de ce magistrat est depuis associé à la première incarcération d'un dirigeant d'entreprise pour une faute liée à ses activités économiques.

115. Entretien de l'auteur avec Jacques Toubon, *op.cit.*

dit-elle. Et je souhaitais des collaborateurs ayant des convictions, représentant différentes sensibilités et métiers de la justice. Je voulais diversifier. Je demandais que l'on partage les orientations politiques du gouvernement mais je n'exigeais pas que l'on soit encarté. À mon cabinet, il y avait des magistrats et des non-magistrats, des femmes, des jeunes, tous très motivés. Sous la houlette de Christian Vigouroux, le directeur de mon cabinet, et de Mireille Imbert-Quaretta, la directrice adjointe, cette équipe a travaillé avec intelligence, ardeur, convivialité et bonne humeur malgré les horaires harassants. J'ai été très heureuse avec cette équipe, qui est encore aujourd'hui reconnue comme l'une des meilleures que la chancellerie ait connue. Nous continuons à nous voir et à déjeuner régulièrement ensemble [116]. »

Comment recruter dans l'urgence les femmes et les hommes indispensables au ministre tout juste nommé ? L'improvisation et la précipitation sont toujours la règle. Pour Dominique Perben, l'incertitude des premières heures est même une réalité pesante : « La constitution de l'équipe est un sujet difficile, reconnaît-il, parce que je me suis mentalement préparé à l'Intérieur et non à la Justice et que mon univers professionnel est celui de la préfectorale et de la police. À la Justice, je ne suis pas dans le réseau, je ne suis pas de ce monde. Je voulais un juge administratif plutôt qu'un magistrat comme directeur de cabinet. J'appelle Renaud Denoix de Saint-Marc, vice-président du Conseil d'État, afin qu'il me suggère un conseiller d'État. Il me propose Jean-Paul Faugère [117] ou Patrick Hubert. Le premier est préfet de Vendée mais quand je le joins, François Fillon vient tout juste de le prendre pour le ministère des Affaires sociales. Dans ces moments, cela se passe réelle-

116. Entretien de l'auteur avec Élisabeth Guigou, *op.cit.*

117. Jean-Paul Faugère est à compter de 2007 directeur de cabinet du Premier ministre, François Fillon.

ment comme ça ! Les choses vont vite ! J'appelle ensuite Patrick Hubert qui devient mon directeur de cabinet. Ensemble, nous montons notre équipe. D'emblée, une petite campagne de presse va se développer sur le fait que plusieurs conseillers sont déjà passés au cabinet de Jacques Toubon [118]. »

En habitué des sphères judiciaires, Pascal Clément affirme pour sa part que ses proches viendront tout naturellement le rejoindre : « Laurent Le Mesle [119] était mon ami depuis quinze ans, détaille-t-il. Rémi Heitz était mon ancien chef de cabinet quand j'étais ministre chargé des Relations avec le Parlement. Christophe Ingrain était un magistrat détaché auprès de moi à la commission des lois de l'Assemblée nationale. Il est devenu chef de cabinet du ministre de la Justice et il est aujourd'hui l'adjoint de Patrick Ouart, conseiller "Justice" de Nicolas Sarkozy. En fait, j'avais une *dream team* [120] ! », clame Pascal Clément dans ce monde où, décidément, il est de bon ton de galvaniser ses collaborateurs du premier cercle.

## *Ministre bis*

Pour Rachida Dati, rien n'a l'air aussi simple et la question des coéquipiers est à l'origine de la première crise spectaculaire qui l'affecte. Elle éclate à l'occasion du départ de son directeur de cabinet, Michel Dobkine, après seulement deux mois de ministère. L'affaire fait scandale et laisse apparaître, dans la presse et dans la magistrature, des histoires de collaborateurs humiliés, fatigués et fragilisés. En

---

118. Entretien de l'auteur avec Dominique Perben, *op.cit.*

119. Voir le chapitre 6 où le portrait des magistrats passés par plusieurs postes clés est détaillé.

120. Entretien de l'auteur avec Pascal Clément, *op.cit.*

moins de deux ans, vingt [121] conseillers quittent leurs fonctions, tout comme deux directeurs de cabinet [122].

Interrogée dans l'immense bureau de la Place Vendôme alors qu'elle est encore ministre, Rachida Dati donne un diagnostic à ces moments de crise : « Dès mon arrivée, reconnaît-elle, j'ai voulu engager toutes les réformes simultanément et il est vrai que j'ai mis tout le monde au travail ! Je me suis dit que l'on pouvait mettre en œuvre l'ensemble des réformes en même temps car elles n'imposaient pas de solliciter les directions de la même manière. C'était vrai, sauf que cela faisait travailler triplement ou quadruplement le cabinet. J'étais prête à l'assumer. Cela demande beaucoup de disponibilité, beaucoup d'énergie et beaucoup de continuité. Nous sommes parvenus à tout mener de front. Je le reconnais : si toutes les réformes sont allées au bout, c'est en grande partie grâce à l'équipe qui est avec moi [123]. »

À l'origine, affirme Rachida Dati, « je souhaitais absolument avoir un directeur de cabinet qui soit un magistrat. Je savais que ma nomination allait en dérouter certains. J'avais donc besoin d'avoir à mes côtés quelqu'un qui soit moins… saillant ! Si j'ai souhaité me séparer de Michel Dobkine, ce n'est pas en raison de ses qualités personnelles, mais parce que nos rythmes de travail étaient différents. L'ampleur de la tâche était lourde. Il fallait avancer rapidement. Plus que des spécialistes, mes collaborateurs sont des personnalités et des caractères différents, qui ont envie, qui n'ont pas peur de se confronter aux réalités de terrain [124] ».

---

121. « Nouveaux départs au cabinet de Rachida Dati », article d'Alain Salles, *Le Monde*, 4 décembre 2008.

122. Après Michel Dobkine en juillet 2007, Patrick Gérard quitte en décembre 2008 son poste de directeur de cabinet pour être nommé recteur de l'académie de Paris. Il est remplacé par François Seners.

123. Entretien de l'auteur avec Rachida Dati, *op. cit.*

124. Entretien de l'auteur avec Rachida Dati, *op.cit.*

Question du seul rythme de travail ou incompatibilité avec une humeur ministérielle qu'on décrit alors comme cassante ? Dès le 13 juin 2007, lors d'une réunion informelle avec la presse judiciaire autour de la réforme des peines plancher, des tensions et des irritations ministérielles étaient apparues publiquement entre le directeur de cabinet et sa ministre [125]. D'autres allaient suivre, jusqu'à la rupture. Il s'agit du premier coup d'éclat public de Rachida Dati face à ses propres équipes mais « il ne faut pas en faire un flan, ce n'est pas une affaire d'État », lance Michel Dobkine, contraint, au lendemain de sa démission d'adopter un discours imposé par la maison qu'il vient de quitter. « C'est un micro-événement. J'ai travaillé avec un garde des Sceaux qui veut aller très vite, qui veut faire bouger les lignes, qui a pris un peu le taureau par les cornes, et qui demande évidemment une disponibilité très importante, à 100 000 %. (...) Lorsque le poste a été proposé, je n'ai pas mesuré que c'était des jobs dans lesquels il faut commencer à 8 heures du matin et finir à minuit. (...) Ce sont des fonctions très, très prenantes. Il ne faut pas mettre en difficulté un ministre qui a ses exigences et qui vous demande d'être là [126]... » Un magistrat, même démissionnaire, n'a pas la liberté de critiquer son ministre.

Michel Dobkine, aujourd'hui secrétaire général du groupe Havas, ne souhaite plus revenir sur cet épisode. Son successeur, Patrick Gérard, quitte à son tour son poste en décembre 2008. Rachida Dati, interrogée sur la fuite de ses collaborateurs et sur le fait de savoir si « elle fait peur [127] », réplique : « L'autorité n'a rien à voir avec la brutalité. Mais certains ont cru que je n'aurais pas cette autorité, que je

---

125. Réunion avec la presse, le 13 juin 2007.

126. Interview de Michel Dobkine, le 7 juillet 2007, France Info.

127. Émission *À vous de juger*, Arlette Chabot, France 2, le 16 octobre 2008.

n'allais pas être une vraie ministre. Ma carrure peut tromper sur ma nature : ils sont tombés sur quelqu'un qui voulait réformer la justice comme le souhaitent les Français [128]. »

L'incident met en tout cas en lumière le caractère de la garde des Sceaux et la vie du cabinet ministériel, ordinairement si discrète. De l'avis général, cet univers qui forme la garde rapprochée du ministre constitue – et de tout temps – un autre monde. Le cabinet forme le premier cercle. Le second est composé des directions centrales du ministère, là où le parfum du pouvoir se respire aussi.

## *Le choix de rejoindre la « chancell' »*

Pour les magistrats plus jeunes, aller à la « chancell' [129] » est un choix de carrière. À la sortie de l'École nationale de la magistrature, les mieux classés peuvent décider de se frotter à leur ministère. Ainsi peuvent débuter de grandes destinées judiciaires… L'expérience est enrichissante, à en croire les intéressés.

Rendu célèbre par ses fonctions de procureur de Paris au moment de l'affaire Juppé puis de président de la chambre criminelle de la Cour de cassation au moment de la demande en révision de l'affaire Seznec, Bruno Cotte connaît ce sort à ses 26 ans alors que ses racines lyonnaises l'auraient plus naturellement guidé vers un poste de substitut au parquet de Saint-Étienne. Mais « Pierre Bellet, alors président du tribunal de grande instance de Paris, auprès

128. *Ibid.*

129. L'expression est utilisée entre eux par les magistrats sortant de l'école. Elle devient célèbre quand Rachida Dati l'emploie à son tour dans les cercles du pouvoir, « Enquête sur les caprices de Rachida Dati », Gilles Gaetner, Éric Pelletier, Jean-Marie Pontaut et Ludovic Vigogne, *L'Express*, 5 juin 2008.

de qui j'étais en stage, me l'a déconseillé, raconte Bruno Cotte. Il m'a lancé : "Ne faites pas la bêtise de partir tout de suite en juridiction. Si Dieu vous prête vie, vous avez devant vous quarante années de vie professionnelle. Si l'on vous offre la possibilité de travailler dans l'une des directions du ministère de la Justice, commencez donc par cela. Vous aurez l'occasion unique, en début de carrière, de voir fonctionner les services qui nous administrent et aussi de voir comment se fabriquent les lois que vous aurez à appliquer [130] !" »

Après des débuts dans des palais de justice de province, Yves Bot, devenu procureur puis procureur général de Paris dans les années 2000, découvre quant à lui la Place Vendôme assez tardivement. « La vision que l'on en retient dépend des périodes de sa vie professionnelle, dit-il. Pour ma part, en 1974, au début de ma carrière, la chancellerie, c'est mythique. Elle incarne l'autorité avec un grand A. Elle possède la connaissance et le savoir-faire. On se tourne vers elle en cas de difficulté. Elle donne aussi la direction à suivre en fournissant des instructions générales. L'image que j'en ai change entre 1974 et 1993 : je suis alors en juridiction, en situation de responsabilité et sous le poids des structures administratives. J'ai alors l'image d'une chancellerie tatillonne, loin des réalités et qui fait perdre du temps aux juridictions en réclamant sans cesse de rendre compte sur l'application des nouvelles législations ou encore sur les affaires. En 1993, en entrant moi-même au cabinet d'un garde des Sceaux, je découvre le fonctionnement réel du ministère : la charge considérable de travail, la dynamique et l'abnégation des gens qui s'y emploient [131]. »

Éric de Montgolfier est une autre célébrité judiciaire à avoir fait ses armes comme magistrat à la Place Vendôme. L'actuel procureur de Nice cite l'apostrophe de Barrès :

130. Entretien de l'auteur avec Bruno Cotte.
131. Entretien de l'auteur avec Yves Bot.

« Plus que ta conscience, magistrat, crains le garde des Sceaux [132] ! » et retient une vision critique de ce petit univers jamais très éloigné des exigences politiques : « Ceux qui, sur leur demande, sont affectés à la chancellerie ont l'avantage d'un statut clarifié, expose-t-il. S'ils restent magistrats, ils ne sont ni du siège ni du parquet. Ils servent l'exécutif dans ses attributions judiciaires. (...) Le magistrat à l'administration centrale de la justice constitue le meilleur moyen de respecter, dans l'apparence, la sacro-sainte indépendance de l'autorité judiciaire. Sans lui la domination de l'exécutif sur le judiciaire apparaîtrait dans toute sa cruauté. »

Au passage, le magistrat égratigne le cabinet du garde des Sceaux : c'est « un organe politique par excellence, encore qu'il comprenne nombre de magistrats, ce qui n'est d'ailleurs pas sans poser quelques problèmes d'impartialité quand ils reviennent en juridiction [133] ».

Un homme de cabinet confirme. « Incontestablement, à partir du moment où on entre dans un cabinet de garde des Sceaux, on est marqué d'une façon politique, estime Alain Carre-Pierrat, directeur adjoint de cabinet d'Élisabeth Guigou et Marylise Lebranchu. Pour les conseillers techniques, le phénomène est moins net mais les postes de directeurs ou directeurs adjoints sont considérés comme des postes politiques et, oui, ce sont des postes politiques [134]. »

Les étiquettes se portent longtemps selon Dominique Barella, ancien président de l'Union syndicale des magistrats (USM). « Dans l'institution judiciaire, décrit-il, on ne prononce le mot "cabinet" qu'avec respect et crainte à la limite de l'effroi. "En être" un jour en fait frissonner plus d'une ou plus d'un : un juge ou un procureur qui passe par

132. *Le devoir de déplaire*, Éric de Montgolfier, Michel Lafon.
133. *Ibid.*
134. Entretien de l'auteur avec Alain Carre-Pierrat.

le cabinet sera à la fois politiquement stigmatisé à vie comme un magistrat qui a franchi le miroir séparant la pureté de la Justice et l'impureté du pouvoir et envié pour cet énorme *booster* qu'il sera supposé avoir donné à sa carrière et à ses décorations. Pour avoir côtoyé plusieurs cabinets de ministres, je sais que la vérité se situe entre le fantasme et l'apparence et varie, comme toujours, selon les hommes et les femmes qui remplissent ces fonctions… Les cabinets font partie de ces endroits institutionnels dans lesquels se joue l'arbitrage entre les nécessités de la gestion administrative et les intérêts politiques. Ils sont encore plus nécessaires au ministère de la Justice que dans les autres ministères [135]. »

Le retour en juridiction peut cependant être parfois brutal. « Quand vous êtes enrôlé dans un cabinet ministériel pendant cinq ans, explique un magistrat, vous n'êtes pas noté durant cette période, vous êtes en dehors du système, vous vivez différemment. Lorsque tout cela se termine et que vous revenez en juridiction, vous y arrivez un peu tricard, comme si vous aviez fait de la prison. On ne vous confie pas tout de suite une présidence de chambre. À moins d'être bénéficiaire d'une belle promotion [136]. » C'est en réalité ce qui arrive le plus souvent : des nominations prestigieuses et rapides sont proposées par le ministre sortant pour ses collaborateurs les plus méritants. Et si, dans les directions centrales du ministère, les turbulences politiques imposent aussi des mutations, celles-ci sont moins flagrantes, moins violentes et plus lentes.

---

135. Dominique Barella, *OPA sur la Justice*, Hachette Littérature.

136. Entretien avec Jean Favard.

## CHAPITRE 4

# Les officiers généraux de la machine Justice

À la tête des directions du ministère, hors de question de garder des opposants déclarés. On ne maintient pas à des postes si exposés des hommes trop marqués par de petites ou de grandes histoires de la chancellerie.

C'est pourtant un tabou français. Aucun des gardes des Sceaux interrogés ne veut appliquer à la situation de la Place Vendôme l'expression de *spoil system* venue des États-Unis. Tant pis si la répétition des situations depuis vingt-cinq ans dans l'organigramme du ministère conduit inévitablement à y songer.

Outre-Atlantique, le *spoil system*, littéralement le « système des dépouilles », se traduit par un renouvellement intégral des hauts fonctionnaires à chaque alternance politique avec comme seul message : « Si tu as travaillé au service de mon adversaire, tu peux faire tes valises. »

La réalité au ministère de la Justice et des cercles qui l'entourent est-elle différente ? Est-elle même pire ? Peut-on parler d'un *spoil system* « aggravé » comme le faisait le doyen Georges Vedel ? En 1989, le professeur de droit et ancien membre du Conseil constitutionnel résumait cruellement les effets des alternances sur les administrations françaises : « L'overdose majoritaire entraîne le pouvoir à considérer qu'il y a de plus en plus de postes et de fonctions qui doivent être confiés ou à des fidèles ou à des clients politiques. C'est un danger énorme. Il crée d'abord une situation démoralisante pour les responsables des services publics, qui voient leur carrière, leur travail dépendre moins de la façon dont ils accomplissent leur tâche que des appuis qu'ils ont pu s'assurer. (...) En deuxième lieu, et sur le mode plaisant, cette évolution finit par coûter cher. Car le *spoil system* américain a du moins l'avantage de la brutalité : on renvoie sans plus de façons les gens dont on ne veut plus. Alors que la règle de courtoisie en usage dans notre République nous mène à un *spoil system* aggravé : on renvoie des gens mais on les recase. On double ainsi et on triple quelquefois chaque poste à pourvoir discrétionnairement par des postes d'accueil pour les éliminés [137]. »

« Après avoir été directeur des affaires criminelles et des grâces, par exemple, la sortie par le bas mène à être recasé à la Cour de cassation tandis que la sortie par le haut conduit à un beau fauteuil de procureur général dans une grande cour d'appel [138] », résume, amusé, un haut magistrat lui-même passé par ces alternatives de carrière brutalement imposées par les alternances politiques. Voilà en effet le revers de la médaille pour les grands directeurs du ministère, chassés par la petite porte quand ils ne conviennent plus au pouvoir en place. « On retrouve les magistrats proches de l'opposition dans le cimetière des éléphants de la Cour de cassation », raille un journaliste de la presse judiciaire. « Je me souviens de mon petit bureau de la galerie Ménier, réceptacle des avocats généraux de la Cour de cassation », sourit un autre magistrat installé aujourd'hui dans un bureau bien plus prestigieux et stratégique.

137. Entretien avec Georges Vedel dans *Le Débat*, n° 55, mars-août 89.

138. Entretien avec l'auteur.

## *Un* spoil system *imposé*

Au ministère, les rôles des directeurs sont centraux. Ils sont en lien direct avec le garde des Sceaux au fur et à mesure des réformes et des événements qui touchent leurs secteurs de compétence, c'est-à-dire les lois et les affaires pour la sensible Direction des affaires criminelles et des grâces [139], la carrière des magistrats et l'organisation des juridictions françaises pour la Direction des services judiciaires. La délinquance des mineurs pour la Direction de la protection judiciaire de la jeunesse. La Direction des affaires civiles, alternativement assumée par des magistrats de l'ordre judiciaire et de l'ordre administratif, élabore quant à elle les projets de réforme en matière de droit civil et chapeaute les professions judiciaires comme avocats, notaires ou huissiers de justice. Enfin, à la Direction de l'administration pénitentiaire à la tête de laquelle alternent magistrats et préfets, on gère… les prisons.

Aux lendemains d'alternances politiques, les directions connaissent plusieurs exemples de magistrats promus ou… recasés. À l'arrivée de la gauche en 1981, les directions du ministère sont ainsi encore entre les mains de magistrats proches d'Alain Peyrefitte. C'est le cas de Raoul Béteille, principal rédacteur de la loi « sécurité et liberté » que la nouvelle majorité souhaite précisément abroger. Il est impossible de le maintenir à son poste de directeur des affaires criminelles et des grâces. Moins emblématique de la politique de la droite et moins contesté, le directeur des affaires civiles et du Sceau, Renaud Denoix de Saint-Marc, quitte également la chancellerie. Il apparaît incohérent aux yeux de la nouvelle majorité de maintenir à leurs postes les fers de lance de la politique des années Giscard d'Estaing.

---

139. Lire le chapitre 10, où le fonctionnement de la Direction des affaires criminelles et des grâces est détaillé.

De l'autre côté de l'échiquier politique – et cinq ans plus tard –, Albin Chalandon fait une analyse semblable : « Il est vrai qu'il est difficile de garder un procureur qui, s'appuyant sur ses propres convictions, veut mener une politique différente de celle du ministre en matière pénale. L'appartenance politique n'est pas nécessairement en cause. Le procureur de Paris était socialiste, mais il avait les mêmes idées que moi en matière sécuritaire. Quand j'étais ministre de l'Équipement, (...) je n'ai pratiquement pas connu les opinions politiques de mes collaborateurs. Cela m'était totalement indifférent. En revanche, s'agissant par exemple de la politique criminelle et par-delà sécuritaire, il ne peut en être autrement, car il est malaisé de poursuivre une politique pénale à la chancellerie avec un directeur des affaires criminelles qui la conteste de A jusqu'à Z [140]. »

Rarement, ce sont des affaires précises qui finissent par coûter leurs postes au directeur de l'ère politique précédente. Mais c'est le cas en 1993 quand, à son arrivée, Pierre Méhaignerie choisit de remplacer Franck Terrier à la tête de la Direction des affaires criminelles et des grâces. « La Direction avait été très critiquée, justifie-t-il. C'était la Direction la plus sensible à ce moment-là. Si l'on ne changeait pas son fonctionnement et son responsable, on donnait le sentiment de continuer avec les mêmes pratiques [141]. »

L'histoire avait en effet atteint des sommets à ce moment-là : le directeur des affaires criminelles et des grâces alors remercié s'était fait remarquer, en mai 1992, en se rendant au bureau du ministre de la Ville Bernard Tapie alors qu'il était mis en cause dans l'instruction de l'« affaire Toshiba ». L'entrevue avait fait scandale, l'Union syndicale des magistrats allant jusqu'à réclamer la démission du directeur ! En arrivant Place Vendôme, Pierre

140. Entretien de l'auteur avec Albin Chalandon, *op.cit.*
141. Entretien de l'auteur avec Pierre Méhaignerie, *op.cit.*

Méhaignerie avait d'abord choisi de maintenir en fonction ce directeur controversé, tout en lui ôtant sa délégation de signature. Puis une solution de « recasage » avait été trouvée...

### *Des directeurs en sursis*

Plus fondamentalement, les directeurs doivent accepter l'axe des réformes voulues par le nouvel arrivant. L'exigence de changement est ainsi clairement exprimée par Élisabeth Guigou même si elle se défend d'avoir mené la moindre chasse aux sorcières au sein des directions.

La garde des Sceaux de Lionel Jospin raconte ses premiers face-à-face avec les hommes forts de la chancellerie : « J'ai reçu tous les directeurs en tête à tête dès mon arrivée. Je leur ai expliqué que, selon ma conception de l'État, je voulais travailler avec eux, à condition bien sûr qu'ils soient loyaux à l'égard du gouvernement. Cela s'est très bien passé avec la quasi-totalité d'entre eux, notamment avec Marc Moinard, le directeur des affaires criminelles et des grâces et Gilbert Azibert, le directeur de l'administration pénitentiaire. Une seule exception : la directrice de la protection judiciaire de la jeunesse qui n'a pas compris ma politique et avec laquelle des tensions ont abouti à une séparation, dans des conditions très honorables pour l'intéressée. Quant à Laurent Le Mesle, directeur adjoint à la Direction des affaires criminelles et des grâces, nommé par le gouvernement précédent, je lui ai fait confiance, jusqu'au jour où j'ai appris qu'il publiait un *Que sais-je* où il affirmait la nécessité des instructions dans les dossiers individuels, c'est-à-dire le contraire de la politique menée par le gouvernement. Je l'ai convoqué pour lui dire : “Si vous étiez magistrat en juridiction, cette publication ne poserait aucun problème. Mais vous êtes à la Direction des affaires criminelles et des grâces, sous-directeur de la politique pénale et précisément chargé de faire respecter par les parquets les orientations du gouvernement. Vous ne pouvez donc rester à ce poste. Nous allons vous proposer une sortie en juridiction avec promotion." Ce qu'il a accepté [142]. »

Les cadres du ministère connaissent un renouvellement encore plus rapide avec Dominique Perben. Lui, doit même forcer la main de l'Élysée pour obtenir de nouveaux directeurs. « Ma méthode est de travailler en direct avec eux, expose Dominique Perben. Je vois très vite qu'il faut changer les deux grandes directions : criminelles et civiles. Cela prend un peu de temps. Le président de la République est réticent au fait que je donne l'impression de faire le ménage de façon un peu brutale. L'Élysée me freine un peu mais les nominations arrivent finalement au cours de l'été avec Jean-Claude Marin à la Direction des affaires criminelles et des grâces et Marc Guillaume à la Direction des affaires civiles et du Sceau. À l'administration pénitentiaire, je garde Didier Lallement considérant qu'il est très bon. À la protection judiciaire de la jeunesse, à l'inspection générale des services judiciaires, des changements sont aussi imposés. Comme ministre, je veux travailler en étroite relation avec les directeurs, je souhaite donc mettre en place des personnalités avec lesquelles je sais que je vais pouvoir travailler. Sans mettre en cause la qualité des hommes, j'ai le sentiment que ce n'est pas avec des directeurs qui ont mené des politiques radicalement différentes que je parviendrai à mener mes réformes [143]. »

Pour Dominique Perben, ce *spoil system* qui ne dit pas son nom est clairement assumé au sujet de la plus sensible des directions du ministère. « S'agissant des affaires criminelles, revendique-t-il, il est évident que je ne vais pas remettre en place une politique pénale dominée par une

142. Entretien de l'auteur avec Élisabeth Guigou, *op.cit*.
143. Entretien de l'auteur avec Dominique Perben, *op.cit*.

autorité renforcée des procureurs généraux avec un directeur qui a mené la politique inverse avec Élisabeth Guigou et Marylise Lebranchu. Il faut être dans un système cohérent [144]. »

## *« Forcément bousculés et exposés »*

Au ministère de Rachida Dati, les séismes du cabinet frappent des directeurs du ministère sans parvenir à les faire tomber. Seul le directeur des services judiciaires, Bernard Léonard de la Gâtinais [145], est remplacé par Dominique Lottin, mais en juillet 2008, soit plus d'un an après l'arrivée de la ministre. « Je n'ai pas changé les directeurs », confirme Rachida Dati, assurant qu'elle a « confiance en eux. Ce sont de grands professionnels et ils ont la mémoire de leurs directions. Je travaille directement avec eux et je suis toujours impressionnée par leur engagement pour la justice [146] ». Rachida Dati admet cependant que ses exigences ont pu les « bousculer ».

« En arrivant, dit-elle, je savais qu'il y avait des attentes très fortes : de la part des Français, mais aussi des acteurs de la justice eux-mêmes. Les voies de la réforme étaient connues, elles faisaient même consensus : tout le monde était d'accord pour réformer la carte judiciaire, réduire le délai de traitement des procédures grâce aux nouvelles technologies, adopter un régime pénal clair en matière de récidive, mettre plus de dignité et d'humanité dans notre système pénitentiaire… C'est vrai que mon arrivée a constitué un réel changement. Ma présence impose une actualité politique soutenue et la nécessité de réagir à tous

144. *Ibid.*

145. Bernard Léonard de la Gâtinais est nommé procureur général de la cour d'appel de Rennes.

146. Entretien de l'auteur avec Rachida Dati, *op. cit.*

les événements. Je suis arrivée avec une surexposition médiatique que cette maison ne connaissait pas. L'actualité nous bouscule sans arrêt, le rythme des réformes atteint un niveau que ce ministère n'avait pas connu depuis bien longtemps. Les directeurs sont forcément bousculés et exposés. Ce n'est pas toujours facile [147]. »

Contrairement aux membres des cabinets, tributaires des aléas de la confiance ministérielle, les directeurs sont cependant protégés de bousculades trop violentes : leurs nominations s'opèrent en Conseil des ministres avec l'aval indispensable des services du chef de l'État. « Hors de question de déplacer un directeur sur un mouvement d'humeur », observe-t-on alors à l'Élysée…

Qui sont les directeurs pour les ministres qui les dirigent ? De quelles marges de manœuvre disposent-ils ? Élisabeth Guigou a une vision précise : « Les directeurs d'administration centrale du ministère de la Justice sont en "détachement" placés temporairement hors du corps de la magistrature. Contrairement aux magistrats en juridiction, ils sont nommés en Conseil des ministres, sans aucun avis du CSM. Ils reçoivent délégation de signature de leur ministre pour mettre en œuvre sa politique, ils parlent en son nom. Aucun magistrat n'est contraint à accepter de changer temporairement de statut pour exercer la fonction de directeur d'administration centrale. Pendant leur mandat de directeur, ils sont, comme tous les directeurs d'administration centrale de tous les ministères, à la disposition du gouvernement et du ministre. La présence de magistrats en administration centrale est précieuse puisqu'ils ont une culture du droit et de l'impartialité qui est une garantie supplémentaire pour le bon fonctionnement de ce ministère dans le respect du droit [148]. »

147. *Ibid.*

148. Entretien de l'auteur avec Élisabeth Guigou, *op.cit.*

Dominique Perben se montre plus pragmatique : « Hauts magistrats ou hauts fonctionnaires ? Ce n'est pas ma distinction pour les décrire. Je les considère comme des professionnels de qualité dont l'expérience et la culture sont essentielles. C'est-à-dire que j'ai bien sûr, sur eux, une relation d'autorité mais elle est respectueuse de ce qu'ils sont et de ce qu'ils portent. J'écoute ce qu'ils me disent et après je tranche. Ce ne sont pas des instruments [149]. »

Rachida Dati refuse également de cataloguer les hommes du ministère. « Contrairement à ce que l'on dit, souligne-t-elle, ils n'ont pas une approche administrative de leur fonction. (...) Ce ministère est un ministère difficile et chacun a sa manière, dans des directions fondamentalement différentes, s'investit pour le faire fonctionner [150]. »

Les hauts magistrats concernés ont eux aussi leurs propres définitions [151], selon les périodes et les événements... Mais, pour eux, se tenir à distance de la Place Vendôme n'est pas vraiment une garantie de tranquillité.

---

149. Entretien de l'auteur avec Dominique Perben, *op.cit.*
150. Entretien de l'auteur avec Rachida Dati, *op.cit.*
151. Lire le chapitre 6 où les hauts magistrats passés par plusieurs postes sensibles donnent la définition de leurs missions.

## CHAPITRE 5

# Les sièges éjectables

La scène est impudique, un peu gênante, mais elle lève un coin du voile sur les coulisses de la chancellerie et les relations entre les hommes qui la peuplent.

Au mois de mai 1981, Maurice Faure a, parmi ses premières missions, la tâche de remplacer Paul-André Sadon, alors procureur général de Paris. « J'ai dû recevoir dans mon cabinet un magistrat pour le remercier, confie-t-il. Cette entrevue fut désagréable. Il avait un très haut poste. Il était celui qui était le plus attaqué par le gouvernement nommé par François Mitterrand. Il a pleuré. Je lui ai expliqué que (...) je n'étais pas là pour assassiner les gens qui se trouvaient en face de moi et lui ai précisé qu'il aurait un poste équivalent mais pas aussi politique et qu'on maintenait son traitement. J'ai dû me battre pour ça. Je l'ai revu depuis et cela a été très cordial. Il se souvenait de son émotion lors de notre entrevue dans mon cabinet et du fait qu'il avait argumenté, disant qu'il avait fait son métier en conscience [152]. »

Ainsi se jouent les grands mouvements et les petits drames dans le troisième cercle de pouvoir autour du garde des Sceaux. Ce sont les postes situés dans les juridictions importantes et souvent les plus en prise avec les « grosses affaires ». Les postes exposés de procureur de Paris et de

152. Entretien de l'auteur avec Maurice Faure, *op.cit.*

procureur général de la cour d'appel de Paris côtoient les fauteuils prestigieux de président de la Cour de cassation ou de procureur général à la Cour de cassation.

Le stratégique fauteuil de procureur de la République est symbolique de cette sensibilité extrême. Et la liste de ses occupants semble démontrer que leurs nominations sont la plupart du temps purement et simplement indexées sur la couleur politique du pouvoir. « Plusieurs postes sont importants mais le seul qui soit véritablement stratégique est celui de procureur de la République de Paris, analyse Alain Carre-Pierrat, ancien directeur de cabinet adjoint d'Élisabeth Guigou et de Marylise Lebranchu. C'est le procureur de la République de Paris qui décide de l'opportunité des poursuites et des réactions à mener dans l'instant face à l'actualité judiciaire. Ce sont donc les postes des juridictions du premier degré qui sont bien plus importants que ceux des cours d'appel. Ils sont au cœur de l'action de la même façon que peut l'être le président du tribunal de grande instance de Paris, par exemple, qui désigne les juges d'instruction ou les chambres du tribunal chargées d'examiner les affaires [153]. »

## *Des magistrats étiquetés au nom d'un ministre*

De fait, l'examen purement factuel des nominations et des départs des procureurs parisiens est presque caricatural. En 1981, la gauche y nomme Michel Jéol, membre du Syndicat de la magistrature et proche du Parti socialiste. Dès que la cohabitation débute, en 1986, la droite, désormais majoritaire, exige son départ. « On m'a tout de suite demandé de le virer », confie sans détour un ancien collaborateur du garde des Sceaux de l'époque. La droite lui préfère Michel Raynaud.

---

153. Entretien de l'auteur avec Alain Carre-Pierrat, *op.cit.*

La gauche, sitôt revenue au pouvoir, en 1988, le remercie et nomme à sa place d'abord Pierre Bézard puis Bruno Cotte, dont la carrière s'est davantage construite autour de ministres roses que de garde des Sceaux bleus. Comme toute règle a ses exceptions, un intermède incertain s'instaure jusqu'en 1995 avec Bruno Cotte, maintenu en place par la droite, puis avec Gabriel Bestard conservé par la gauche quelque temps avant que, pour un tas de bonnes raisons officiellement affichées, le fauteuil de procureur de la République de Paris soit rapidement repris dans les mécanismes des alternances politiques.

Au printemps 1998, la gauche y nomme Jean-Pierre Dintilhac, ancien directeur de cabinet du garde des Sceaux socialiste Henri Nallet. La droite, revenue au pouvoir en 2002, le remplace par Yves Bot, considéré comme un procureur de droite, puis par Jean-Claude Marin.

Enfin, si en mai 2007 l'arrivée à l'Élysée de Nicolas Sarkozy n'est pas une alternance politique à proprement parler, elle suscite malgré tout mille rumeurs sur ce poste si stratégique. L'hypothèse d'un remplacement du procureur de Paris par l'ancien juge financier Philippe Courroye, devenu procureur de la République de Nanterre, persiste ainsi plusieurs mois dans les milieux judiciaires. Rumeur nourrie par le président de la République en personne lors de son entrevue, au mois d'octobre 2008, avec les membres du bureau de l'Union syndicale de la magistrature, Nicolas Sarkozy avait, selon des témoins, cité le nom de l'ancien juge financier et ses perspectives d'avenir proches…

Dans l'univers feutré de la magistrature comme dans celui plus brutal de la politique, les mouvements des hommes sont donc désormais liés aux échéances du calendrier électoral. Pour les hauts magistrats concernés, le soupçon qui en découle agace. « Comment accepter que certaines nominations dans la haute magistrature du parquet s'accompagnent chroniquement de critiques quant à une éventuelle mainmise politique alors que la qualité des hommes n'est pas mise en cause ? » s'interroge en janvier 2007 l'actuel premier magistrat du parquet, Jean-Louis Nadal. « Comment trouver satisfaisant que nombre de décisions du parquet à fort retentissement médiatique soient systématiquement contestées comme entachées d'inspiration partisane, alors même qu'elles sont techniquement irréprochables [154] ? »

De fait, la course aux postes clés est un sport d'initié qui se pratique réellement en petit comité et avec l'impossibilité d'échapper à une étiquette : pour occuper les fauteuils de directeur de cabinet, directeur des affaires criminelles et des grâces, procureur de Paris, procureur général de Paris, président de la Cour de cassation ou procureur général à la Cour de cassation – les six postes clés –, on dénombre au cours de ces vingt-cinq dernières années seulement trente-cinq magistrats. Avec, parmi eux, une seule femme, Simone Rozès qui fut, de 1984 à 1988, la première magistrate à devenir présidente de la Cour de cassation. Les autres forment donc le petit club des hommes du ministère.

En réalité, note une ethnologue judiciaire, « le haut magistrat est un animal vivant en petit groupe, fidèle à ses congénères, sociable, mais aux habitudes foncièrement discrètes [155] ». La définition est la meilleure que l'on puisse trouver quand on cherche à s'approcher d'eux et à se frotter à leurs réseaux, à leurs mémoires et à leurs expériences.

## *Sadon, connaisseur et tireur de ficelles*

Ainsi, Paul-André Sadon, aujourd'hui retraité, était-il déjà dans le premier cercle du garde des Sceaux à l'époque de René

---

154. Discours de Jean-Louis Nadal, le 8 janvier 2007, lors de l'audience de rentrée de la Cour de cassation.

155. Article de Nathalie Guibert, *Le Monde*, 15 septembre 2006.

Pleven, de 1969 à 1972. « Il fut mon père spirituel », confie-t-il, fataliste quant aux étiquettes qui ont jalonné sa carrière : « Les magistrats sont théoriquement indépendants vis-à-vis du pouvoir politique. Mais nous avons des contacts permanents. Il est fatal que nous ayons cette réputation [156]. »

Procureur général de Paris jusqu'en 1981, c'est lui qui, aux yeux de la gauche, était la principale incarnation de la politique d'Alain Peyrefitte et de son projet de loi « sécurité et liberté ». Sitôt l'alternance arrivée, il se voit donc brutalement remplacé. Durant les cinq années suivantes, il n'aura qu'un bureau en soupente dans les locaux de la Cour de cassation et la fonction de premier avocat général en surnombre. « C'est-à-dire, pour lui, rien [157] », note à l'époque la presse. Mais dès la première cohabitation, en 1986, Paul-André Sadon fait son retour, d'abord comme conseiller du garde des Sceaux Albin Chalandon puis comme directeur, omniprésent, de son cabinet.

Face aux affaires en cours, sa réputation est celle d'un redoutable stratège judiciaire au service d'un camp politique. Si lui-même a pourtant toujours démenti une telle influence, son image et la crainte qu'il inspire sont telles qu'au début des années quatre-vingt-dix, alors que la gauche se débat péniblement avec l'affaire Urba, survient à la sortie du Conseil des ministres un échange cocasse entre Henri Nallet, alors garde des Sceaux, et un ministre clé du gouvernement Rocard :

— Cette histoire, comment cela va se terminer, s'inquiète ce ministre célèbre.

— Je n'en sais rien, je ne sais même pas le contenu du dossier, avoue le garde des Sceaux. Je n'arrive pas à savoir.

— Ah, c'est un Sadon qu'il te faudrait à la chancellerie [158], conclut alors le poids lourd du Parti socialiste, mi-pressant, mi-ironique. Le ministre en question était, selon

156. Entretien de l'auteur avec Paul-André Sadon.

157. *Le Monde*, 24 janvier 1987.

158. Henri Nallet, *Tempête sur la Justice*, *op.cit.*

un témoin de la scène, Jack Lang, alors chargé de la Culture.

Le démon d'hier aurait-il réussi à fasciner ses ennemis tant ses prétendues qualités de manipulation étaient réputées ? Voilà aujourd'hui qu'il apparaît que François Mitterrand lui-même aurait songé à l'appeler à servir ses intérêts judiciaires ! Le chef de l'État aurait fait part de cette intention à Georges Kiejman, ministre délégué à la Justice à la période où Henri Nallet était garde des Sceaux. L'avocat se souvient en effet d'avoir entendu Mitterrand « regretter de ne pas avoir nommé Sadon à la chancellerie » ! C'était une « boutade mais aussi un vrai regret [159] », assure Georges Kiejman.

## *De l'arène judiciaire à la fosse aux lions politiques*

Pierre Arpaillange, durant ses jeunes années de magistrat rattaché aux directions du ministère, a précisément comme voisin de bureau Paul-André Sadon. Deux carrières presque parallèles même si dans l'univers de la très haute magistrature, Pierre Arpaillange demeure un cas totalement unique : il est le seul à être devenu lui-même ministre de la Justice. Une carrière, selon lui, menée au gré des hasards : en 1965, il était simple conseiller puis brièvement directeur de cabinet de Jean Foyer. Celui-ci parti, Pierre Arpaillange s'apprêtait à quitter la Place Vendôme avec armes et bagages quand le nouveau ministre, Louis Joxe, le retint : « C'était Georges Pompidou, paraît-il, qui avait demandé au garde des Sceaux "de me garder [160]"... » Pierre Arpaillange sera ensuite, à compter de janvier 1968, directeur des affaires criminelles et des grâces.

---

159. Entretien de l'auteur avec Georges Kiejman.
160. Lettre de Pierre Arpaillange à l'auteur, *op. cit.*

Le temps des émeutes et des pavés du Quartier latin offre une bonne illustration des rapports entre le ministère et les procureurs en période de crise ouverte. « On se souvient des manifestants arrêtés et jugés en flagrant délit au tribunal de Paris et des condamnations souvent fermes, mais courtes ou avec sursis, qui entraînaient d'autres manifestations plus importantes encore, raconte Pierre Arpaillange. J'étais en relation permanente avec le procureur de Paris, qui me soumettait téléphoniquement presque chaque dossier. Je lui faisais connaître mon sentiment, avec l'accord de Louis Joxe [161] », le ministre de l'époque.

Figurant parmi les *recordmen* de longévité à ce poste, Pierre Arpaillange est le directeur des affaires criminelles et des grâces de trois ministres – René Capitant, René Pleven et Jean Taittinger – avant de rejoindre la discrète Cour de cassation. Ensuite, l'alternance de 1981 bouleverse sa carrière, l'amenant successivement aux postes de procureur général près la cour d'appel de Paris, en juillet 1981 – à la place de… Paul-André Sadon – puis de procureur général auprès de la Cour de cassation, et enfin de garde des Sceaux.

Précipité dans l'arène politique, il doit affronter les députés qui ne se retiennent plus face à leur cible. Surtout quand le ministre lâche en pleine Assemblée nationale cette phrase restée célèbre : « En 1989, sur cinquante-deux évadés, on en a repris cinquante-trois [162]. » Effet catastrophique garanti. Sur le papier, les statistiques étaient pourtant exactes : en 1989, cinquante-deux évasions s'étaient produites dans les prisons françaises et durant la même période, cinquante-trois évadés, parmi lesquels des prisonniers s'étant fait la belle au cours de l'année précédente, avaient été arrêtés… Mais la formulation choisie a fait entrer la phrase dans les bêtisiers politiques.

---

161. Lettre de Pierre Arpaillange à l'auteur, *op. cit.*

162. Séance des questions au gouvernement, Assemblée nationale, avril 1990.

## *Cotte, le droit comme religion*

Bruno Cotte, pour sa part, fait partie de ces hauts magistrats qui n'ont sans doute pas une seule seconde envisagé de prendre la tête de leur ministère. Il semble même surpris qu'on puisse lui poser la question. Discret à l'extrême mais fort célèbre dans le milieu de la magistrature, il incarne le volet technique de ces « ministres bis » de la Justice. Après avoir débuté sa carrière à la chancellerie, il est, à compter de 1984, directeur des affaires criminelles et des grâces. Il le sera auprès de quatre gardes des Sceaux successifs : Robert Badinter, Michel Crépeau, Albin Chalandon et Pierre Arpaillange. Sa carrière lui vaut un étiquetage politique qui est évoqué publiquement lors des premières heures de la cohabitation de 1986 et, dix ans plus tard, quand, devenu procureur de la République de Paris, il a la charge de décider d'éventuelles poursuites dans l'affaire de l'appartement d'un Alain Juppé, alors Premier ministre, et « droit dans ses bottes [163] » quant à ce dossier [164].

Bruno Cotte se considère-t-il tel un « militant de gauche », comme persiste à le désigner aujourd'hui encore un garde des Sceaux qui l'a côtoyé ? « Le monde et la vie sont plus complexes que les étiquettes que l'on vous donne, réplique-t-il sereinement. Cela dit, j'ai été nommé directeur des affaires criminelles et des grâces par un garde des Sceaux faisant partie d'un gouvernement de gauche et il en a été de même de ma nomination en qualité de procureur de la République de Paris. En revanche, c'est un président de la République de droite qui présidait la séance du Conseil supérieur de la magistrature au cours de laquelle a été décidée ma nomination comme président de la chambre criminelle de la Cour de cassation… Alors… Mais soyons

163. Alain Juppé, 20 Heures de TF1, le 6 juillet 1995.

164. La plainte pour « prise illégale d'intérêts » sera finalement classée sous conditions.

clairs, parler, en ce qui me concerne, de sensibilité de gauche ne me gêne pas et correspond bien à la réalité des choses [165]. »

Bruno Cotte, brièvement procureur général de Versailles puis « recasé » en 1990 comme avocat général à la Cour de cassation, devient en 2000 président de la chambre criminelle de la Cour de cassation. Il doit notamment y examiner la requête en révision de l'affaire Seznec [166] déposée par le garde des Sceaux. Il est aujourd'hui à la Cour pénale internationale de La Haye.

Autre très grande silhouette judiciaire de la même période, Pierre Truche rassemble une carrière si dense qu'on peut se risquer à la résumer sèchement par ses deux derniers titres. Au milieu des années quatre-vingt-dix, il est successivement premier magistrat du parquet de France (procureur général près la Cour de cassation) puis premier juge de France (premier président de cette même Cour). Pierre Truche [167] a laissé sa trace dans plusieurs grands débats judiciaires des décennies Mitterrand puis Chirac. Particularité du personnage : il n'a jamais occupé le moindre poste à la chancellerie. Commencée en 1954, sa carrière s'est achevée en 2006 comme président de la Commission nationale de déontologie de la sécurité (CNDS).

---

165. Entretien de l'auteur avec Bruno Cotte, *op.cit.*

166. Voir le chapitre 13 où Bruno Cotte raconte son insatisfaction face à l'incompréhension de la presse, du public et des politiques de la décision de la Cour de révision.

167. Avant d'atteindre le sommet de la Cour de cassation, Pierre Truche, dans une carrière intégralement menée dans les rangs du parquet, occupe une kyrielle de postes sensibles. Notamment procureur à Marseille, puis procureur général à la cour d'appel de Lyon où il tient en personne le pupitre de l'accusation lors du procès aux assises du criminel nazi Klaus Barbie ou encore des procès retentissants comme celui de l'affaire de l'incendie du *Cinq-Sept*, un dancing de l'Isère où 146 personnes avaient péri en 1971.

## *Les procureurs des années Chirac*

À des niveaux si proches du pouvoir, les hauts magistrats n'échappent pas aux labels politiques. C'est le cas en particulier de ceux qu'on a vus mêlés de près ou de loin à la tempête des affaires Chirac.

Jean-François Burgelin devient ainsi l'un des magistrats les plus cités lors des débats politiques des années quatre-vingt-dix. Ce magistrat classé à droite est soupçonné par plusieurs députés du bord opposé de connivences et même de complicités avec le président élu en 1995. À leurs yeux, tout l'accuse et plus précisément sa carrière. En 1981, il a cédé son fauteuil de directeur de l'École nationale de la magistrature. Cinq ans plus tard, après la victoire de la droite aux législatives, il est devenu directeur de cabinet du garde des Sceaux. Il est aussi membre de l'Association professionnelle des magistrats, fort proche de la droite. Dans la genèse des réformes du système judiciaire français, il est l'inventeur et le promoteur du concept de procureur général de la nation[168], en quelque sorte un super-procureur général indépendant du pouvoir politique.

En 1994, sa nomination comme procureur général auprès la cour d'appel de Paris puis, en 1996, comme procureur général auprès la Cour de cassation nourrissent les passes d'armes autour de l'affaire des emplois fictifs du RPR, susceptible de mettre en cause Jacques Chirac. En 2000, le député socialiste Arnaud Montebourg l'accuse carrément de bloquer l'instruction. Un an plus tard, en lui remettant personnellement les insignes de commandeur de la Légion d'honneur, Jacques Chirac saluera « l'indépendance totale » du magistrat et dénoncera « une attaque injustifiée »…

Décédé en février 2007, Jean-François Burgelin avait pris sa retraite en 2004. Juste avant ce départ, recevant une

---

168. Voir le chapitre 17 où les partisans du procureur général de la nation s'expriment.

journaliste, il affichait son détachement et son sourire face aux soupçons politiques : « C'est la fonction qui veut cela. (...) Je vous ferai remarquer que pendant quarante ans, des présidents de gauche comme de droite ont assuré la continuité de ma carrière. (...) Mais il est vrai qu'il n'est jamais agréable d'être traité de valet du pouvoir [169]. »

Embarqué lui aussi dans la tempête des affaires Chirac, Alexandre Benmakhlouf, durant la même période, est l'autre haut magistrat visé par l'opposition. Avant même que la polémique ne devienne publique, il avait pourtant très vite tenté de se démarquer de sa réputation : « Non, je ne suis pas un homme politique, je suis un magistrat, disait-il en 1996. Sur vingt-cinq ans de carrière, j'ai passé six ans dans les cabinets ministériels : des années qui constituent donc une exception. La vie normale, c'est le Palais de justice [170]. » Hélas, la vie normale ne marque pas les esprits. Alexandre Benmakhlouf, après dix-sept ans de vie de juridictions, se fait connaître en 1986 comme conseiller technique au cabinet de Jacques Chirac, à Matignon puis à l'hôtel de ville de Paris. Il y est conseiller juridique durant trois ans avant d'être nommé directeur des affaires civiles et du Sceau durant le ministère de Pierre Méhaignerie puis, en 1995, directeur de cabinet de Jacques Toubon.

Jusque-là méconnu du grand public et réputé pour son « calme à toute épreuve sur lequel les remous de la justice et les vicissitudes de la vie politique glissent comme l'eau sur les plumes d'un canard [171] », Alexandre Benmakhlouf surgit réellement dans le débat public lorsqu'il quitte, sans transition, le poste de directeur de cabinet de Jacques Toubon pour rejoindre le fauteuil de procureur général de

---

169. Article d'Emmanuelle Reju, *La Croix*, 16 octobre 2004.
170. Interview au *Point*, août 1996.
171. Article de Marie-Amélie Lombard, *Le Figaro*, 15 décembre 2000.

Paris. Dans la presse et à l'Assemblée, la levée de boucliers et les polémiques sont considérables. Le socialiste Arnaud Montebourg monte au créneau et affirme qu'Alexandre Benmakhlouf peut être « directement intéressé au non-aboutissement du dossier[172] » visant le président de la République. Excédé, le haut magistrat veut réagir. Mais, entre-temps, la gauche est revenue au pouvoir. C'est donc à Marylise Lebranchu qu'il écrit en décembre 2001 : « La gravité des atteintes ainsi portées tant à la fonction qui m'est confiée qu'à mon honneur de magistrat, et même à ma personne, me conduit (...) à remettre cette fonction à votre disposition. » Sa démission est acceptée.

« Il était venu me voir pour se plaindre des accusations proférées contre lui et demander une forme de protection, commente aujourd'hui Marylise Lebranchu. Il était très touché. Mais je ne savais que faire. On ne peut pas faire réparation de la parole d'un autre[173]. » On laisse juste imaginer la réaction d'une partie de son camp si la garde des Sceaux – socialiste – avait émis le moindre soutien à ce magistrat symbolisant « l'État RPR » !

Alexandre Benmakhlouf, aujourd'hui retraité, a terminé sa carrière à la Cour de cassation.

### *Des magistrats proches du Président*

Yves Bot a, lui aussi, laissé son nom dans les chroniques de la vie politico-judiciaire. Ancien vice-président de l'APM, son bref passage Place Vendôme a lieu en 1993, dans le cabinet de Pierre Méhaignerie, comme conseiller pénal. Quand, deux ans plus tard, il est nommé au poste de procureur de la République de Nanterre malgré un avis négatif du Conseil supérieur de la magistrature, son étiquette politique se transforme

172. Arnaud Montebourg, *La Machine à trahir*, Denoël.
173. Entretien de l'auteur avec Marylise Lebranchu, *op.cit*.

en événement public : « Cette nomination a une coloration politique très nette, estime alors le secrétaire général de l'Union syndicale des magistrats. Il y avait des candidats plus neutres [174]. » Le débat refera surface à la nomination d'Yves Bot comme procureur de Paris en 2002, après cette fois-ci un avis favorable du CSM, puis comme procureur général de Paris en 2004. Si, en 2007, dans *Le Monde*, il admet « une estime », « une proximité » et une « réelle amitié [175] » avec Nicolas Sarkozy, cet affichage politique public est rarissime de la part d'un homme de justice. Alors, comment ce tabou est-il évoqué par le principal intéressé ?

Comment l'un des magistrats les plus marqués politiquement de la période récente parle-t-il des étiquettes qui lui sont désormais systématiquement rappelées ? « J'ignore à quel moment précis une position politique m'est attribuée, répond aujourd'hui Yves Bot, mais cela doit remonter à la période où j'occupe les fonctions de procureur de la République de Bastia, entre 1986 et 1988. J'avais alors engagé des poursuites à l'encontre de personnalités qui travaillaient pour la cellule antiterroriste de l'Élysée. À partir de ce moment-là, je ne me suis plus vu confier de responsabilités. Et je suis devenu avocat général de la cour d'appel de Caen. Si j'ai, par la suite, été nommé procureur de la République sous la gauche, je le dois uniquement à des collègues qui ont fait savoir que je n'avais rien à me reprocher. Je suis devenu procureur de la République du Mans en 1991 [176]. » Là, hasard des postes, il aura à décider des poursuites dans le dossier Urba alors instruit par le juge Thierry Jean-Pierre…

En 2006, Yves Bot s'illustre notamment en requérant l'acquittement général des accusés du procès en appel de l'affaire d'Outreau, devant la cour d'assises de Paris. Il est

---

174. AFP, 22 novembre 1994.

175. « Yves Bot, droit dans sa robe », article de Gérard Davet, le 16 mars 2007, *Le Monde.*

176. Entretien de l'auteur avec Yves Bot, *op.cit.*

également partisan de l'instauration d'un procureur général de la nation.

Jean-Pierre Dintilhac, prédécesseur d'Yves Bot à la tête du parquet de Paris, est également dans la catégorie des magistrats passés deux fois par des postes clés de la magistrature et, dès lors, estampillés d'une couleur politique. Il doit notamment son label de magistrat classé à gauche à son poste de directeur de cabinet du garde des Sceaux socialiste Henri Nallet. Ce choix, à en croire le ministre, n'était pas politique mais dû au fait qu'il soit « *punchy*, vivant, souriant, pas aussi coincé que les autres [177] ».

La suite de la carrière de Jean-Pierre Dintilhac en subira autant de ralentissements que de coups d'accélérateur. Après son passage au fauteuil de directeur de la gendarmerie nationale, Jacques Chirac s'oppose à sa nomination comme procureur général à Aix-en-Provence, l'estimant « trop politique [178] ». Et quand il devient finalement procureur de Paris, la grille de lecture est identique. *Le Figaro*, en août 2001, traduit les soupçons exprimés : Jean-Pierre Dintilhac est « l'homme qui tient le parquet [179] ».

Aujourd'hui, loin de toute agitation, il explique n'avoir eu « aucune préoccupation politique ». « Mes convictions politiques et mes sentiments à l'égard de Monsieur Chirac étaient complètement étrangers à la maturation de ma décision, dit-il [180]. J'ai pris position dans cette affaire en fonction de ce que

177. Entretien de l'auteur avec Henri Nallet, *op. cit.*

178. *Marianne*, 16 juillet 2001.

179. *Le Figaro*, 24 août 2001.

180. Le 3 juillet 2000, Jean-Pierre Dintilhac, saisi en raison de l'absence de décision de la Cour de cassation sur le statut pénal du chef de l'État, estime que « rien ne s'oppose en droit à l'audition du président de la République en qualité de témoin assisté » dans l'affaire des marchés publics d'Ile-de-France. La Cour de cassation, finalement, tranchera à propos d'une autre affaire en considérant que le chef de l'État ne peut ni être entendu ni être poursuivi pendant la durée de son mandat.

j'estimais être la meilleure solution en droit et en conscience. (...) Lorsque j'ai été confronté à cet épisode, j'avais déjà accompli une partie importante de ma carrière ; ma sérénité venait peut-être également de cette situation. Je savais qu'on ne pouvait pas me faire payer ma décision, quelle qu'elle fût [181]. » Une façon d'expliquer avec franchise pourquoi c'est seulement en fin de carrière que les appels à l'indépendance s'expriment chez les hauts magistrats.

Jean-Pierre Dintilhac a achevé sa vie judiciaire à la Cour de cassation. Le décret de sa nomination avait été signé par… Jacques Chirac.

## *Les figures d'aujourd'hui*

La galerie de portrait des hommes qui ont occupé des postes stratégiques impose évidemment de s'arrêter au Palais de justice de Paris actuel. Et de rendre visite à ceux qui occupent les trois postes les plus hauts au sein de la hiérarchie du parquet : procureur général près la Cour de cassation, procureur général près la cour d'appel et procureur de la République de Paris. Jean-Louis Nadal, Laurent Le Mesle et Jean-Claude Marin sont les hommes en poste début 2009. Eux aussi sont « récidivistes » dans les fonctions stratégiques de la magistrature. Ils en ont occupé plusieurs.

Jean-Claude Marin, procureur de la République de Paris depuis 2004, a conservé son image de spécialiste des affaires sensibles. Il est l'un des magistrats qui ont contribué à poser les fondations du pôle financier à la fin des années quatre-vingt-dix. Parmi les artisans du projet, l'histoire a retenu l'image et le nom d'Éva Joly, alors juge d'instruction au pôle, laissant au second plan les autres

---

181. Jean-Pierre Dintilhac, *Rendez-nous la Justice*, entretiens avec Yves Bordenave, Jacob-Duvernet.

parmi lesquels, donc, celui qui était alors le procureur adjoint du parquet financier [182].

Après un intermède d'un an et demi dans un « petit bureau » de la Cour de cassation, Jean-Claude Marin devient en 2002 un homme clé du ministère de la Justice. À cette période, les Dieux de la chancellerie lui prêtent un avenir comme procureur de la République de Paris ou directeur des affaires criminelles. Le choix se portera sur la seconde prédiction : « Lorsque, en juillet 2002, je reçois l'appel du ministre de la Justice, raconte-t-il, je suis avocat général à la Cour de cassation. Dominique Perben et Patrick Hubert [183] me demandent notamment si j'accepte d'être directeur des affaires criminelles. Leur appel me prend au dépourvu. (...) Je n'étais pas candidat. (...) Quand on occupe ces postes d'administration centrale, on sait qu'on a été appelé par un ministre en raison d'un profil. Et on sait qu'en cas de changement de gouvernement ou même de ministre, un autre profil peut être recherché... Les directeurs d'administration centrale ne sont pas des politiques et n'ont pas, à l'inverse des membres des cabinets, de fonctions politiques. C'est mon cas. Notre devoir est de fournir des outils techniques à des vœux ministériels [184]. »

---

182. Jean-Claude Marin et Claude Nocquet, première vice-présidente du tribunal, sont les deux magistrats auxquels Élisabeth Guigou demande en 1998 de mettre en place les mesures effectives permettant l'installation des juges et des procureurs dans les locaux du boulevard des Italiens. Auparavant, l'idée d'un pool de magistrats spécialisés vient d'Éva Joly, Jean-Claude Marin et Michel Dobkine, alors sous-directeur des affaires économiques et financières. Les épisodes sont soulignés par Éric Decouty dans son livre *Un fiasco français*, Denoël Impact.

183. Patrick Hubert était le directeur de cabinet de Dominique Perben.

184. Entretien de l'auteur avec Jean-Claude Marin.

Jean-Claude Marin est directeur des affaires criminelles et des grâces quand survient le choc du procès Juppé [185]. Il est aussi l'un des artisans des lois Perben 2. Fervent partisan de la suppression du juge d'instruction, il demeure réservé sur l'indépendance du parquet. « Les textes ne font pas les hommes. Aujourd'hui, un procureur qui veut être indépendant a tous les moyens de l'être [186] », répète-t-il à ses visiteurs. La réponse est une allusion à sa réputation tenace de magistrat de droite et à plusieurs affaires sensibles, notamment le dossier Clearstream et le renvoi en correctionnelle de Dominique de Villepin, qu'il a finalement décidé fin 2008 [187].

Son supérieur direct, Laurent Le Mesle, fait aussi partie de la famille des hommes forts de la chancellerie. Et la rumeur du palais, au vu de sa carrière, le dit à son tour du clan des chiraquiens. Avant d'être nommé en 2006 au poste de procureur général de la cour d'appel de Paris, il est successivement discret conseiller judiciaire du président Chirac à l'Élysée, puis installé dans le fauteuil stratégique de directeur de cabinet des gardes des Sceaux Dominique Perben et Pascal Clément. Son nom circule ensuite avec insistance quand est recherché dans l'urgence un remplaçant à Michel Dobkine pour diriger le cabinet de Rachida Dati…

Avant ces épisodes, sa vie dans la magistrature était relativement tranquille. Elle est soudainement sortie de l'ordinaire par un incident de bibliothèque, lors de son passage

---

185. Lire le chapitre 9 où Dominique Perben raconte la colère de l'Elysée après la condamnation d'Alain Juppé devant le tribunal correctionnel de Nanterre.

186. Entretien de l'auteur avec Jean-Claude Marin, *op. cit.*

187. Les réquisitions de renvoi pour complicité de dénonciation calomnieuse par abstention sont rendues en novembre 2008 après des premières réquisitions, avant l'été, qui soulignaient l'absence de charges à l'encontre de l'ancien Premier ministre et réclamaient un supplément d'information.

à la chancellerie comme sous-directeur des affaires criminelles et des grâces. Il publie en effet à cette période un livre intitulé *Procureur de la République*. L'ouvrage, jugé déloyal par le cabinet d'Élisabeth Guigou, lui vaut immédiatement une mutation rapide, une série de pétitions en sa faveur et une réputation politique qui ne le quittera plus. « Je n'ai jamais eu d'engagement politique dans aucun parti, rétorque l'auteur de ce *Que sais-je* si polémique. Personne ne connaît ma couleur politique. Mais il est certain que je suis apparu, à mon corps défendant, comme une victime politique du pouvoir exécutif de cette époque. À partir du moment où vous apparaissez victime d'un camp, on vous range dans l'autre. J'ai observé cela avec un certain amusement. Je pense que les magistrats qui atteignent un certain niveau de responsabilités se voient immanquablement coller une étiquette. Il me semble que cela est inévitable. Vous pouvez n'en avoir aucune quand vous êtes jeune substitut à Angers ou jeune procureur adjoint à Pontoise [188]. Ensuite, vous en avez forcément une, ne serait-ce que parce qu'on vous assimile à vos amis. Quand en 2002, je suis devenu conseiller de Jacques Chirac, on a dit : voilà, c'est la confirmation [189] ! »

En réalité, c'est au moment où Laurent Le Mesle est nommé procureur général de Paris que les soupçons politiques donnent lieu à la plus vive polémique [190]. « Ma

188. Laurent Le Mesle, après avoir débuté comme juge d'instruction au Mans, a occupé ces postes avant d'être procureur à Châteauroux puis de rejoindre la sous-direction des affaires criminelles.

189. Entretien de l'auteur avec Laurent Le Mesle.

190. Après l'annonce de la nomination de Laurent Le Mesle au parquet général de Paris, une requête au conseil d'État est déposée par plusieurs personnalités dont l'ambassadeur Stéphane Hessel et l'historien Jean Lacouture. Le premier secrétaire du PS François Hollande ne voit « que la volonté de Jacques Chirac de préserver son indépendance ». Dominique Barella

réponse est : regardez ce que je fais, rétorque le magistrat. Je ne crois pas que, depuis octobre 2006, au parquet général de Paris il y ait un seul dossier sur lequel on puisse dire que j'ai infléchi le cours de la justice de façon à arranger les uns ou les autres. La vraie réponse est là [191]. »

Quant à son rôle dans la machine Justice, Laurent Le Mesle affiche une fierté assez rarement exprimée dans la magistrature, celle d'appartenir aux catégories des très hauts fonctionnaires qui servent l'État à son sommet. « À cette période, note-t-il d'ailleurs, en référence au dernier mandat de Jacques Chirac, nous étions plusieurs directeurs de cabinets à avoir accompagné plusieurs gouvernements : Pierre Vimont aux Affaires étrangères, Claude Guéant à l'Intérieur, Philippe Marland à la Défense et moi-même à la Justice… Nous étions quasiment des institutionnels : nous nous retrouvions lors des réunions du lundi après-midi à Matignon [192]. »

Plus haut encore dans la hiérarchie judiciaire, on trouve maintenant Jean-Louis Nadal. Procureur général près la Cour de cassation depuis 2004, il est le premier parquetier de France. Ses passages à la chancellerie sont marqués par son poste de conseiller technique au cabinet de Robert Badinter puis, en 1997, d'inspecteur général des services judiciaires. Entretemps, il occupe les prestigieuses fonctions de procureur général de Bastia, de Lyon et d'Aix-en-Provence. Il est procureur général de Paris, à compter de 2001.

Jovial et diplomate, il se dit l'ami de tous les magistrats et il a d'ailleurs promis « de hauts postes et une brillante carrière à la moitié de la magistrature [193] », raille Dominique Barella, ancien président de l'USM. Selon le syndicaliste, il est un « joyeux compagnon de travail qui a réussi à

---

(USM) estime que « le garde des Sceaux envoie clairement le signal d'une justice verrouillée ». Dépêches de l'AFP, 8 octobre 2006.

191. Entretien de l'auteur avec Laurent Le Mesle, *op cit.*

192. *Ibid.*

193. Dominique Barella, *OPA sur la Justice*, *op.cit.*

se faire apprécier de plusieurs ministres de la Justice successifs tant il est déstressant. Tout va bien ou tout ira bien dans le monde merveilleux de la justice avec lui, et c'est ce qu'attendent les ministres qu'il conseille [194] ».

Pour terminer ce passage en revue de la très haute hiérarchie judiciaire, une dernière halte s'impose face au fauteuil de premier président de la Cour de cassation, celui dont on dit qu'il est le premier magistrat de France, le premier juge de France même. Une place à part, à distance respectable du ministère. Guy Canivet, qui a occupé ce poste de 1999 à 2007, est une figure emblématique et symbole de l'indépendance de la justice [195] puisqu'il n'a, par exemple, pas une seule fois occupé un poste Place Vendôme.

Vincent Lamanda, premier magistrat de France depuis mai 2007 à la suite de Guy Canivet a, quant à lui, la réputation de faire partie de « la droite judiciaire [196] ». Par le passé conseiller des gardes des Sceaux Jean Lecanuet et Alain Peyrefitte, avant de rejoindre Bordeaux, Rouen, puis Versailles, il est choisi par le Conseil supérieur de la magistrature en avril 2007, alors qu'il « n'était ni proposé par

---

194. *Ibid.*

195. Guy Canivet est nommé en juin 2007 membre du Conseil constitutionnel après avoir été depuis huit ans premier président de la Cour de cassation. À ce poste, par deux fois, il réaffirme solennellement le principe de l'indépendance des juges et de la séparation des pouvoirs. Ces interventions datent de 2005 et 2006, à chaque fois après les déclarations abruptes de Nicolas Sarkozy, alors ministre de l'Intérieur, accusant notamment les juges de « démission » face à la délinquance. Réputé pour ne s'être affilié à aucun camp politique, Guy Canivet avait commencé sa carrière en 1972 comme juge d'instruction à Chartres puis comme substitut du procureur de la République à Paris. En 1996, il devient président de la cour d'appel de Paris. Trois ans plus tard, il succède à Pierre Truche à la tête de la Cour de cassation.

196. *Le Figaro*, 25 février 2008.

l'Élysée ni par le ministère » et que tous les pronostics judiciaires lui préféraient Bruno Cotte, président de la chambre criminelle. À son poste de premier président de la Cour de cassation, son premier dossier explosif, début 2008, est la mission sur les criminels dangereux confiée par le président de la République à la suite de la censure partielle par le Conseil constitutionnel de la loi sur la rétention de sûreté.

Lui, comme tous ces magistrats de pouvoir, a su se hisser au rang des célébrités judiciaires. Pour cela, il a fallu sortir du rang mais, surtout, se distinguer d'un corps si mésestimé par la classe politique.

## CHAPITRE 6

# Les robes noires

Ils sont peu nombreux. Précisément sept mille sept cent cinq[197] magistrats répartis dans les palais de justice de toute la France et des départements d'outre-mer, dans les ministères ou dans quelques structures particulières de l'institution judiciaire. Les magistrats sont aux trois quarts du siège : juges d'instruction, juges des enfants, juges d'instance ou encore conseillers à la cour d'appel, ils sont statutairement indépendants. Le quart restant, soit près de deux mille robes noires, appartient au parquet : substituts, procureurs ou magistrats de l'administration centrale de la justice, ils sont soumis à une hiérarchie dont le garde des Sceaux est au sommet.

Au milieu de ces deux familles, celle du siège et celle du parquet, il convient encore de distinguer les grades. Le magistrat commence au second grade, les premières années, avant de passer au premier grade, souvent une bonne partie de sa carrière. S'il réussit, il atteint les postes « hors hiérarchie ». Contrairement à ce que l'appellation pourrait laisser penser, il s'agit des fauteuils de présidents, premiers présidents, procureurs ou procureurs généraux. Et chacune de ces catégories se voit en

197. Rapport CSM 2007.

principe représentée par une association [198] ou une conférence [199].

Compliqué ? Les gardes des Sceaux, y compris les plus rompus aux rouages judiciaires, reconnaissent que la confrontation avec la magistrature leur réserva bien des surprises. « Voilà un grand métier exercé par de petites gens », grince un avocat qui a longtemps eu ses entrées au 13 de la place Vendôme.

## *Le garde des Sceaux prié de tenir « ses » magistrats*

Avec le recul, Albin Chalandon est le seul à déclarer franchement ce que les autres anciens ministres de la Justice confient plus discrètement et sans souhaiter être cités. Lui, souligne que si ses rapports avec les magistrats étaient évidemment « pacifiques et agréables », il a gardé l'image d'une corporation peu reluisante : « Les magistrats, souvent sévères les uns à l'égard des autres, me disaient volontiers que la préoccupation de la corporation était la carrière, c'est-à-dire les nominations et leurs décorations ! Pourquoi le leur reprocher [200] ! »

Sévère aussi, Pierre Arpaillange. Mais lui-même magistrat, il fut surtout choqué par le vocabulaire des gouvernants et notamment de son Premier ministre à l'égard de la magistrature : « Michel Rocard a dit souvent que je ne tenais pas assez fermement mes parquets et mes magistrats, s'indigne-t-il. Et d'autres avec lui, au premier plan assurément Jean-Paul Huchon, son directeur de cabinet. Ils se

---

198. Association française des magistrats instructeurs, Association nationale des juges d'instance, Association nationale des juges de l'application des peines…

199. Conférence des premiers présidents de cours d'appel, Conférence nationale des procureurs généraux…

200. Entretien de l'auteur avec Albin Chalandon, *op.cit.*

trompent totalement en utilisant ce “langage politique”. Personnellement je n’emploie jamais ce possessif, et je déteste la formulation qu’ils en font. À travers les mots, c’est toute une conception de la philosophie judiciaire qui transparaît. (...) Michel Rocard me faisait bonne figure. Je pense qu’il n’aimait guère le droit et les affaires judiciaires. Je n’en fus pas vraiment gêné, compte tenu des relations que j’ai eues, dès le début, avec François Mitterrand et de la confiance qu’il me témoignait. Je réglais avec lui les affaires de la justice – des affaires importantes ou celles qui l’étaient moins – et je me rendais compte que le Président y prenait un certain intérêt [201]. » Pierre Arpaillange, sarcastique, observe qu’il dut aussi « apprendre les règles les plus élémentaires de la procédure pénale » à quelques grands cadres du gouvernement. Le décalage l’a manifestement surpris.

« J’ai connu la difficulté de passer du monde judiciaire au monde politique », affirme aujourd’hui le plus judiciaire des gardes des Sceaux. « Il existe une certaine incompréhension entre les deux : le politique a quelques difficultés à comprendre et à savoir appliquer des principes juridiques, qui peuvent parfois apparaître comme des obstacles à l’action politique – et a priori, un magistrat peut donner parfois une image trop rigide. Le juriste, pris entre l’objectif du politique, ses principes, l’image que donnent les médias et surtout peut-être le point de vue du milieu judiciaire, a bien des difficultés à se mouvoir et à donner une image cohérente et conforme aux lois et à ses aspirations, sans jamais oublier qu’il n’y a pas de justice s’il n’y a pas d’équité [202]. »

Une image rigide, certes. Mais les arrière-cuisines laissent parfois entrevoir des surprises. Henri Nallet, qui succède à Arpaillange, découvre un monde qu’il n’avait

---

201. Lettre de Pierre Arpaillange à l’auteur, *op. cit.*
202. *Ibid.*

jamais encore approché et, dans les coulisses, il est véritablement abasourdi de l'attitude de magistrats hors hiérarchie et des véritables « campagnes qu'ils menaient pour leurs nominations ». « De très grands magistrats de la Cour de cassation venaient me voir, raconte-t-il, parce qu'il y avait une présidence qui se libérait… Je ne peux pas donner de noms – il ne faut pas – mais vous seriez suffoqué ! "Je suis candidat, monsieur le garde", me disaient-ils. Après cela, ils vous faisaient, lors des rentrées solennelles, de ces discours sur l'indépendance ! À vous faire tomber de cheval. C'est comme ça [203]… »

Michel Vauzelle, avocat de métier et marié à une magistrate [204], connaissait ceux qui composent le petit univers des palais de justice. Mais Pierre Méhaignerie, les découvrant, souligne à son tour ses surprises face au personnel judiciaire. « Mon entente avec eux a été très bonne, commence-t-il prudemment. C'est un corps marqué par la qualité des hommes et des femmes, le sens du devoir. Mais ce que je craignais, c'est que, du fait de la méconnaissance chez certains juges des contraintes économiques, ils puissent manquer d'ouverture sur les problèmes sociaux [205]. »

Jacques Toubon, qui connaissait la magistrature avant d'entrer Place Vendôme, assure que lui « voit les magistrats de façon plus nuancée que la classe politique en général ». « J'ai une haute opinion de la magistrature. Simplement, sur quelque huit mille membres du corps, il y a la même variété de personnalités qui vont du meilleur au pire. Le paramètre personnel joue nécessairement dans l'office du

203. Entretien de l'auteur avec Henri Nallet, *op.cit.*

204. L'épouse de Michel Vauzelle, ancienne avocate devenue magistrate, n'est pas en juridiction durant le mandat de son mari Place Vendôme. Elle réclame à cette période une disponibilité d'un an.

205. Entretien de l'auteur avec Pierre Méhaignerie, *op. cit.*

juge. La formation est primordiale, tout comme la gestion des carrières. J'ai toujours dit : la justice est comme une voiture de sport. Les gens riches et assez âgés peuvent s'acheter des Porsche ou des Ferrari alors qu'il vaudrait mieux les mettre entre les mains de jeunes de vingt-cinq ans. En justice, les choses les plus difficiles vont aux jeunes et les dossiers intellectuels aux gens de soixante ans. Le rêve serait de faire les carrières à l'envers[206]. »

## *« Madame, sachez que l'on n'achète pas les magistrats avec de l'argent »*

Élisabeth Guigou, lors de ses premières semaines à la chancellerie, va provoquer des réactions inattendues. « Elle a connu un accueil favorable, raconte le procureur général Yves Charpenel, d'autant qu'à son arrivée elle a très bien compris la question du relais que peuvent constituer les chefs de cours. Elle estimait que si on souhaitait faire d'eux un pilier de la gestion des juridictions, il fallait les mobiliser. Elle a ainsi pu leur accorder une prime de sujétion particulière[207]. Soit environ 1 500 euros par mois pour les chefs de cours. Elle les a réunis à la chancellerie et le leur a annoncé. Le représentant de la Conférence des premiers présidents a levé le doigt pour réagir : “Madame, sachez que l'on n'achète pas les magistrats avec de l'argent[208].” » Ambiance…

Dans les histoires circulant à la chancellerie, figurent d'autres phrases similaires : définitives et déconcertantes.

---

206. Entretien de l'auteur avec Jacques Toubon, *op.cit.*

207. La nouvelle bonification indiciaire (NPI) est une prime accordée aux chefs de cours.

208. Entretien de l'auteur avec Yves Charpenel. Il raconte également l'anecdote dans son livre *Notre justice pénale*, Timée-Éditions.

Celle-ci, par exemple, remontant à la fin de la Seconde Guerre mondiale. Le père d'un ancien procureur de la région parisienne, connu pour sa passion de l'alpinisme, fut, durant les années sombres, juge suppléant avant d'être fait prisonnier en Allemagne. Il parvint à s'évader, revint en France et fonça à Lyon où s'était repliée la haute hiérarchie judiciaire. Pensait-il être accueilli en héros ou tout au moins en serviteur de la justice de la France libre ? Il fut en réalité reçu par un haut magistrat qui, loin de le féliciter, le sermonna : « Monsieur, un magistrat ne s'évade pas[209] ! »

Le corps judiciaire vit-il encore aujourd'hui engoncé dans un monde trop clos ? Dominique Perben, qui assure évidemment avoir été marqué par « des gens humainement de très bonne qualité », s'agace de ce défaut : « C'est un milieu fermé sur lui-même avec ses habitudes, ses comportements et ses visions. Je pense qu'il faut accepter une fois pour toutes que ce corps doit accepter d'être un peu plus mixé avec le reste de la société[210]. »

Pascal Clément, marié à une magistrate[211], assure pour sa part qu'il « aime » les magistrats et assure que « la confiance qu'un garde des Sceaux peut avoir en eux permet de construire une justice totalement incontestée[212] ».

Rachida Dati, dont le discours officiel vient démentir le mépris absolu du corps qu'on lui prête, est sur la même longueur d'ondes : « J'ai de très bons rapports avec les magistrats. Je n'ai pas fondamentalement changé depuis la période où

---

209. Roger Falligot et Jean Guisnel, *Histoire secrète de la Ve République*, La découverte.

210. Entretien de l'auteur avec Dominique Perben, *op. cit.*

211. L'épouse de Pascal Clément, Laure de Choiseul-Praslin, n'est pas en juridiction durant le mandat de son mari Place Vendôme. Elle est placée en détachement à l'Agence française d'adoption qu'elle dirige.

212. Entretien de l'auteur avec Pascal Clément, *op. cit.*

j'étais moi-même magistrate. J'avais beaucoup de respect pour ce métier quand je l'exerçais. De toutes les fonctions que j'ai occupées, celle de magistrat a été la plus belle. Des magistrats m'ont formée et m'ont fait aimer ce métier. Je leur dois beaucoup et nous sommes toujours restés en contact [213]. »

Quand on l'interroge sur la fronde ressentie dans toute la France tant à propos de sa politique pénale, que de la convocation nocturne de plusieurs magistrats de Metz après le suicide d'un détenu mineur [214], Rachida Dati refuse la vision qui ferait d'elle la garde des Sceaux la plus critiquée par ses propres troupes : « Je n'ai pas de mauvais rapports avec la magistrature. On a parlé de mon image un peu autoritaire au moment de la réforme de la carte judiciaire. Ensuite, cette impression est restée. Quand on vous colle une étiquette, vous avez du mal à vous en départir. J'ai effectué à ce jour plus de cent cinquante [215] déplacements dont les deux tiers dans des juridictions. À chaque fois, j'ai pu discuter avec les magistrats. Je prends la mesure de la difficulté de leurs fonctions. Prendre la décision de placer un enfant, de placer quelqu'un en détention ou même de prolonger une garde à vue, ce ne sont pas des actes de procédure : c'est la vie des gens que l'on a entre les mains. Je respecte infiniment les

213. Entretien de l'auteur avec Rachida Dati, *op. cit.*

214. Le suicide d'un adolescent de 16 ans, le 6 octobre 2008, à la prison de Metz-Queuleu, est le point de départ d'une vive polémique entre Rachida Dati et les magistrats. Après les faits, la ministre de la Justice avait ordonné immédiatement une enquête interne de l'inspection générale des services judiciaires. Des magistrats mosellans avaient été entendus précipitamment et en pleine nuit, ce qui provoqua la colère de l'ensemble des syndicats et la signature par 534 magistrats d'une pétition exigeant des « excuses publiques » de Rachida Dati. Deux mois après les faits, le Conseil supérieur de la magistrature, après une enquête, critique également la garde des Sceaux pour sa « mise en cause précipitée » des magistrats.

215. L'entretien avec Rachida Dati a lieu en décembre 2008.

magistrats. J'aime ce métier et j'aime ceux qui l'exercent [216]. » Pas sûr, pourtant, que l'univers judiciaire ait ressenti cet aspect sentimental dans ses relations avec elle...

## *La mauvaise réputation*

La magistrature et la classe politique auraient-elles besoin d'amour pour se réconcilier ? Sans doute. Le fossé entre justice et élus est profond et s'est creusé de longue date, au point d'être aujourd'hui inscrit dans l'histoire.

L'affaire Rochette, par exemple, juste avant la guerre de 1914 en est une illustration, parmi d'autres. Les gardes des Sceaux sont Louis Barthou puis Aristide Briand. La tempête des affaires qui les touche alors porte le nom d'Henri Rochette, escroc poursuivi pour plusieurs dossiers financiers. C'est au moment où son procès est sur le point d'être audiencé que l'histoire devient une affaire d'État. Le ministère des Finances intervient auprès du président du Conseil qui, dans le plus grand secret, convoque personnellement le procureur général et exige de lui qu'il fasse reporter la date du procès. Le haut magistrat, Victor Fabre – qui dira plus tard avoir subi « la plus grande humiliation de sa vie » – accepte de se plier.

Le scandale éclate quand *Le Figaro* [217] révèle l'intervention politique sur le procureur général. Les parlementaires s'emparent de la polémique. Les détails des tourments de l'affaire occupent les conversations tout comme les réflexions sur l'attitude couarde du procureur général. Que dit par exemple Aristide Briand en 1914 à la tribune de la

---

216. Entretien de l'auteur avec Rachida Dati, *op. cit.*

217. L'affaire coûte la vie à Gaston Calmette, directeur du *Figaro*, tué par l'épouse de Joseph Caillaux, ministre des Finances qui était à l'origine des pressions sur le haut magistrat.

chambre ? « Ah ! la magistrature manque d'indépendance ? Ce procureur sous sa robe rouge et son hermine n'a pas eu la conscience assez haute pour résister ? Mais que se passe-t-il donc dans les ministères ? J'y suis allé dans les ministères, et dans celui de la Justice. La nomination de ces magistrats, leur avancement, leur carrière, leur vie est toute entre nos mains[218]... »

Toute la vie des magistrats serait-elle donc « entre les mains » des hommes de pouvoir, quelle que soit la couleur du régime en place ? Le poids qui pèse sur l'image de la magistrature s'appuie aussi terriblement sur des symboles laissés par l'histoire lors de la Seconde Guerre mondiale. Le corps tout entier avait alors accepté de suivre les instructions du régime de Vichy, à l'unique exception de Paul Didier.

L'histoire et le parcours du seul magistrat à avoir refusé de prêter serment au maréchal Pétain nous ramènent à la chancellerie... Paul Didier était en effet l'un des anonymes de la Place Vendôme. À partir de 1922, il y travaille comme rédacteur avant d'être nommé en 1937 chef de bureau à la sous-direction des affaires civiles et du Sceau. Ce service fait face à l'afflux des demandes de naturalisation. Et Paul Didier manifeste alors des positions aux antipodes des mesures que s'apprêtaient à prendre les hommes de Vichy, à partir de juillet 1940. Deux mois après les débuts du régime du maréchal Pétain, il doit donc quitter la chancellerie, pour être nommé « simple » juge au tribunal de la Seine[219]

---

218. Cet épisode historique est rappelé en 1987 après les réquisitions d'un avocat général dans une affaire de terrorisme. Le magistrat du parquet général aurait, avant l'audience, rencontré des conseillers de ministères autres que le sien. « L'humiliation du procureur général », chronique de Jean-Noël Jeanneney, *Le Monde*, 11 août 1987.

219. Le département de la Seine, nommé ainsi jusqu'en 1968, englobe Paris et les communes voisines.

Son acte de bravoure survient un an plus tard. Le 2 septembre 1941, au cours d'une audience solennelle du tribunal de la Seine, Paul Didier, à l'appel de son nom, refuse de prêter serment de fidélité à la personne du chef de l'État comme l'acte constitutionnel du 14 août 1941 en fait obligation aux magistrats. Convoqué à l'issue de l'audience par le premier président et le procureur général de la cour d'appel, il réitère son refus, ce qui lui vaut d'être suspendu provisoirement. Joseph Barthélemy, le deuxième des trois gardes des Sceaux du maréchal Pétain, confirme la décision. Deux jours plus tard, Paul Didier est arrêté, puis interné au camp de Chateaubriant. Révoqué de la magistrature par les effets d'une mise à la retraite d'office, il est interné plusieurs mois avant d'être assigné à résidence dans l'Aude où il rejoindra la Résistance [220].

Dans le dossier personnel du magistrat, référencé à la chancellerie puis versé aux Archives nationales, le geste de Paul Didier a conservé une trace sèche et administrative. Il s'agit d'une lettre du 4 septembre 1941 adressée au garde des Sceaux et signée conjointement par le premier président et le procureur général de Paris. Dans ce document, les deux hauts magistrats racontent leur face-à-face avec le réfractaire : « Invité par nous après l'audience à préciser les motifs de son abstention, il a fait connaître "qu'il ne voulait pas prêter serment de fidélité au chef de l'État". Nul ne pouvant au terme de cet acte constitutionnel [du 14 août 1941] exercer les fonctions de magistrat, monsieur Didier a reçu l'ordre d'interrompre immédiatement son activité professionnelle [221]. »

220. *Sud-Ouest*, 11 décembre 1997.

221. Dossier personnel de Paul Didier, Archives nationales de Fontainebleau. Document cité par Liora Israël dans *Robes noires, années sombres, avocats et magistrats en résistance pendant la Seconde Guerre mondiale*, Fayard.

Libérée en même temps que Paris, le 25 août 1944, la chancellerie vidée de l'esprit de Vichy revient aussitôt vers Paul Didier. Il est nommé le 30 septembre directeur du personnel ! Mais le magistrat résistant est alors introuvable. Paul Didier ne reviendra jamais à l'administration centrale mais rejoindra plusieurs postes de hiérarchie, notamment celui de président de chambre à la cour d'appel de Paris. Il demeure au Palais de justice de Paris jusqu'à sa retraite en 1958 [222]. Officier de la Légion d'honneur, décoré de la médaille militaire, il ne sera plus là pour assister à une autre forme de reconnaissance officielle, celle-ci délivrée par ses pairs. En 1997, les étudiants de l'École nationale de la magistrature de Bordeaux donnent en effet son nom à leur promotion [223].

Pour le sociologue Alain Bancaud, l'attitude du corps judiciaire face aux gardes des Sceaux nommés par Vichy tient à un « légalisme » absolu, y compris en temps de guerre. Selon lui, ce « légalisme », qui s'attache à la fois « à la seule forme de la loi et interdit de juger la loi, n'autorise pas le juge à se demander si elle émane d'un pouvoir légitime et si elle est conforme à la Constitution, n'est ni une trahison ni le paravent trompeur et "ostentatoire" des "passions", des "fins idéologiques" d'une communauté juridique pervertie. Tout cela est largement partagé et tout cela vient de loin [224] ». Plus généralement, cet expert note qu'une certaine philosophie judiciaire conduit les magistrats « à servir, au-delà du simple loyalisme, le politique en même temps qu'ils induisent de la distance, de la réserve, de la prudence, par rapport aux urgences, aux intérêts partisans immédiats, aux ambitions révolutionnaires du politique. La magistrature suit et sert l'histoire politique mais tend à en atténuer les écarts et les excès [225] ».

222. Paul Didier est mort en 1961.

223. *Sud-Ouest*, 11 décembre 1997, *op. cit.*

224. Alain Bancaud, *Une exception ordinaire, la magistrature en France, 1930-1950*, Gallimard.

225. *Ibid.*

Pourtant, au-delà du seul cas de Paul Didier et de la caricature désormais imprimée dans l'histoire, la magistrature possède en son sein plusieurs figures de la Résistance : le livre *Robes noires, années sombres, avocats et magistrats en résistance pendant la Seconde Guerre mondiale* apporte quelques exemples : un juge d'instruction d'Ajaccio, membre de l'organisation de résistance Front national ; un substitut du procureur d'Amiens, incarcéré en mai 1944 alors qu'il aurait conseillé à un gardien de prison de laisser « prendre le large » à deux « terroristes » incarcérés dans une geôle picarde ; un substitut de Poitiers, arrêté en juillet 1944 et déporté à Buchenwald ; le vice-président du tribunal de Reims refusant de siéger pour juger un mineur de 10 ans, fils de prisonnier de guerre, poursuivi pour propagande antinationale parce qu'il avait « apposé un papillon prônant "la crevaison aux Fritz. Vive de Gaule" *(sic)* » ; un procureur de Moutiers fournissant de faux papiers ; le président d'un tribunal du Vaucluse suspecté d'avoir prêté une chambre pour préparer un attentat ou encore un magistrat dénommé Garnier et surnommé… « Procureur plastic [226] ». De simples résistants bien vite oubliés.

## *Ces juges qui sabotent les carrières politiques*

La méfiance et la suspicion entre juges et élus ne seraient rien sans les affaires. Elles viendront attiser les tensions et les incompréhensions et renforcer le fait que magistrats et classe politique semblent être opposés à tout jamais… Ce diagnostic relève tellement de l'évidence que Michèle Alliot-Marie, interrogée quelques semaines après son installation place Vendôme, le reconnaît et s'en alarme ouvertement : « Cela pose un problème d'unité nationale. On ne peut pas vivre dans un pays où deux institutions

226. Liora Israël, *op. cit.*

aussi importantes ne se comprennent pas ou sont antagonistes[227]. » Le décalage entre le corps de la magistrature et la sphère politique représente d'ailleurs un tel divorce que le Conseil supérieur de la magistrature y a consacré de longues pages de son rapport, daté de 2007. Le document tente d'abord de diagnostiquer les causes de l'incompréhension de la justice au sein de l'opinion publique. Comme les hommes politiques font partie de l'opinion, on peut y voir la coupure entre une classe politique qui veut s'afficher moderne et responsable face à un corps accusé de représenter des valeurs totalement inverses. Ainsi, « les erreurs judiciaires et les dysfonctionnements de la justice sont traités par une institution judiciaire qui paraît toujours vouloir se dédouaner en évoquant des causes extérieures ». Ainsi, « les rites judiciaires, désuets, lourds et confus [qui] ne permettent pas de comprendre et de distinguer le rôle de chacun »… « Le sentiment du public, écrivent même les membres du CSM, est que la magistrature vit hors de son temps et paraît ne pas vouloir y entrer. » L'opacité est encore dénoncée avec l'impossibilité de comprendre le jargon judiciaire, l'incompréhension face à l'organisation elle-même : « Le public ne maîtrise pas des notions et des distinctions de base telles que le siège et le parquet (...) les juridictions de première instance et les cours d'appel[228]. » Tout ce que les gardes des Sceaux néophytes ont dû ingérer durant les premières semaines est là.

Lors de la sortie de ce rapport, un magistrat ironise sur les gaffes de certains gardes des Sceaux au moment de leurs premiers pas dans le monde judiciaire. L'allusion concerne – entre autres petites phrases judiciairement incorrectes prononcées par des hommes politiques – une imprécision de vocabulaire de Marylise Lebranchu en janvier 2001 tandis qu'Yvan Colonna était recherché pour l'assassinat du

227 Entretien de l'auteur avec Michèle Alliot-Marie, *op. cit.*
228 Rapport 2007 du Conseil supérieur de la magistrature.

préfet Claude Erignac. Ce jour-là, une lettre manifestement rédigée par le fuyard circule. La ministre de la Justice est interrogée à son arrivée à Matignon où elle doit participer à une réunion. « Ce qui est embêtant, c'est que cette lettre est celle de quelqu'un qui devrait être entendu par un juge d'instruction, lance-t-elle. Il est présumé innocent. Il doit être jugé par un tribunal correctionnel [229]. » Erreur : il le sera en réalité par une cour d'assises, spéciale [230] de surcroît.

Le divorce entre les politiques et les magistrats ? Pour le rapport du Conseil supérieur de la magistrature de 2007, « la défiance » tient aussi « aux soupçons de politisation de la magistrature [231] ». Or la crainte du pouvoir face à des magistrats encartés ou des « juges rouges » apparaît à plusieurs reprises dans l'histoire de la chancellerie. « Parfois de manière démesurée », remarque un magistrat qui était sur les bancs de l'École nationale de la magistrature en 1974 quand « on accusait l'école d'être un repaire de révolutionnaires ». Il rapporte cette anecdote : « Le garde des Sceaux, Jean Foyer, était venu et s'était même étonné devant la bibliothèque : "Mais où sont les graffitis ?" Il pensait sans doute arriver dans une université survoltée, comme Nanterre en 68 [232]. »

Plus fondamentalement, s'agissant des affaires politico-financières et de « l'intervention judiciaire sans précédent dans la sphère politique au cours des années quatre-vingt-dix », le Conseil supérieur de la magistrature ramasse en deux paragraphes cinglants dix années de scandales allant

229. LCI, 4 janvier 2001.

230. Certains crimes relatifs aux crimes terroristes, militaires ou au trafic de drogue échappent à la cour d'assises et sont jugés par la cour d'assises spéciale ne comprenant pas de jury populaire.

231. Rapport 2007 du Conseil supérieur de la magistrature.

232. Entretien avec l'auteur.

de la mise en cause d'Alain Carignon à Grenoble et de Michel Noir à Lyon à la démission puis la relaxe de Dominique Strauss-Kahn, sans compter les affaires Urba, CDS et PR. Qu'en termes choisis, ces choses-là sont dites : « À la fin des années quatre-vingts, les magistrats français ont mis en cause la responsabilité pénale de certains hauts responsables politiques de toutes tendances. (...) Ces affaires ont stigmatisé une partie de la classe politique et ont provoqué des arrêts brutaux dans plusieurs parcours. (...) Certaines de ces affaires, à l'occasion desquelles des démissions [du gouvernement] étaient intervenues, ayant débouché, au terme du processus judiciaire, sur la mise hors de cause de plusieurs personnalités politiques, nombre de leurs homologues ont dénoncé la virulence et la démesure de l'action judiciaire alors suspectée d'être partisane[233]. » Les références à l'affaire DSK sont limpides.

## *Un ministre sans pouvoir direct sur ses troupes*

Avec un passif pareil, l'homme politique devenu ministre de la Justice ne bénéficie décidément pas d'a priori favorables pour faire corps avec ses magistrats. Le handicap est d'autant plus fort que le garde des Sceaux est « un chef que la tribu n'a pas choisi[234] » selon l'expression d'Alain Peyrefitte. Ministre, lui-même avait ainsi vu cette dédicace ironique signée sur son livre de souvenirs par le premier président honoraire de la Cour de cassation, Maurice Aydalot : « À mon cinquante-sixième garde des Sceaux depuis que j'ai choisi ce métier difficile. »

Presque une provocation pour le dernier garde des Sceaux de Valéry Giscard d'Estaing, alors déçu de ne pas avoir pu

---

233. Rapport 2007 du Conseil supérieur de la magistrature.
234. Alain Peyrefitte, *Les Chevaux du lac Ladoga*, *op. cit.*

réformer davantage. « Face à la permanence de l'administration, déplorait Alain Peyrefitte, que peuvent des ministres éphémères ? Des ministres pris dans un tourbillon, sautant d'un discours à une réception, du Parlement à leur province, dispersés entre toutes leurs attributions ? Que peuvent-ils face à des chefs de bureau assurés de durer, concentrés sur leur domaine propre, appuyés sur leurs compétences, attendant calmement les prochaines échéances électorales [235] ? »

Le ministre de la Justice est-il un gouvernant sans pouvoir ? Jacques Toubon n'est pas loin de le penser : « Le ministère de la Justice a cette extraordinaire particularité : il est le ministère régalien le plus important au sens de la force exécutoire des décisions judiciaires mais la Constitution enlève à son ministre l'essentiel de ses pouvoirs d'autorité et de hiérarchie. Dans certains ministères – comme la Santé – l'homme politique voit son pouvoir confisqué par les experts. À la Justice, la nature de la fonction est dans cette ambivalence : je suis à la tête d'un appareil d'État extrêmement décisif pouvant aller jusqu'en 1981 à décider de donner la mort. Et, en même temps, je suis le ministre qui a le moins la possibilité d'exercer un pouvoir et doit s'en remettre à un appareil indépendant [236]. »

Ainsi, comme le stipule la Constitution, les gardes des Sceaux n'ont aucune prise sur les inamovibles magistrats du siège et si ceux du parquet dépendent d'une ligne hiérarchique démarrant dans le bureau ministériel, la chaîne de commandement est différente de celle qui se pratique dans les autres ministères.

« Quand les gardes des Sceaux arrivent, il leur faut comprendre que les procureurs généraux ne sont pas des préfets, raconte un conseiller aux affaires pénales présent au ministère dans les années quatre-vingt-dix. Chez les politiques non initiés à la justice, la confusion est très fréquente. Il faut leur dire

235. Alain Peyrefitte, *les Chevauxdu lac Ladoga*, *op.cit.*
236. Entretien de l'auteur avec Jacques Toubon, *op.cit.*

que le ministre conduit bien l'action publique, oui, mais que les ordres sont à passer à des magistrats qui ont un statut prévu par la Constitution et qu'il faut en tenir compte [237]... »

Plus brutal, Jean-Claude Marin, actuel procureur de Paris et ancien directeur des affaires criminelles et des grâces, délivre ce diagnostic : « Le parquet est ainsi fait que le ministre, comme politique, a, de façon presque naturelle, la tentation d'y nommer des magistrats à sa main. C'est au cabinet ministériel d'exposer au garde des Sceaux si de véritables nécessités justifient ces changements. À cela s'ajoute l'inculture généralisée des hommes politiques à propos de la chose judiciaire. Cette immaturité les conduit à nommer des gens qu'ils pensent proches et fidèles. Cela les rassure [238]. »

Jean-Marc Sauvé, aujourd'hui à la tête du Conseil d'État mais ancien secrétaire général du gouvernement et lui-même passé au ministère de la Justice [239], expose également combien la Place Vendôme est un ministère à part et à quel point le statut des magistrats peut, à lui seul, inquiéter les ministres : « Sa spécificité est d'administrer la justice, qui est beaucoup plus qu'un service public puisque aussi un pouvoir constitutionnel, alors que les autres départements ministériels sont à la tête de services publics – certes importants pour la vie publique et sociale – mais clairement subordonnés au pouvoir exécutif. Du point de vue théorique, le ministère de la Justice ne ressemble donc à aucun autre [240]. »

La Place Vendôme, par exemple, ne gère pas seule les mouvements des magistrats.

---

237. Entretien avec l'auteur.

238. Entretien de l'auteur avec Jean-Claude Marin, *op. cit.*

239. Jean-Marc Sauvé a été conseiller technique de Maurice Faure puis de Robert Badinter. Il a été directeur de l'administration générale et de l'équipement au ministère de la Justice de 1983 à 1988.

240. Entretien de l'auteur avec Jean-Marc Sauvé.

## CHAPITRE 7

# Transparences

Le petit bâtiment gris est coincé sur un quai de Seine entre le musée des Arts premiers et une vaste annexe de la présidence de la République. Difficile, au premier abord, de croire que le Conseil supérieur de la magistrature installé quai Branly, à deux pas de la tour Eiffel mais à une distance raisonnable de la Place Vendôme, soit l'objet de tant de batailles et d'enjeux.

Ouverts, les lieux sont plus marquants pour le symbole qu'ils représentent que pour le décor qu'ils offrent au regard. Au sein du palais de l'Alma – c'est son nom – le huis clos de la salle de délibéré laisse juste apparaître une vaste table couleur crème flanquée d'une immense bibliothèque garnie de quelques ouvrages sur la justice. L'unique curiosité réside dans le hall central où trônent trois globes géants conçus à la demande de François Mitterrand. Sur l'un d'eux, monumental, est indiquée la localisation précise de Latché, la résidence landaise de l'ancien président de la République[241]. Les globes de François Mitterrand ont une histoire singulière avec le CSM. Ils ont été réalisés en 1985 par l'architecte Fernand Pouillon que Danièle Burguburu, alors secrétaire du CSM et proche du chef de l'État, avait

241. « Dans les coulisses du Conseil supérieur de la magistrature », *Le Figaro*, 21 mai 2008.

mis en relation avec ce dernier. D'autres globes, sur le modèle de ceux du CSM, devaient ensuite rejoindre palais nationaux ou ambassades [242].

Pour le reste, nulle curiosité ou attribut de pouvoir apparent. Seule la Constitution suffit pour s'imprégner de l'importance des puissances appelées à régner ici. Article 64 ? « Le président de la République est garant de l'indépendance de l'autorité judiciaire. Il est assisté par le Conseil supérieur de la magistrature. » Article 65 ? « Il possède deux compétences majeures : la nomination et la discipline des magistrats [243]. »

Qu'il pleuve ou qu'il vente sur la planète Justice et dans son ministère, la tour de contrôle de la magistrature française tourne à son rythme. Discret, un tantinet austère, obligatoirement confidentiel, mais visiblement soutenu. « Mine de rien, chaque année, on fait bouger un cinquième de la magistrature », y commente-t-on. Ici, est examiné l'ensemble des mutations des magistrats hormis celles des procureurs généraux. Ici, sont décidées les nominations des juges d'instruction, présidents de tribunaux, juges des enfants ou d'instance. Pour quelque trois cent cinquante postes du siège, notamment à la Cour de cassation, le Conseil supérieur de la magistrature possède même un pouvoir de proposition. Ici, sont également étudiés les mouvements de tous les procureurs de la République, avocats généraux et substituts, mais le ministère de la Justice conserve la possibilité de passer outre les avis du CSM et de désigner au parquet les magistrats qu'il souhaite. Les procureurs généraux sont nommés de l'autre côté de la Seine, en Conseil des ministres.

---

242. Jean-Marie Burguburu, « Les globes de François Mitterrand », lettre n° 23 de l'Institut François Mitterrand.

243. Constitution de la V^e^ République, 4 octobre 1958.

## *Face au CSM, les présidents jouaient à domicile*

Selon la mission à accomplir et les complexes compositions de chaque formation, le CSM tient ses séances soit dans son propre palais, soit dans les locaux de la Cour de cassation, soit encore – jusqu'à une période récente – au palais de l'Élysée. En plus des « CSM Alma », se tenaient en effet jusqu'en 2007 et, plusieurs fois par an, des « CSM Élysée ». À son arrivée à la présidence de la République, Nicolas Sarkozy, anticipant la réforme qu'il souhaitait lancer, a annoncé qu'il n'y siégerait pas. Au quai Branly, les escapades vers la rue du Faubourg-Saint-Honoré ne sont donc plus qu'un souvenir déjà lointain.

Le dernier président de la République à y avoir siégé est Jacques Chirac, le 13 avril 2007 [244]. « C'était devenu une coutume dans la pratique constitutionnelle. Chacun l'avait acceptée avec sa propre personnalité », souligne l'un des sages, semblant finalement regretter le cérémonial de ces séances organisées au palais de l'Élysée. Présidant le rendez-vous mais sans y détenir le moindre pouvoir visible, aucun des chefs d'État ne restait véritablement silencieux.

Le général de Gaulle, intérieurement, s'interrogeait sur la compétence des magistrats. À son retour au pouvoir en 1958, il disait y avoir trouvé « le pouvoir judiciaire » en « pleine dépression » : « C'était vrai d'abord de son recrutement. Bien que le niveau d'entrée dans la magistrature ait été abaissé, il devenait impossible de pourvoir à tous les emplois et on pouvait se demander si parmi ceux qui le remplissaient, n'allait pas apparaître un lot d'insuffisants et d'incapables. (...) En outre, les secousses morales que les événements avaient fait subir à un corps qui, entre tous, y est le plus sensible, en diminuaient à la fois l'attrait et la cohésion. Telles étaient les conséquences accumulées des

---

244. *Le Figaro*, le 13 avril 2007.

serments d'obédience imposés naguère par Vichy, des pressions qu'avait exercées ce régime. (...) Une profonde réforme judiciaire s'imposait [245]. »

Sous la présidence de Georges Pompidou, entre 1969 et 1974, c'est Simone Veil, magistrat, qui occupe le poste de secrétaire du Conseil supérieur de la magistrature : « À l'époque, souligne-t-elle, le CSM était confiné dans la gestion de carrière des magistrats du siège. C'était une sorte de confessionnal où les magistrats venaient exprimer leurs souhaits d'avancement, faire montre à cet effet de leurs talents et étaler leurs frustrations lorsque leurs vœux n'étaient pas comblés. Disons que c'était une sorte de bureau des pleurs. On a beaucoup mis en cause l'influence des parrainages politiques dans ce système, je n'ose dire dans cette course à l'échalote. Pour dire vrai, j'ai constamment eu le sentiment, au cours des années passées dans cette institution, que la pesanteur n'était pas d'ordre politique, mais bien d'ordre corporatif, les grands chefs de cours cultivant leurs écuries, comme je l'ai constaté ultérieurement dans le corps médical hospitalier [246]. »

Sept ans plus tard, sous les deux septennats de François Mitterrand, ce stratégique poste de secrétaire du CSM est occupé par Danièle Burguburu puis par Paule Dayan, auparavant chargée au palais de l'Élysée des affaires judiciaires… Toutes deux seront surnommées « les dames de l'Élysée ».

De ses années de présidence du CSM, François Mitterrand a laissé à un « sage » de cette période le souvenir de quelques instants de sourires. Le chef de l'État, un brin sarcastique et feignant d'ignorer les négociations préalables menées en coulisse à son initiative [247], glissait à l'évocation

---

245. Charles de Gaulle, *Mémoires d'espoir,* « Le renouveau, 1958-1962 », Plon.

246. Simone Veil, *Une Vie*, Stock.

247. « Le paradoxe de la gauche française au pouvoir : développement des libertés judiciaires et continuité de la dépendance de la justice », Alain Bancaud, *Droit et société*, n° 44-45.

de chaque nom de magistrat sur le point d'être nommé : « Il est bien, celui-là ? » Michel Vauzelle, son sixième garde des Sceaux, se remémore pour sa part la solennité des séances : « François Mitterrand, quand il assistait au CSM, arrivait et ne disait rien : les magistrats proposaient et il donnait toujours son accord. Quand c'est moi qui présidais, en son absence, j'avais pour consigne de ne jamais faire la moindre remarque sur les propositions de nominations. Cela a changé dès le président suivant, refusant de suivre les avis rendus concernant les procureurs [248]. » Les dames de l'Élysée ? « Elles avaient peut-être leur avis… Mais la consigne de François Mitterrand était claire. Je n'ai jamais demandé ni nomination ni mise à l'écart [249]. »

Jacques Chirac, lors des « CSM Élysée » avait l'habitude de tenir un bref discours. Un « sage » a gardé en mémoire ses vibrants « qu'il en soit ainsi ! » lancés après chaque annonce de nomination.

Marylise Lebranchu, garde des Sceaux de cohabitation, est quant à elle restée marquée par ce chef de l'État affichant ouvertement son ironie face aux rites judiciaires. Avec lui, les instants cocasses surviennent quand chacun des membres du CSM prend la parole pour faire son rapport sur les nominations à venir. « En les observant, Jacques Chirac se montre convivial et chaleureux, se souvient-elle. Je le revois encore écouter les rapporteurs et pencher la tête vers moi : "Madame la ministre, vous n'avez pas la même impression ? Ils sont tous formidables ! Alors je demande au rapporteur de faire un peu moins de compliments." Il y a eu des moments cocasses sur Monaco quand on évoquait la possibilité de changer untel ou untel. Là, Jacques Chirac soulignait qu'il faudrait sans doute, effectivement, les changer parce qu'à force d'être à Monaco, peut-être n'avaient-ils plus une vision totalement exacte de la mission de la Justice [250]… »

248. Entretien de l'auteur avec Michel Vauzelle, *op.cit.*
249 *Ibid.*
250. Entretien de l'auteur avec Marylise Lebranchu, *op.cit.*

Nicolas Sarkozy, pour sa part, ne se prête même pas au jeu des remarques douces-amères vis-à-vis d'une magistrature qu'il ne respecte pas davantage. Dès son arrivée à l'Élysée, il annonce donc qu'il ne présidera aucune séance du CSM. « Si je préside, je décide. Si je ne décide pas, je ne préside pas [251] », lance-t-il durant les premières semaines de sa présidence tout en préparant la réforme constitutionnelle qui aboutira à la mutation du Conseil supérieur de la magistrature.

## *Savantes nominations*

Dans un monde de patience et de politesse, toutes les séances du CSM connaissent une sérénité apparente. Mais bien des gardes des Sceaux semblent guetter les mauvais coups qui pourraient y surgir, en particulier en temps de cohabitation ou de rivalité entre l'Élysée et la Place Vendôme. L'un des ministres interrogés n'hésite pas à confier, sans souhaiter que ces propos lui soient attribués, que certaines des nominations dont il fut témoin incarnent « une sorte de zone grise entre l'exercice judiciaire et l'exercice politique ».

Élisabeth Guigou, contrainte par la cohabitation à un partage des tâches institutionnelles avec Jacques Chirac, semble de cet avis. Elle pèse ainsi ses mots pour souligner : « J'ai respecté le CSM. La quasi-totalité des nominations que j'ai proposées a été acceptée. Dans les rares cas où le CSM a donné un avis négatif, je l'ai suivi. Je n'ai jamais passé outre, ce que légalement j'avais le droit de faire. J'ai cependant, en de très rares occasions, exprimé à huis clos mon désaccord [252]. »

---

251. Discours de Nicolas Sarkozy à la garden-party du ministère de la Justice, le 13 juillet 2007.

252. Entretien de l'auteur avec Élisabeth Guigou, *op. cit.*

À huis clos, un incident se produit par exemple autour de la nomination d'un magistrat, alors détaché au cabinet d'Élisabeth Guigou, qui avait postulé pour la présidence d'un tribunal du Sud-Ouest. Le refus de cette mutation est signifié lors d'un « CSM-Elysée » à la garde des Sceaux. Petit scandale. La ministre prend même la parole et, sous les yeux d'un président de la République visiblement surpris par la réaction, s'insurge du fait que la nomination ait été bloquée par une intervention de l'Élysée. Elle dresse même une rapide liste des membres de cabinets ministériels de droite auxquels on avait permis d'être nommés en juridiction…

Autre séance, autre incident : concernant cette fois un magistrat du parquet, Élisabeth Guigou fait publiquement savoir en juin 2000 qu'elle « regrette[253] » un avis négatif rendu par le CSM mais « conformément à la pratique suivie sans exception depuis juin 1997, [elle] ne passe pas outre cet avis ».

Une bonne partie des batailles larvées entre les gardes des Sceaux et le Conseil supérieur de la magistrature concerne en effet les nominations des magistrats du parquet. Pour en saisir l'enjeu, il faut se plonger dans le processus qui permet les mouvements d'un tribunal à l'autre. La course se joue en plusieurs étapes. Pour le plus grand nombre de postes, le ministère et sa direction des services judiciaires établissent une liste de projets de nominations. Le document, appelé « transparence », contient le nom, le prénom et le futur fauteuil envisagé des magistrats en mouvement.

La création de ce document remonte à l'époque de Robert Badinter. La liste des candidats était envoyée à tous les magistrats et devait permettre d'agir en toute… transparence. La « transparence » leur est aujourd'hui expédiée

253. « Élisabeth Guigou regrette un avis du CSM », *Le Monde*, 25 juin 2000.

par e-mail. Si l'un d'eux est jaloux, insatisfait ou inquiet de la future nomination d'un collègue sur un poste en particulier, il peut faire part d'observations au CSM. Lequel, soit dans sa formation du parquet, soit dans sa formation du siège, examine alors les candidatures, entend éventuellement les magistrats en lice. Et rend un « avis » au garde des Sceaux.

Pour les magistrats du siège, rendus inamovibles par la Constitution, le ministre est obligé de se plier au choix du CSM et, en cas de refus du nom suggéré par la chancellerie, se voit contraint de formuler une autre proposition. Pour les magistrats du parquet, en revanche, le garde des Sceaux peut passer outre l'avis du CSM et nommer, malgré l'avis contraire des sages, le candidat initialement choisi par la chancellerie. En pratique, tout est question de la ligne politique choisie. Et de la conception des relations entre le garde des Sceaux et les procureurs.

Dans la catégorie des gardes des Sceaux suivant systématiquement le CSM, Pierre Méhaignerie « appréciait le fait d'aller au CSM et respectait les avis, y compris ceux concernant le parquet ». « Ce n'était pas forcément facile, ajoute-t-il, puisque des critiques venaient de ma propre majorité. Mais comme j'estimais qu'il fallait retrouver la confiance des magistrats envers les hommes politiques et envers le gouvernement, je m'y tenais. On me taxait d'idéalisme. Certains disaient de naïveté. C'était en réalité une conviction forte : l'indépendance de la justice et la confiance du pouvoir à l'égard de sa justice [254]. »

Jacques Toubon use d'autres méthodes. Décidé à « refuser de ne pas appliquer des prérogatives qui [lui] étaient laissées par la Constitution [255] », il passe outre les avis du CSM sept fois sur un total de quinze avis négatifs.

254. Entretien de l'auteur avec Pierre Méhaignerie, *op. cit.*
255. Entretien de l'auteur avec Jaques Toubon, *op. cit.*

Élisabeth Guigou et Marylise Lebranchu, elles, ne passent outre aucun avis négatif, suivant le principe voulu par le Premier ministre Lionel Jospin et affiché lors de son discours de politique générale : « Je réaffirme aujourd'hui que le Conseil supérieur de la magistrature doit assurer à la carrière des magistrats du parquet les mêmes garanties qu'à celle des juges du siège [256]. »

À l'inverse, Dominique Perben, dès son arrivée, souligne la nécessité pour le ministre d'exercer son « autorité hiérarchique sur les parquets [257] ». Pascal Clément suit la même ligne de conduite. Entre 2002 et 2005, sur deux mille vingt-quatre avis de nomination de magistrats du parquet, cinquante et un sont négatifs. Les ministres passent outre douze fois [258]. L'année 2006 est même plus marquée, le CSM ne rendant que dix avis négatifs à des nominations de procureurs mais le ministère passant outre à neuf reprises…

Devant de telles statistiques – qui illustrent mieux que n'importe quel discours comment la Place Vendôme peut prendre le contrôle des nominations au parquet –, syndicats et opposition dénoncent une mainmise sur la justice. Les sages du quai Branly se décident, pour leur part, à élaborer des formules soignées afin d'exprimer leur insatisfaction face à de tels passages en force : « Les membres du Conseil soulignent le caractère exceptionnel de cette situation sans précédent dans l'histoire récente du Conseil supérieur de la magistrature. Sans méconnaître les prérogatives reconnues au ministre de la Justice par les textes statutaires dans le processus de nomination des magistrats du parquet, les membres du Conseil considèrent que le recours systématique à une politique consistant à outrepasser les avis

256. Discours de politique générale du Premier ministre Lionel Jospin, Assemblée nationale, 19 juin 1997.

257. Interview de Dominique Perben, Europe 1, 24 mai 2002.

258. Rapport 2005 du CSM.

défavorables émis, altère le fonctionnement du Conseil en créant un déséquilibre notable entre ses deux formations. Aussi le Conseil réitère le vœu de voir les conditions de nomination des magistrats du parquet alignées sur celles des magistrats du siège [259]. » En clair, le CSM ne supporte plus d'être court-circuité.

Durant l'année 2007, sur quatorze avis défavorables, le ministère passe outre neuf fois [260]. Et cette curieuse expression – « passer outre » – devient un mot courant dans le vocabulaire du quai Branly.

Sous Rachida Dati et avant la réforme constitutionnelle, le ministère continue *à passer outre* les avis défavorables rendus par le CSM à l'égard de magistrats du parquet. Mais Rachida Dati, elle-même issue des troupes de la magistrature, veut surtout, quand on lui parle du CSM, insister sur sa méthode. En rupture, selon elle, avec le fonctionnement en cours jusque-là au quai Branly. « J'ai souhaité que le CSM soit un lieu d'échanges, affirme-t-elle. Je ne me sens pas tenue par le seul avis de la Direction des services judiciaires. Je discute avec les membres du CSM. Il m'arrive même de changer d'avis quand leurs arguments m'ont convaincue. Il m'arrive aussi de les faire changer d'avis sur certaines nominations. J'ai voulu que nous ayons une nouvelle approche de la carrière des magistrats. Ce qui m'intéresse, ce n'est pas seulement le CV ou le parcours professionnel : je regarde les situations personnelles des magistrats, leur mérite, leurs attentes. Je souhaite débattre et trouver les solutions et les fonctions les plus adaptées à chacun [261]. »

Les murs du quai Branly retiennent pourtant des épisodes moins idylliques. Ils sont même témoins de tensions

259. Rapport 2006 du CSM.
260. Rapport 2007 du CSM.
261. Entretien de l'auteur avec Rachida Dati, *op. cit.*

publiques entre la ministre de la Justice et le conseiller judiciaire du président de la République, Patrick Ouart. La scène se produit le 4 juin 2009 quand, pour sa dernière séance chez les sages, Rachida Dati, crée la surprise en annonçant qu'elle retire de l'ordre du jour le projet de nomination du procureur général de Riom Marc Robert à la cour de cassation. Mais quelques minutes plus tard, le conseiller présidentiel prend la parole en séance pour annonce le contraire : le président de la République, encore président en titre du CSM, n'a pas retiré de l'ordre du jour cette nomination que chacun sait sensible[262]. La dispute à huis clos passe au stade du scandale public quand, quinze jours plus tard, la mutation du procureur général devient réalité par le biais de la publication de la décision au journal officiel. L'USM et le SM, scandalisés que le procès-verbal de la séance du CSM ne mentionne pas l'incident de séance, dénoncent le fait que « cette affaire constitue une atteinte extrêmement grave à l'institution judiciaire, désormais soumise, en violation de tous les principes républicains, à l'arbitraire du pouvoir exécutif[263]. » Sans se départir de ses apparences tranquilles, le quai Branly vit alors l'une de ses crises les plus notables[264].

---

262. Marc Robert estime en juillet 2009 dans *Le Monde* que sa mutation est arbitraire. Il pense qu'on lui reproche de s'être opposé à la suppression du tribunal de Moulins et d'avoir fait part de ses réticences sur le projet de suppression du juge d'instruction.

263. Communiqué de l'USM et du SM, le 25 juin 2009.

264. En juillet 2009, le conseil d'État rejette le recours de Marc Robert.

## *Promotion canapé*

Au sein du corps judiciaire, la concurrence pour les postes est une réalité. En 2007, par exemple, trente et un fauteuils de président de tribunal de grande instance (TGI) étaient à pourvoir. Les membres du Conseil supérieur de la magistrature ont dû trancher parmi sept cent cinquante-neuf candidats[265] ! Certains d'entre eux, présélectionnés, doivent même passer un oral dans le palais de l'Alma, à la manière d'un entretien d'embauche. « On présente sa carrière durant cinq à dix minutes puis on répond aux questions. La question politique n'est naturellement jamais posée à ce niveau-là, pas plus que les opinions philosophiques ou religieuses[266] », témoigne un magistrat soumis deux fois à cet exercice. « Quand on a quelques amis dans la place, ajoute-t-il, on sait assez vite l'impression que l'on a faite et les chances qui sont les nôtres. »

Au CSM ou Place Vendôme, les pressions politiques existent. Mais celles qui sont démasquées sont celles qui ont été fort maladroitement passées. Un conseiller d'un garde des Sceaux récent se souvient que son ministre revenait tous les mercredis des questions d'actualité de l'Assemblée nationale en maugréant : « J'ai encore croisé le député untel. Il n'arrête pas de m'interroger sur la nomination de son prochain procureur. Où en est-on que je puisse lui répondre quelque chose[267] ! »

Une garde des Sceaux avoue, elle, sa surprise face à la franchise de certains appels ou de certaines interpellations d'élus : « Ils n'hésitent pas : "Allô, madame la ministre, j'ai un procureur qui ne me plaît pas…" "Allô, peut-on promouvoir celui-ci ou celui-là…" Cela arrive, oui. On n'en tient pas compte, évidemment[268]. » Évidemment…

---

265. Rapport 2007 du CSM, *op. cit.*
266. Entretien avec l'auteur.
267. Entretien avec l'auteur.
268. Entretien avec l'auteur.

Jean-Pierre Dintilhac, ancien procureur de la République de Paris et ancien directeur de cabinet d'Henri Nallet, témoigne quant à lui que « derrière la nomination et la gestion des magistrats du parquet, on est parfois loin de l'intérêt général. Les considérations politiques clientélistes sont constantes, aussi bien au niveau national que de la part de responsables politiques locaux qui interviennent pour choisir leur procureur. Pour les dissuader, j'avais demandé au directeur des affaires judiciaires de préparer des réponses rappelant que le statut des magistrats interdisait les interventions politiques en leur faveur et d'envoyer une lettre au magistrat concerné. Cette lettre était ainsi libellée : "Monsieur Untel, député, est intervenu en votre faveur. Il est possible qu'il l'ait fait sans que vous l'ayez sollicité mais, à tout hasard, je vous rappelle que votre statut vous interdit de solliciter d'un élu ou d'un ministre une intervention en votre faveur que ce soit pour le déroulement de votre carrière ou pour l'obtention d'une décoration[269]" ». Jean-Pierre Dintilhac assure que nul, élu ou magistrat, ne se manifesta après une telle missive.

Ordinairement, les choses se passent avec plus de subtilité. « Il existe des considérations que chacun a à l'esprit mais qui ne sont jamais dites à voix haute[270] », avoue Sabine Mariette, membre du CSM entre 2002 et 2006 et aussi l'une des figures du Syndicat de la magistrature. Selon les initiés, entrent pêle-mêle en ligne de compte clans de magistrats, réseaux occultes, appartenances syndicales et amitiés politiques. Mille rumeurs les entourent. « Ce n'est pas condamnable si les positions de force s'annulent entre elles », estime-t-elle, ajoutant que « personne n'avance masqué : chacun sait que tel magistrat est syndiqué ou que telle

269. Jean-Pierre Dinthilac avec Yves Bordenave, *Rendez-nous la Justice*, Jacob-Duvernet.

270. « Dans les coulisses du Conseil supérieur de la magistrature », *Le Figaro*, 21 mai 2008.

personnalité extérieure a été nommée par le président de la République, par le président de l'Assemblée nationale ou par le président du Sénat... » « Il suffit d'assister à quelques séances pour comprendre ces jeux de pouvoir, grince de son côté un magistrat admis durant quelques années au sein du quai Branly. Les choses sont claires : au moment de discussions serrées, il m'est arrivé de voir des membres désignés par l'Élysée ou par Matignon sortir de la salle quelques instants. On imagine qu'ils allaient téléphoner... »

« Le but est de nommer le bon candidat au bon poste », poursuivent en chœur les membres du CSM. Officiellement, l'ancienneté, la qualité du dossier professionnel et le projet exposé constituent les critères essentiels. Mais d'autres détails peuvent jouer. Des *curriculums vitae* portent ainsi avec fierté, malgré l'indice politique qu'ils reflètent parfois, la trace des décorations délivrées par la République. La Légion d'honneur et l'ordre national du Mérite se portent sur la robe comme sur le costume ou le tailleur et sont répertoriés dans l'annuaire de la magistrature au même titre que les diplômes. Tous les présidents de la République ont préservé cette tradition, quelles que soient leurs visions de la magistrature et quelles que soient les polémiques. En 2005, l'Union syndicale des magistrats (USM) avait vainement rédigé une « proposition de loi pour l'interdiction d'accorder des décorations aux magistrats [271] ». Le syndicat rappelait qu'une ordonnance de 1958 « proscrit l'attribution de décorations aux membres des assemblées parlementaires afin d'éviter de les placer sous l'influence de l'exécutif et donc d'assurer la séparation des pouvoirs » et tendait à imposer la pareille aux magistrats. Mais la proposition resta sans effet. De fait, dans la promotion de la Légion d'honneur du 14 juillet 2008, on remarquait les noms de six magistrats : trois procureurs

271. Dominique Barella, *OPA sur la Justice*, *op. cit.*

et trois juges du siège[272]. Parmi eux, au milieu d'Ingrid Betancourt, Dany Boon, Guy Savoy ou Claude Lelouch, figurait Nicole Choubrac, vice-présidente chargée des affaires familiales au tribunal de grande instance de Nanterre, nommée chevalier de la Légion d'honneur sur le contingent présidentiel[273]. C'est dans son bureau que le président de la République et son ex-épouse Cécilia s'étaient rendus, le 15 octobre 2007, pour régler leur séparation.

Ces décorations sont-elles réellement susceptibles d'impressionner les sages du quai Branly au moment d'une promotion à venir ? « Vous trouverez mille interprétations des décisions du CSM[274] », déclare un haut magistrat, dont le sourire énigmatique attise toutes les curiosités. Au chapitre des dernières passes d'armes à huis clos, figurent les choix, en janvier 2008, d'Yves Jannier au poste de premier juge antiterroriste en remplacement de Jean-Louis Bruguière ou, en avril 2007, de Vincent Lamanda dans le fauteuil de premier président de la Cour de cassation en remplacement de Guy Canivet. Le poste de président du tribunal de grande instance de Paris est également disputé. Enfin, en mars 2007, avant la désignation de Philippe Courroye au poste de procureur de Nanterre, les votes sont serrés et finalement négatifs. Et comme les avis ne sont jamais accompagnés de motivations écrites… impossible de dissiper les mystères.

Les discussions sont en revanche menées à bâtons rompus entre les différents membres du CSM. Selon un magistrat aujourd'hui proche de l'Élysée, les choix des membres se révèlent, à la longue, quasi prévisibles : « Sans caricaturer, on s'aperçoit qu'au premier abord, les magistrats

272. Décret du 11 juillet 2008 portant promotion et nomination, *Journal officiel*.

273. *Le Parisien*, 15 juillet 2008.

274. Entretien avec l'auteur.

regardent d'abord la carrière du candidat, sa mobilité passée et la fameuse règle des deux ans qui veut qu'un magistrat reste en poste au moins vingt-quatre mois avant de bouger. Les non-magistrats du Conseil supérieur, quant à eux, ont une vision plus pragmatique sur le profil du candidat par rapport au poste. Ils ont davantage les méthodes du privé. Mais cela peut changer face aux dossiers. Ensuite, ils discutent[275]... »

## *Quand un conclave d'initiés mène la danse*

Caricature ? Dysfonctionnement ? La composition du Conseil supérieur de la magistrature est en tout cas au cœur de tous les débats qui ont motivé ses réformes passées et à venir. Depuis sa création, en 1946, il a ainsi connu trois fois de larges métamorphoses, bouleversant du jour au lendemain sa composition. Jusqu'à aujourd'hui, seuls le président de la République et le garde des Sceaux y ont de tout temps gardé les fauteuils de président et de vice-président. Mais pour les autres fauteuils placés autour de la table, trois versions de la Constitution se sont succédé.

En 1946, les membres du CSM étaient élus à part égale entre l'Assemblée nationale et le corps de la magistrature elle-même. À partir de 1958, ils sont uniquement désignés par le chef de l'État, soit directement, soit d'après une liste proposée par la Cour de cassation et par le Conseil d'État. Enfin, à partir de 1993[276], ce sont les magistrats qui mettent la main sur l'institution : quatre membres du CSM sont désignés par le chef de l'État, par le président de l'Assemblée nationale, par le président du Sénat et par l'assemblée générale du Conseil d'État mais les autres

275. Entretien avec l'auteur.

276. Par la loi constitutionnelle du 27 juillet 1993 et la loi organique du 5 février 1994.

– douze membres – sont des magistrats choisis par des magistrats.

Pour le « nouveau » CSM, vraisemblablement en 2010, c'est la réforme constitutionnelle du 23 juillet 2007 qui sera appliquée. Laquelle promet un véritable bouleversement du rôle de l'institution. Celle-ci ne sera plus présidée par le président de la République mais par les plus hauts magistrats du pays. Le garde des Sceaux ne sera plus présent et les magistrats seront minoritaires.

Dans les coulisses du palais de l'Alma, avant la réforme voulue par Nicolas Sarkozy, des surnoms ont fleuri pour distinguer les douze magistrats professionnels et les quatre personnalités extérieures actuellement en place. « On nous surnomme les laïcs [277] ! », confie l'un de ces derniers. Le qualificatif laisse supposer que les clercs ou les classiques seraient alors les magistrats professionnels, issus du sérail. Mais les rapports de force apparaissent complexes. « On oppose les magistrats et les non-magistrats mais c'est une vision inexacte, affirme le "laïc" Dominique Latournerie, conseiller d'État qui préside la réunion plénière du CSM depuis juin 2007. Les magistrats sont divers pour ne pas dire divisés [278]. »

Dominique Rousseau, professeur de droit montpelliérain et membre « laïc » du CSM entre 2002 et 2006, va plus loin. Selon lui, le corporatisme existe peut-être mais il est invisible. « En matière disciplinaire, c'est même le contraire. Durant le délibéré, les magistrats sont plus sévères que nous ! » En revanche, accuse-t-il, le ministère de la Justice, maître des poursuites disciplinaires, a de tout temps hésité à renvoyer des magistrats devant leurs pairs. « C'est le traitement épiscopal de la question disciplinaire. Plutôt que de sanctionner l'indélicat, on le change de poste. »

---

277. « Dans les coulisses du Conseil supérieur de la magistrature », *Le Figaro*, 21 mai 2008, *op. cit.*

278. « Dans les coulisses du Conseil supérieur de la magistrature », *op.cit.*

Ce « laïc » a gardé le souvenir de l'un des corps « les plus contrôlés et les plus évalués de France » : « Je me disais de retour à l'université que si l'État était aussi exigeant avec les professeurs, je ne sais pas comment mes collègues réagiraient [279] ! »

Laïcs et classiques peuvent en effet se transformer, sur initiative du garde des Sceaux, en conseil de discipline. C'est le plus souvent à la suite d'une inspection générale des services judiciaires que le ministre de la Justice, avec son cabinet, décide ou non de déclencher des poursuites disciplinaires. Dans cet exercice, l'antagonisme entre conceptions judiciaires et affichages politiques est encore central. Trois dossiers l'illustrent : les poursuites contre trois magistrats après l'affaire des disparues de l'Yonne, le renvoi devant le CSM du juge Renaud Van Ruymbeke en marge de l'affaire Clearstream et les mesures disciplinaires engagées à l'encontre du juge Fabrice Burgaud et du procureur Gérald Lesigne dans le dossier d'Outreau [280].

## *Juges des juges*

Marylise Lebranchu est au ministère depuis trois mois quand, en décembre 2000, éclate l'affaire Émile Louis. Un chauffeur de car est soupçonné d'avoir séquestré et exécuté sept jeunes femmes handicapées mentales dans le département de l'Yonne entre 1977 et 1979. Un gendarme, Christian Jambert, avait dès 1984 rédigé un rapport déroulant toute l'histoire telle qu'elle apparaîtra à Auxerre devant la cour d'assises qui condamnera Émile Louis à la perpétuité en 2004.

Quand éclate l'affaire, il apparaît clairement que la justice n'a pas su traiter les signalements des disparitions de

279. Entretien avec l'auteur, le 16 mai 2008.
280. Deux de ces dossiers sont en cours.

ces jeunes femmes, la plupart confiées à la DDASS. Le parquet d'Auxerre avait même refusé la réouverture du dossier après de nouvelles plaintes en 1993 et 1995.

Le rapport de l'inspection générale des services judiciaires, remis à la garde des Sceaux en mars 2001, pointe « la succession de négligences [281] ». Fait alors inédit, le document est immédiatement rendu public sur le site Internet du ministère. Et le Conseil supérieur de la magistrature, saisi. Quatre anciens magistrats du parquet d'Auxerre seront renvoyés devant le CSM. Trois écoperont de sanctions ensuite annulées par le Conseil d'État.

Marylise Lebranchu met en avant la nécessité pour la justice d'accepter ses fautes et d'en rendre compte devant les Français : « Mon idée est que le choc dans l'opinion vient du fait que la justice n'a entendu ni les familles ni d'ailleurs le gendarme Jambert. Les familles étaient démunies. Elles n'ont pas été défendues. J'ai dit à l'institution judiciaire et aux magistrats – et ils l'ont d'abord mal accepté – qu'en cas de dysfonctionnement, on ne peut pas l'ignorer et continuer comme si de rien n'était. Si l'on agit ainsi, personne ne croira plus jamais à la justice. Je leur dis : "Personne ne vous croira plus !" J'expliquais d'ailleurs parfois à propos des magistrats que je leur rendais service contre leur gré. (...) La mise en ligne sur le site Internet du ministère du rapport de l'inspection avait fait bondir certains. Mais si l'institution refuse de reconnaître ses erreurs, à quoi sert-elle [282] ? »

Confronté à la même problématique dans le dossier d'Outreau, Pascal Clément doit choisir : justice ou opinion publique ? Le sort à réserver aux magistrats cités dans ce scandale va provoquer de longs débats au sein même du cabinet du garde des Sceaux. Le 9 juin 2006, l'inspection générale des services judiciaires, après avoir entendu plus

281. *Le Monde*, 3 mars 2001.

282. Entretien de l'auteur avec Marylise Lebranchu, *op. cit.*

de cent personnes durant six mois, affirme que « de très nombreuses insuffisances » de la part du parquet comme de l'instruction ont été relevées mais qu'elles « ne caractérisent pas de fautes pouvant recevoir une qualification disciplinaire [283] ». Selon elle, ni le juge Burgaud ni les autres magistrats ne doivent être poursuivis en conseil de discipline. L'inspection estime notamment que le travail des magistrats, dans le cadre de leurs fonctions juridictionnelles, ne sort pas des limites imposées au magistrat par son serment ou par son code de procédure.

Ces conclusions apparaissent incompréhensibles aux yeux du grand public. Et Nicolas Sarkozy, alors ministre de l'Intérieur, lui fait écho immédiatement. Il fait part de sa « stupéfaction » : « Qui peut considérer qu'après ce désastre judiciaire, on doit penser “circulez, il n'y a rien à voir” [284] ? »

Que faire ? Pascal Clément a gardé un souvenir précis du dilemme posé et de l'angoisse précédant une émission de radio où la première question de Jean-Pierre Elkabbach devait appeler une réponse claire : sont-ils oui ou non renvoyés devant le CSM ? « Là, vous mesurez la solitude du pouvoir, souffle-t-il aujourd'hui en se remémorant la scène. C'était un dimanche et je devais aller le soir même au *Grand Rendez-Vous* d'Europe 1. Mon directeur de cabinet me laisse décider et ne me donne pas son point de vue. Je réfléchis et décide de saisir le CSM malgré l'avis contraire de Matignon [285]. » Fabrice Burgaud et Gérald Lesigne seront donc renvoyés devant le CSM, chargé d'instruire le dossier avant de leur imposer d'éventuelles sanctions. « J'ai bien fait de choisir cette option, estime aujourd'hui Pascal Clément. Si je ne l'avais pas fait, l'opinion publique

283. Rapport de l'inspection générale des services judiciaires, le 9 juin 2006.

284. LCI, 10 juin 2006.

285. Entretien de l'auteur avec Pascal Clément, *op. cit.*

n'aurait pas compris. L'inspection a fait son travail : d'un point de vue technique, ils avaient raison de ne pas prôner le renvoi. Mais moi, j'étais un homme politique, j'estimais qu'il y avait faute et des réponses à apporter aux Français [286]. » Près de trois ans plus tard, en avril 2009, le CSM condamnera Fabrice Burgaud à une réprimande, la plus basse des sanctions disciplinaires possibles. Encore, des polémiques naîtront de cette décision : jusqu'au bout, le cas Burgaud aura divisé opinion publique et communauté judiciaire.

En 2007, un cas bien différent se pose au même garde des Sceaux, Pascal Clément. Le juge Renaud Van Ruymbeke, chargé de l'instruction de l'affaire des frégates de Taïwan qui cherche vainement depuis plusieurs années à savoir si des rétrocommissions occultes ont été versées en France, a rencontré – hors procédure – un intermédiaire qui promettait de lui remettre des listings bancaires contenant les noms des bénéficiaires de ces fonds occultes. Les listings, estampillés de la chambre de compensation luxembourgeoise Clearstream, sont remplis de noms de personnalités françaises... Mais ils sont faux. Et seront au centre de la longue instruction menée pour dénonciation calomnieuse par les juges d'Huy et Pons qui renverront en novembre 2008 Dominique de Villepin en correctionnelle.

Dès la révélation de l'« affaire Van Ruymbeke », le 12 mai 2006, le ministre de la Justice demande au président de la cour d'appel de Paris, Renaud Chazal de Mauriac, de recueillir les explications du juge puis retire son nom de la « transparence » qui le destinait à un poste de président de chambre à la cour d'appel de Paris. Dix jours plus tard, l'inspection générale des services est saisie.

Pascal Clément, début février 2007, prend la décision de renvoyer le magistrat devant le CSM. « J'étais en accord

286. *Ibid.*

total avec Jean-Marie Beney, mon second directeur de cabinet, affirme le dernier garde des Sceaux de Jacques Chirac. Il était reproché à monsieur Renaud Van Ruymbeke d'avoir rencontré nuitamment chez M^e^ de Montbrial son client et de s'être fait remettre des informations sans prévenir ensuite la magistrate Dominique de Talancé avec laquelle il était co-saisi (sur le dossier des frégates de Taïwan). Cela posait un problème de loyauté. L'inspection générale des services judiciaires, que nous avions saisie, avait soulevé ces problèmes et retenu trois griefs susceptibles de constituer "un manquement aux devoirs de son état de magistrat et de son devoir de loyauté". À partir de ce constat, le renvoi devant le CSM ne constituait pas un problème mis à part le fait que Renaud Van Ruymbeke ayant une excellente réputation de magistrat et ayant délivré de brillants cours sur le code de procédure pénale, il paraissait incompréhensible à beaucoup de le voir déférer devant le CSM. (...) J'avais ajourné sa promotion le jour de la saisine de l'inspection parce qu'il me semblait impossible de décider en même temps de lancer une enquête pouvant le conduire vers le CSM et de proposer une promotion devant le même CSM. Cela n'avait pas de sens. Il risquait d'en subir les conséquences avec un avis négatif. Cela n'aurait pas été un service à lui rendre[287]. »

---

287. Entretien de l'auteur avec Pascal Clément, *op. cit.* De son côté, après la décision de Pascal Clément de le renvoyer devant le CSM, le juge Renaud Van Ruymbeke réagit. Il estime sur France Info qu'il s'agit d'une « décision politique, dans un dossier où M. Sarkozy m'a publiquement attaqué. Tout cela est orchestré depuis le début. On m'a mis au pilori. » Le magistrat ajoute : « Je suis un magistrat indépendant, j'ai déplu et je continuerai à déplaire, mais je ferai mon métier, je résisterai. » Après ces échanges, le ministre de la Justice, Pascal Clément « conseille » quant à lui à Renaud Van Ruymbeke de « ne pas faire une affaire politique » de son renvoi devant la formation disciplinaire du Conseil supérieur de la magistrature ! « Laisser

Devant l'instance disciplinaire, pourtant, seul un des trois griefs initiaux est maintenu. Le directeur des services judiciaires abandonne les poursuites sur les rencontres hors procédures avec le corbeau présumé. Une « réprimande avec inscription au dossier » est en revanche requise pour sanctionner Renaud Van Ruymbeke de son « manque de loyauté » envers ses collègues magistrats instructeurs. Le dernier rebondissement, en novembre 2007, est la décision du CSM : les sages décident de surseoir à statuer, estimant qu'ils ne peuvent se prononcer sur les sanctions disciplinaires tant que le dossier Clearstream n'est pas clos. Ni puni ni blanchi, le juge d'instruction est condamné à attendre.

## *Une soirée coquine*

Disparues de l'Yonne, Outreau, Clearstream… les dossiers mettant en cause des magistrats arrivent au grand jour quand « laïcs » et classiques sont appelés à mener le procès. Les audiences se tiennent alors dans les locaux de la Cour de cassation. Là, ils siègent selon la fonction du magistrat soupçonné d'avoir fauté. D'un côté, le « procès » des membres du parquet présidé par le procureur général près la Cour de cassation. De l'autre, le procès des membres du siège présidé par le premier président de la Cour de cassation. La principale différence de traitement – et elle est de

---

entendre que les juges puissent ne pas être totalement indépendants du pouvoir politique, c'est un grand mensonge », dit-il sur RTL. « On n'a pas le droit de mettre de la politique partout, c'est trop facile comme défense. » Tandis que le juge s'est toujours heurté au secret-défense sur l'affaire des frégates de Taïwan, le ministre de la Justice réplique par ailleurs que « quand vous êtes dans un domaine très difficile qui est celui de la vente d'armes, ou vous ne vendez pas d'armes et il n'y a pas de secret-défense ou vous vendez des armes et vous êtes obligés de protéger vos acheteurs ».

taille – porte sur la sanction. Pour les magistrats du siège, la punition est décidée par les membres du Conseil supérieur de la magistrature qui ont assisté à son conseil de discipline. Pour les magistrats du parquet, en revanche, le CSM n'a qu'un avis consultatif : à l'issue de la procédure disciplinaire, il propose une sanction : la relaxe, la réprimande, le blâme, la révocation ou encore pour les retraités, le retrait de l'honorariat… Mais la décision finale revient au garde des Sceaux. Lui seul, en bout de course, possède le pouvoir de sanction sur « ses » magistrats, ceux du parquet.

En 2007, comme organe disciplinaire, le Conseil supérieur de la magistrature a suspendu deux magistrats et en a révoqué deux, dont un du parquet. Dans ce dernier cas, la sanction a donc été directement signée par le garde des Sceaux. Il s'agissait d'exclure de la magistrature l'ancien procureur de la République de Bayonne, Pierre Hontang. Fin mai 2004, ce dernier participait en Allemagne à un colloque des procureurs généraux d'Europe sur le thème de l'éthique et de la déontologie. L'une de ses collègues s'était fait voler son sac qu'on avait retrouvé dans les toilettes des hommes du restaurant accueillant le dîner de clôture. Et le soir même, la carte bancaire avait été utilisée à deux reprises pour 354 euros et pour 224 euros au *Bijou*, un bar à la devanture peu équivoque. La gérante du bar avait indiqué que les factures correspondaient à deux prestations sexuelles. Devant ses juges, le magistrat avait reconnu être allé au *Bijou* mais uniquement pour acheter des cigarettes [288].

Si la chancellerie aura cependant l'occasion d'être informée d'affaires bien plus sensibles, celle-ci fut assez… embarrassante.

288. Dépêche Associated Press, 18 septembre 2007. Après sa condamnation par le CSM, l'ancien procureur de Bayonne a déposé un recours devant le conseil d'État.

# Deuxième partie

## Se fondre dans le décor

## CHAPITRE 8

# L'œil du pouvoir

Quand les bourrasques d'un dossier politico-judiciaire aussi gigantesque que l'affaire Clearstream soufflent jusqu'à la chancellerie, c'est le téléphone interministériel qui fait vibrer l'onde de choc jusqu'au bureau du ministre. Au printemps 2007, la presse multiplie les révélations sur la manipulation des fameux listings. Les noms qui figurent dans la procédure suivie par deux juges d'instruction du pôle financier mènent au sommet de l'État. Dominique de Villepin, autour duquel des soupçons commencent à se dessiner, est Premier ministre. Nicolas Sarkozy, premier homme politique à avoir porté plainte, ministre de l'Intérieur. Et Jacques Chirac, dont le nom est cité dans le dossier, à l'Élysée.

Pascal Clément, lui, est garde des Sceaux. À ce poste d'observation incroyable, il devient le témoin de scènes particulièrement saisissantes, qu'il raconte ici pour la première fois : « Je reçois un matin sur le téléphone interministériel un appel de Dominique de Villepin :

— Tu as vu la presse ! Il n'y a plus de secret de l'instruction… Ce n'est pas possible ! Il faut poursuivre !

Il me demandait sans le dire de poursuivre les avocats de Nicolas Sarkozy suspectés d'alimenter la presse. Deux heures plus tard, coup de téléphone de Nicolas Sarkozy :

— Allô Pascal ! Tu as vu ce qu'a fait le Premier ministre ! Tu as compris ce qu'il a fait ! Qu'est-ce que tu attends pour le poursuivre ?

Je raccroche, les bras ballants : je suis cerné ! Le lendemain, au Conseil des ministres, le Président se penche vers moi et me glisse :

— Dis-moi Pascal, comment fais-tu avec ces deux fous ?

Je rétorque :

— Monsieur le Président, si vous saviez comme vous dites vrai…

Cela m'a touché et stabilisé. Cela m'a calmé. Comment je faisais avec ces deux fous ? Je faisais comme je le pouvais ! Je n'avais rien raconté au Président mais il avait tout deviné : j'avais la pression du Premier ministre et du ministre d'État, ministre de l'Intérieur ! Qui dit mieux ? (...) J'ai fini par ordonner moi-même des poursuites contre X pour violation du secret de l'instruction. Cela a sacrément calmé le jeu. Je ne l'ai pas fait parce que Dominique de Villepin me l'avait demandé mais parce que les articles de presse étaient permanents et nourrissaient sans cesse le feuilleton [289]. »

## *Téléphone interministériel*

En temps de crise, la ligne directe est décidément un outil privilégié. Le même téléphone se manifeste, dans le même bureau, au cours de l'année 1992. Bernard Tapie est alors ministre de la Ville du gouvernement de Pierre Bérégovoy. Michel Vauzelle, lui, garde des Sceaux.

Bernard Tapie se trouve à ce moment-là, sur le point d'être convoqué en vue de sa mise en examen dans le cadre

289. Entretien de l'auteur avec Pascal Clément, *op. cit.*

de l'affaire Toshiba[290]. À la chancellerie, Michel Vauzelle entend en direct les réactions de l'homme d'affaires. « J'ai un souvenir très précis, raconte-t-il, celui des coups de fil que me passait monsieur Tapie pour me dire que, selon lui, je ne tenais pas les magistrats. Il me tutoyait. Alors, je le tutoyais aussi. Je lui demandais d'où il appelait. Il me répondait qu'il était sur son yacht. C'était surréaliste. (...) J'avais le téléphone interministériel qui sonnait sans arrêt. Je savais que c'était lui qui m'appelait. Donc j'ai fini par ne plus y répondre[291]. » À cette période, la révélation d'une rencontre secrète entre Bernard Tapie et le directeur des affaires criminelles et des grâces fait aussi scandale[292].

Michel Vauzelle n'était pas à ces instants dans une position facile : à son arrivée, sommeillait depuis deux ans une enquête préliminaire lancée par le parquet de Marseille qui avait permis de découvrir des irrégularités dans les comptes du club de football de Marseille. Le procureur de Marseille avait envoyé un rapport de synthèse à la chancellerie suggérant l'ouverture d'une information judiciaire[293]. Un mois après son arrivée, Michel Vauzelle donnera des instructions pour que soit ouverte une enquête visant neuf clubs de football, dont celui de la cité phocéenne.

Il faut imaginer le cauchemar d'un garde des Sceaux dont les amis politiques sont visés par la justice ! La confrontation entre la vision judiciaire et la vision politique est alors à son paroxysme et à l'origine de grandes tensions, de malentendus tenaces et, parfois, d'épisodes qui pèseront

290. Après sa mise en examen dans l'affaire Toshiba-France., un non-lieu prononcé le 18 novembre 1992, permet à Bernard Tapie de retrouver son portefeuille le 24 décembre 1992.

291. Entretien de l'auteur avec Michel Vauzelle, *op.cit.*

292. Voir le chapitre 4 où il apparaît que Bernard Tapie, en pleine affaire Toshiba, avait reçu le directeur des affaires criminelles et des grâces.

293. *Le Monde*, 19 avril 1992.

longtemps dans la réputation du ministère. Figurent à ce chapitre le très célèbre hélicoptère envoyé par le gouvernement français vers l'Himalaya pour y retrouver un procureur ou encore les réunions de crise incessantes autour de l'affaire Urba.

## *« Conspiration du silence » autour d'Urba*

Pierre Arpaillange est le ministre de la Justice socialiste qui a vu en temps réel éclore l'affaire qui devait empoisonner la gauche durant plusieurs années. Pour lui, le rythme de longues journées est imposé par les épisodes successifs du dossier Urba : « Le 18 avril 1989, je reçois une dépêche du procureur de la République de Marseille qui me fait connaître la nécessité d'ouvrir d'urgence une information dans l'affaire Urba-Technique[294] », commence-t-il. Des policiers marseillais, parmi lesquels Antoine Gaudino, ont en effet découvert une masse de documents dans les locaux de ce bureau d'études proche du Parti socialiste mais, sans l'ouverture d'une information judiciaire, ils ne peuvent les placer sous scellés à moins d'obtenir l'accord des personnes perquisitionnées. Ils ne sont en effet saisis que d'une commission rogatoire portant sur la Sae-Sormae, une entreprise de travaux publics. Deux options sont possibles : l'ouverture d'une information judiciaire ou l'avis favorable des responsables d'Urba… « C'est la première affaire de cette envergure qui se posait à nous, confie Pierre Arpaillange. Nous n'avions étudié cette question que brièvement, lors des discussions (sur la première loi amnistie, le 11 mars 1988). Je mesure immédiatement l'ampleur, les répercussions et l'émotion que vont susciter cette affaire et d'autres encore non révélées… (...) J'avise Matignon de ces

294. Lettre de Pierre Arpaillange à l'auteur, *op. cit.*

différents éléments en faisant connaître notre point de vue. »

Le garde des Sceaux, qui était encore un an auparavant l'un des plus hauts magistrats français, se trouve déjà dans une situation impossible : vouloir maintenir sa loyauté à des amis politiques qui veulent éviter que la justice n'ouvre la boîte de pandore. Pierre Arpaillange est ce même jour, 18 avril, dans le bureau des ministres à l'Assemblée nationale, en marge des questions au gouvernement. Se sont réunis Pierre Bérégovoy, Pierre Joxe, Henri Emmanuelli, Louis Mermaz. « J'ai évidemment exposé la situation et répondu aux questions soulevées, raconte-t-il. Tous, sans exception, furent d'accord pour que soit donnée aux policiers, par l'intermédiaire des responsables, l'autorisation de faire des perquisitions et des saisies. (...) J'ai remarqué, au cours de la réunion à l'Assemblée nationale, le peu d'empressement mis à me faire connaître les faits que tous les politiques connaissaient et dont j'ai su qu'ils étaient pratiqués aussi bien à droite qu'à gauche. Chacun garde pour lui ses informations, se livre peu, ce qui me handicape pour rechercher la solution la plus adéquate. Mais une constatation me frappe : il ne faut surtout pas parler d'amnistie. C'est donc un sentiment bizarre que je retire de cette réunion, véritable conspiration du silence, alors que je suis là pour aider les participants dont je suis tout à fait solidaire sur le plan gouvernemental. (...) Finalement, le gouvernement et les personnes concernées optent pour l'accord donné aux policiers par les responsables d'Urba à Marseille. J'ai appris plus tard que, pour convaincre Gérard Monate, le P.-D.G. d'Urba, Pierre Mauroy et Henri Emmanuelli lui ont fait valoir "que l'amnistie que j'envisageais avec la bénédiction de l'Élysée effacerait tout". Je n'ai, bien sûr, jamais invoqué un aval de l'Élysée. »

Selon Pierre Arpaillange, l'idée d'une seconde amnistie n'est alors pas évoquée. Ce n'est que dans les semaines suivantes que ce projet jaillit, tandis que les batailles continuent autour du fait de savoir s'il faut ou non ouvrir une information judiciaire. Le 22 mai 1989, au cours d'une nouvelle réunion à Matignon autour de Michel Rocard, Pierre Arpaillange se voit vivement contesté, les dirigeants du Parti socialiste ne comprenant pas qu'il puisse « réitérer son souhait d'ouvrir une information sur Urba, quitte à faire voter derrière une amnistie [295] ».

Le malentendu est total : Pierre Arpaillange estime aujourd'hui que son Premier ministre « n'a pas compris le sens de [son] propos ». « Le procureur de Marseille, dit-il, attendait depuis plusieurs mois la réponse que je lui devais – ce qui me préoccupait – et la phrase que me reproche Michel Rocard "de parler d'ouverture d'une information" n'avait pas d'autre but que de lui rappeler, sans long discours, mon obligation de garde des Sceaux. En outre, cette volonté exprimée par M. Rocard montrait qu'il méconnaissait les nécessités de la justice [296]. »

Après ces crises entre la Place Vendôme et Matignon, une seconde loi d'amnistie est finalement promulguée le 15 janvier 1990. Mais alors qu'Henri Nallet a succédé à Pierre Arpaillange en octobre de la même année, l'affaire Urba qu'on croyait terminée va brutalement revenir à la surface.

Il faut se souvenir de la perquisition d'Urba-Marseille : des documents avaient été saisis. Parmi eux, les cahiers Delcroix, du nom d'un directeur administratif du bureau d'études qui avait pris l'habitude de tout noter. Cette pièce à conviction intéresse à nouveau la justice quand, à la suite d'un accident mortel de chantier, le juge d'instruction du Mans Thierry Jean-Pierre entend un témoin affirmant que plusieurs bureaux d'études, notamment la société Urba, perçoivent des commissions auprès d'entreprises

---

295. Pierre Favier, Michel Martin-Roland, *La Décennie Mitterrand : les défis (1988-1991)*, Le Seuil.

296. Lettre de Pierre Arpaillange à l'auteur, *op. cit.*

désireuses d'obtenir des marchés publics, et les reversent au Parti socialiste. Le parquet ouvre alors une information pour extorsion de fonds et corruption.

Henri Nallet raconte à son tour comment il devint un garde des Sceaux confronté aux affaires : « Quand j'arrive, j'ai du mal à reconstituer l'affaire Urba. Je n'ai pas tous les éléments. Je ne sais pas comment les cahiers Delcroix sont revenus dans l'enquête (...) Je m'aperçois que, dans ces cahiers, il y a de quoi mettre en examen la moitié du comité directeur du Parti socialiste. Deux solutions : la première est de dire au procureur de Marseille de rester en enquête préliminaire – mais ça me paraît énorme – ; la deuxième idée qui me vient, avec le soutien de Guy Carcassonne, est que tous ces responsables-là aillent voir leur procureur en disant : “Oui, j'ai financé mes campagnes électorales par des moyens irréguliers, mettez-moi en examen si vous le jugez utile.” Là, on sème un tel bazar que soit ça s'éteint de soi-même, soit ça sera une espèce de catharsis générale. Je trouve que l'idée mérite au moins d'être soumise. (...) Alors, Michel Rocard organise à Matignon une réunion dans le salon de musique, là-bas au fond, avec tous les chefs de courants du PS : Poperen, Fabius, Mermaz, Mauroy, Jospin, Chevènement, Joxe, Laignel... Toute la fine fleur. On est en novembre 1990. J'arrive avec un paquet de feuilles : les photocopies du cahier Delcroix dans lequel il y a les noms de tous les dirigeants socialistes qui ont travaillé avec Urba et qui sont, donc, susceptibles d'être interrogés par la justice. Je distribue la feuille... Alors, là, c'était formidable ! J'avais fait un collage et fait classer les noms par courant. Chacun découvre les membres de sa famille. Autour de la table, ça devient glacial. Le premier qui prend la parole, c'est Mauroy :

— C'est quoi ça ? Qu'est-ce que ça veut dire ?

Rocard fait un court exposé :

— Voilà, c'est très embêtant mais Henri Nallet a une proposition à faire.

Je dis que deux voies sont possibles : dire au procureur de Marseille de classer avec tous les risques politiques que cela peut comporter (...) ou faire une opération de catharsis consistant à évacuer tout cela en disant qu'autrefois, il n'y avait pas de loi et que l'on faisait de cette façon-là. On assume. Dans le salon de musique de Matignon, silence total. Mauroy me regarde :

— Si je comprends bien, tu veux que la totalité du bureau national du parti soit mise en examen ! (...)

La réunion s'achève, je remonte dans le bureau du Premier ministre :

— Il faut donc que je fasse savoir au procureur de Marseille qu'il faut classer ?

— Oui.

Je rentre Place Vendôme. J'ai été tenté de partir. (...) Le lendemain, avec Jean-Pierre Dintilhac[297], nous avons donc fait deux lignes au procureur en lui disant : "Je vous demande de classer l'enquête préliminaire sans suite." Voilà comment débute une série d'emmerdements dramatiques pour le PS qui sont allés jusqu'au procès d'Emmanuelli[298] etc. Mais cela a été une épreuve salutaire : cela nous a permis de nous doter en sept ans de la législation la plus complète sur le financement des partis politiques[299]. »

Entre-temps, en avril 1991, le juge Jean-Pierre ira perquisitionner au siège parisien de la société Urba. Puis, en janvier 1992, Renaud Van Ruymbeke succédant au premier dans l'instruction du dossier, ira perquisitionner le siège du

---

297. Jean-Pierre Dintilhac est le directeur de cabinet d'Henri Nallet au ministère de la Justice.

298. Mis en examen le 14 septembre 1992 en tant que trésorier du PS dans l'affaire Urba, Henri Emmanuelli a été condamné en appel à dix-huit mois de prison avec sursis et à deux ans de privation de ses droits civiques. Le jugement a été confirmé en cassation.

299. Entretien de l'auteur avec Henri Nallet, *op.cit.*

Parti socialiste. Dans le premier cas, Henri Nallet évoquera une « équipée sauvage » tandis que son ministre délégué, Georges Kiejman, parlera de « cambriolage judiciaire [300] ». Dans le second cas, « pas de communiqué, aucune déclaration du garde des Sceaux : la justice travaille [301] », répétera-t-on Place Vendôme.

## *Un hélicoptère inutile*

Jacques Toubon, ministre de la Justice à compter de 1995, doit pour sa part assumer l'épisode le plus sensationnel et le plus catastrophique de la gestion politique des affaires. Il concerne un dossier déjà sensible puisqu'il vise personnellement les époux Tiberi et plus particulièrement Xavière, l'épouse de celui qui a alors succédé à Jacques Chirac à la mairie de Paris.

Le 27 juin 1996, le juge Halphen souhaite perquisitionner le domicile du couple, place du Panthéon. Mais le directeur de la police judiciaire de la préfecture de Paris, Olivier Foll, s'y oppose. Seul le juge d'instruction, accompagné de sa greffière et d'un substitut du procureur, mène donc l'opération au cours de laquelle il saisit un rapport rédigé par Xavière Tiberi pour le compte du conseil général de l'Essonne et rémunéré l'équivalent de 30 000 euros. Le juge Halphen n'étant pas saisi d'une enquête sur ce document, il le transmet à Laurent Davenas, procureur d'Évry, dans l'Essonne. Une simple enquête préliminaire, sous le contrôle du parquet, est lancée. Mais plusieurs mois plus tard, surprise : une information judiciaire, confiée à un juge d'instruction indépendant, est subitement ouverte par le parquet d'Évry dont le chef est alors absent [302]. Le procureur, passionné de montagne, est en effet parti à l'ascension

300. *L'Humanité*, 28 juin 1991.
301. *Le Monde*, 16 janvier 1992.
302. *Le Monde*, 8 novembre 1996.

de l'un des pics de l'Himalaya. L'initiative de confier le dossier de détournement de fonds publics à un juge d'instruction a été prise par un procureur adjoint, Hubert Dujardin.

Immédiatement, l'impérieuse nécessité de joindre Laurent Davenas va remonter tous les étages de l'appareil d'État. Il s'agit de prévenir d'urgence le procureur-alpiniste et de lui demander d'agir. Tous les moyens sont envisagés. Et un hélicoptère est finalement affrété spécialement au Népal afin de tenter de le retrouver. L'appareil, après un décollage depuis Katmandou, a rejoint le camp de base d'où était parti Laurent Davenas mais le magistrat l'a alors déjà quitté pour un parcours plus difficile d'accès [303]. À Évry, l'instruction est donc bel et bien ouverte. Au Népal, l'hélicoptère fait demi-tour. Et à Paris… le scandale s'abat sur la chancellerie.

Jacques Toubon, douze ans après, se souvient naturellement de tous les détails de l'affaire. Selon lui, le ministère de la Justice ne fut pas directement à l'origine des opérations. « En réalité, la chancellerie a été à la remorque de la police, assure Jacques Toubon. Laurent Davenas avait demandé un gel des décisions sur l'affaire de Mme Tiberi, le temps de ses vacances. En son absence, son adjoint Hubert Dujardin a exigé le rapport de la police judiciaire de Versailles. La police judiciaire a, dans un premier temps, refusé puis a cédé de peur que le magistrat alerte la Place Beauvau et Claude Guéant, directeur général de la police nationale auprès de Jean-Louis Debré [304]. La seule façon d'appliquer l'instruction du procureur Laurent Davenas était qu'il la réitère. À partir de cet instant, le ministère de l'Intérieur demande qu'il soit joint. Il fallait donc le localiser. Ce ne fut pas évident. L'idée de le contacter par le biais de l'ambassade de New Delhi était partagée par tous. Celle

303. *Le Monde*, 10 novembre 1996.

304. Jean-Louis Debré est alors ministre de l'Intérieur.

d'affréter un hélicoptère a été suggérée par le ministère de l'Intérieur. Comme je l'ai toujours dit, rien n'a été fait en contradiction avec les règles du code de procédure pénale et de l'organisation judiciaire. La chancellerie n'a pas outrepassé son pouvoir. Ce n'était pas une "intervention". La ligne hiérarchique du parquet a été suivie. (...) Il est certain que l'idée d'affréter l'hélicoptère est venue de l'Intérieur. De qui, précisément, je n'en ai pas le souvenir. Au ministère, ce sont les services de Marc Moinard (le directeur des affaires criminelles et des grâces) qui ont formellement saisi l'ambassade. À aucun moment la ligne jaune n'est franchie. (...) Je n'ai pas eu conscience de troubles de la part des magistrats de l'administration centrale. Cela n'a pas eu de conséquences sur mon travail de garde des Sceaux. En revanche, les retombées médiatiques, politiques puis électorales ont été sévères [305]. »

L'affaire de l'hélicoptère, en effet, fait très longtemps scandale. Mais jamais au cours d'un procès : les poursuites visant Xavière Tiberi dans l'affaire de son rapport sur la francophonie seront annulées pour vice de forme trois ans après les vacances du procureur Davenas.

Élisabeth Guigou, arrivant à la chancellerie après cet épisode, parle du « climat hallucinant de l'époque » et affirme : « Nous nous étions engagés à lutter contre la corruption et la délinquance et à rompre avec le pilotage par la chancellerie des "affaires [306]". »

Pourtant, elle aussi connaît durant son ministère le feuilleton pesant qu'impose la série des dossiers politico-judiciaires. Quand survient l'affaire DSK, Élisabeth Guigou est ministre de la Justice depuis un peu plus de deux ans. Dominique Strauss-Kahn, ministre de l'Économie, des Finances et de l'Industrie du même gouvernement, est mis en cause dans un dossier périphérique au scandale

---

305. Entretien de l'auteur avec Jacques Toubon, *op.cit.*
306. Entretien de l'auteur avec Élisabeth Guigou, *op.cit.*

de la Mutuelle nationale étudiante de France (MNEF). Les juges Armand Riberolles et Françoise Neher disposent du témoignage d'un ancien directeur de cabinet de la Mutuelle. La lettre d'engagement de Dominique Strauss-Kahn, comme avocat de la MNEF de 1994 à 1997, aurait été antidatée. Cet élément « tombera » lors du procès mais à l'automne 1999, il pèse de tout son poids. Le ministère public décide de l'ouverture d'une information judiciaire. Et en novembre 1999, DSK doit démissionner suivant la « jurisprudence Bérégovoy-Balladur », qui a alors déjà provoqué le départ, pour cause de mise en examen, de plusieurs ministres notamment Bernard Tapie, Alain Carignon, Gérard Longuet et Michel Roussin [307]...

## *L'affaire DSK suivie en direct*

Quand DSK quitte le ministère des Finances pour se consacrer à sa défense, plusieurs observateurs de la vie politique ne manquent pas de s'étonner : quel rôle a joué la chancellerie ? Quels échanges se sont réellement déroulés avec le cabinet qui « avait demandé à être informé en temps et en heure [308] » ? Élisabeth Guigou, aujourd'hui, affirme avoir appliqué à la lettre les principes que son gouvernement s'était fixés. « Sur les affaires touchant nos amis politiques, nous ne sommes jamais intervenus, ni dans un sens ni dans l'autre, précise-t-elle. DSK, sous l'influence de certains de ses avocats, a longtemps pensé le contraire. Mais nous en avons parlé plusieurs fois, et je crois l'avoir convaincu, qu'en accord avec le Premier ministre, nous n'avions jamais dérogé à cette ligne. J'ai le souvenir qu'en

---

307. « Pourquoi Jospin pourrait sacrifier DSK », article de Christophe Barbier et Gilles Gaetner, *L'Express*, le 4 novembre 1999.

308. Éric Decouty, *Un fiasco français*, Denoël.

marge d'une réunion de ministres, je l'avais alerté sur la nécessité de répondre point par point aux accusations dont il était l'objet et qui étaient abondamment commentées par la presse, souvent d'ailleurs avec des amalgames inadmissibles car rien n'était avéré dans ces mises en cause. J'ai défendu publiquement Dominique Strauss-Kahn en mettant en avant la présomption d'innocence sur TF1 face à Patrick Poivre d'Arvor. J'ai dit : "Il est innocent. – Comment le savez-vous ? – Mais la présomption d'innocence ! Jusqu'à ce que son affaire soit jugée, il est innocent !" Et d'ailleurs il a été totalement blanchi [309]. »

Dominique Strauss-Kahn est effectivement relaxé par le tribunal correctionnel de Paris en novembre 2001 au terme d'un procès marqué par la faiblesse des charges reprochées au ministre démissionnaire [310]. Dans son jugement, la 11e chambre du tribunal correctionnel, spécialisée dans les affaires financières, souligne même qu'il « aurait été préférable, avant que d'engager le débat judiciaire public, de s'interroger sur les limites de l'application de la règle de droit [311] ». Clairement, selon le tribunal, l'affaire n'aurait pas dû faire l'objet d'un réquisitoire supplétif par le ministère public…

Marylise Lebranchu, elle, était dans le bureau de Dominique Strauss-Kahn à Bercy le jour de sa démission. Elle était alors sa secrétaire d'État aux petites et moyennes entreprises. Quand le procès et le jugement surviennent, elle est devenue garde des Sceaux. Elle se souvient qu'au ministère, l'effondrement de l'accusation visant DSK était attendu : « Assez tôt, nous nous sommes dit que cela ne

309. Entretien de l'auteur avec Élisabeth Guigou, *op.cit.*

310. « Les leçons de l'affaire », article d'Éric Decouty et Stéphane Durand-Souffland, *Le Figaro*, le 7 novembre 2001.

311. « Le cas Strauss-Kahn divise les juges », Christophe Dubois, *Le Parisien*, le 8 novembre 2001.

tiendrait pas », confie-t-elle. Mais elle assure qu'elle ne parlait pas de l'affaire « à Dominique[312] ».

Confronté lui aussi aux affaires impliquant sa famille, Pierre Méhaignerie plaide en pareille circonstance pour une mise à distance totale des amis politiques. Lui, a jugé le climat des dossiers politico-judiciaires « très dur ». « Je trouvais que la mise sur la place publique était éprouvante par rapport à la qualité des hommes dont les noms étaient divulgués, glisse le ministre centriste. Ma position a toujours été de ne pas intervenir, c'est-à-dire de respecter la totale indépendance de la justice. (...) Dans les affaires des partis politiques, j'ai essayé d'expliquer à chacun qu'intervenir n'était pas la solution. Il m'était impossible de faire quoi que ce soit… L'issue à trouver à cette situation est la distanciation totale, sinon on succombe[313]. »

## *L'affaire Juppé secoue la République*

Autre temps, autre affaire mais problématique semblable atteignant cette fois le sommet de l'État : Dominique Perben ne cache pas que la condamnation frappant Alain Juppé dans le dossier des emplois fictifs du RPR a bien failli lui coûter son poste à la chancellerie. « L'affaire Juppé a été très difficile pour moi[314] », annonce-t-il d'emblée en référence aux instants où son ancien camarade de promotion à l'Ena[315], ancien Premier ministre et président de l'UMP en exercice, est renvoyé devant le tribunal correctionnel de Nanterre pour prise illégale d'intérêts. « Chacun sait que j'ai beaucoup d'amitié pour Alain. Mais il ne

312. Secrétaire d'État aux Petites et Moyennes Entreprises, au Commerce et à l'Artisanat.

313. Entretien de l'auteur avec Pierre Méhaignerie, *op.cit.*

314. Entretien de l'auteur avec Dominique Perben, *op.cit.*

315. ENA, promotion Charles-de-Gaulle, en 1970.

m'appartient pas de rendre la justice[316] », observe-t-il sobrement. Seuls Alain Juppé et son avocat, Francis Szpiner, doivent donc affronter le procès.

La tempête qui s'abat sur la Place Vendôme est provoquée par le jugement du tribunal de Nanterre, le 30 janvier 2004 : Alain Juppé écope de dix-huit mois de prison avec sursis pour prise illégale d'intérêts. S'y ajoutent dix années d'inéligibilité, une conséquence automatique de l'inscription au casier judiciaire de la condamnation de l'élu. Dans son jugement écrit, au ton particulièrement sévère, le tribunal estime que « la nature des faits commis est insupportable au corps social comme contraire à la volonté générale exprimée par la loi. (...) Agissant ainsi, Alain Juppé a, alors qu'il était investi d'un mandat électif public, trompé la confiance du peuple souverain[317] ».

Dominique Perben, alors à la chancellerie, partage la stupeur exprimée par son camp. « Le jugement de première instance est très sévère, grimace-t-il, avec des attendus qui sont très injustes pour un homme de la qualité d'Alain Juppé. Donc, sans être bien évidemment responsable de la décision du tribunal, je suis très mal à l'aise. Comme je suis le ministre de la Justice, j'ai le sentiment de participer à ce qui est pour lui une grande injustice[318]. »

En coulisse, le garde des Sceaux est d'ailleurs ouvertement mis en cause pour n'avoir pas su prévenir de la violence du séisme. En matière de météo judiciaire, il est décidément impossible d'établir des prévisions. Dominique Perben l'assume aujourd'hui : « Je ne pensais pas que le jugement aboutirait à cela. Je n'avais sans doute pas alerté suffisamment l'Élysée. Je m'étais inquiété de sa défense mais cela en était resté là. Après le jugement, Jacques Chirac n'est pas content. L'Élysée est furieux. Il est vrai

316. Entretien de l'auteur avec Dominique Perben, *op.cit.*
317. Dépêche AFP, 30 janvier 2004.
318. Entretien de l'auteur avec Dominique Perben, *op.cit.*

que je me sens fragilisé comme ministre de la Justice. Je reprends à mon compte la remarque de Simone Veil : "On ne peut pas être garde des Sceaux si l'on n'a pas la confiance personnelle du président de la République [319] " »

Secoué, Dominique Perben reste finalement une année et demie supplémentaire au ministère. Alain Juppé, lui, est rejugé devant la cour d'appel de Versailles qui réduit sa condamnation à quatorze mois de prison avec sursis et un an d'inéligibilité. Dans un arrêt à la tonalité bien différente du premier, la cour estime qu'il « est regrettable qu'au moment où le législateur prenait conscience de la nécessité de mettre fin à des pratiques délictueuses qui existaient à l'occasion du financement des partis politiques, M. Juppé n'ait pas appliqué à son propre parti les règles qu'il avait votées au Parlement. (...) Toutefois, M. Juppé s'est consacré pendant de nombreuses années au service de l'État, n'a tiré aucun enrichissement personnel de ces infractions commises au bénéfice de l'ensemble des membres de son parti, dont il ne doit pas être le bouc émissaire [320] ».

## *Le ministre des paradoxes*

Décidément, le siège de garde des Sceaux est celui des contradictions. Sur quel pied faut-il y danser ? La justice ou la politique ? Doit-on jouer le tempo habituel d'une procédure en cours ou doit-on y imposer des changements de rythmes pour répondre à la raison d'État du moment ? La valse a de quoi donner le tournis. Pierre Arpaillange, le seul haut magistrat devenu ministre, n'en fait pas mystère. Et il nourrit sa démonstration de confidences inédites sur deux affaires hautement sensibles : la crise de la grotte

319. Entretien de l'auteur avec Dominique Perben, *op. cit.*
320. Dépêche AFP, 1er décembre 2004.

d'Ouvéa, en Nouvelle-Calédonie, et les polémiques autour du cas de René Bousquet.

« Le ministre de la Justice n'est pas, je le crois, un ministre comme les autres, commence Pierre Arpaillange. Son rôle est certes politique mais il doit à l'institution qui lui est confiée une fidélité particulière. Cela le conduit parfois à devoir prendre des positions dissidentes au sein du gouvernement dont il est solidaire. Je donnerais pour exemples quelques affaires dont j'ai eu à connaître et qui peuvent être riches d'enseignements à une époque où le débat sur la procédure pénale et le statut du parquet est à nouveau ouvert. Il s'agit tout d'abord de l'affaire d'Ouvéa. On se souvient qu'à la suite de l'acquittement scandaleux par la cour d'assises de Nouméa des responsables de l'embuscade de Hienghène, qui avait provoqué la mort de dix Kanaks, le gouvernement a perdu le contrôle de la situation en Nouvelle-Calédonie. Le 22 avril 1988, de tragiques événements se sont produits à Ouvéa quand des Kanaks ont attaqué un poste de gendarmerie [321]. Quand le gouvernement Chirac a décidé de lancer une opération militaire pour mettre fin aux troubles, le 5 mai 1988, tous les otages ont été libérés mais 19 indépendantistes et 2 militaires ont été tués. Le 30 mai, le ministre de la Défense [322] a reconnu que des actes contraires à l'honneur militaire avaient été commis. Le 30 mai au soir, en tant que ministre de la Justice, j'ai été alerté par le procureur général de Nouméa qui demandait des instructions immédiates sur la

---

321. Lors de cette explosion de violence, quatre gendarmes sont tués et vingt-trois autres sont pris en otage dans une grotte sur l'île d'Ouvéa.

322. Le ministre de la Défense est alors Jean-Pierre Chevènement. Il vient d'être nommé à ce poste après la réélection de François Mitterrand en mai 1988 qui a mis fin à la cohabitation. Pierre Arpaillange, à cette période, vient quant à lui d'être nommé ministre de la Justice.

conduite à tenir à l'encontre des responsables militaires. Le premier ministre voulait que la qualification judiciaire soit celle de blessures involontaires. Mais une balle en plein front sur un homme qui s'est rendu et est désarmé ne peut être pour moi un homicide involontaire ! Le ministre de la Défense insistait en ce sens, me faisant valoir les réactions qui ne manqueraient pas de se produire dans les milieux de l'armée. Je comprenais parfaitement ces difficultés. Mais je ne pouvais pas céder (...) Une information judiciaire a été ouverte, notamment pour meurtres. Finalement, dans le règlement pacifique de la crise, une amnistie est intervenue [323]. »

Pierre Arpaillange nous fait une autre révélation. Celle-ci concerne l'affaire René Bousquet, l'ancien secrétaire général de la Police en Vichy, mis en cause en 1989 pour crimes contre l'humanité. Jusqu'au milieu des années quatre-vingt, René Bousquet avait encore des contacts réguliers avec François Mitterrand. Cette relation ancienne entre le président de la République et l'homme de Vichy ne fera scandale que quelques années plus tard [324]. Mais en 1989, le dilemme posé au garde des Sceaux de François Mitterrand est d'une autre nature. Il s'agit de savoir si René Bousquet doit être jugé. L'ancien secrétaire général de la police de Vichy avait en effet bénéficié d'un acquittement de la haute cour de justice en 1949.

« Cette poursuite posait une question juridique difficile », affirme Pierre Arpaillange qui souligne que « le procureur général de Paris était pour la compétence de la

323. Lettre de Pierre Arpaillange à l'auteur.

324. C'est le livre de Pierre Péan *Une jeunesse française* paru chez Fayard qui, en 1994, révèle les relations Bousquet-Mitterrand. La même année, interrogé par Jean-Pierre Elkabbach, François Mitterrand souligne qu'il l'a connu dans les années cinquante et l'a régulièrement rencontré jusqu'au début de 1986. François Mitterrand assure que si René Bousquet n'avait pas été assassiné en 1993, il ne serait pas intervenu alors

haute cour de Justice de Libération. Mais celle-ci n'existait plus (...) J'ai dû trancher et je l'ai fait en faveur de la cour d'assises ce qui permettait de commencer à instruire sans tarder et ouvrait réellement la perspective d'un procès qui serait probablement intervenu si Bousquet n'avait pas été assassiné. Certes, je savais lorsque j'ai pris cette décision que je passais outre à l'avis du président de la République – dont il m'avait fait part, comme à d'autres. Je ne pouvais pas prendre une position différente tant sur le plan juridique que par conviction personnelle. Je dois dire que j'ai eu hâte, après le premier conseil des ministres qui a suivi, d'en informer loyalement, les yeux dans les yeux, le président de la République. Je lui ai dit, et c'était exact, que je m'étais comporté comme son *gérant d'affaires*. Il ne m'a manifesté aucune marque de désapprobation, sans que je puisse penser que son silence valait, pour moi, approbation. Mais telle était ma conception du rôle de ministre d'un gouvernement : je ne pouvais agir ni contre la loi ni contre ma conscience[325]. »

## *Les instructions venues d'en haut*

Avec des histoires pareilles, les ministres de la Justice n'en ont pas terminé du débat sur les relations entre le pouvoir politique et les nécessités de la Justice. Et quid des relations entre le parquet et la chancellerie ? Le garde des Sceaux peut-il imposer des instructions individuelles sur des dossiers en cours ? Doit-il se limiter à la conduite de l'action publique et donc à des instructions générales portant sur la politique pénale ? Avant Urba et avant l'hélicoptère, la question semblait aller de soi : le ministre,

---

qu'il savait que l'ancien secrétaire général de la police de Vichy allait être rejugé.

325. Lettre de Pierre Arpaillange à l'auteur, *op. cit.*

sans officiellement intervenir dans les affaires particulières, donne une ligne de conduite générale et l'assume. « Mon premier acte, comme garde des Sceaux, a été de donner aux procureurs des instructions de fermeté [326] », écrit par exemple Albin Chalandon, garde des Sceaux, au moment du retour de la droite au gouvernement en 1986.

Sept ans plus tard, les scandales ont changé la donne, exclusivement en ce qui concerne les affaires individuelles. Pierre Méhaignerie est le premier à fixer un cadre d'action : sa loi du 4 janvier 1993 oblige désormais les ministres de la Justice à prononcer leurs instructions par écrit. Au mois de juillet suivant, un autre volet de la loi précise même que ces instructions doivent être « versées au dossier [327] ».

Avant son arrivée à la chancellerie, Jacques Toubon est favorable à une option plus radicale : l'indépendance des magistrats du parquet. Une indépendance statutaire, à l'image de celle des magistrats du siège. Cette réforme ne sera jamais menée. Jacques Toubon affirme qu'il était bien seul, au gouvernement, à défendre cette thèse. Confession d'un renoncement politique. « J'avais plusieurs fois fait savoir ma préférence, rappelle-t-il. Je pensais qu'il fallait couper le cordon. J'étais sensible aux thèses de Mireille Delmas-Marty [328] et de Michèle-Laure Rassat [329]. J'étais

---

326. *Mon action pour la Justice*, Albin Chalandon, document édité par le ministère de la Justice en mai 1988.

327. « Pierre Méhaignerie veut affirmer l'autorité du garde des Sceaux sur la politique pénale », *Le Monde*, 19 octobre 1993.

328. Mireille Delmas-Marty est professeur de droit, professeur au Collège de France, sollicitée par le ministère de la Justice pour des commissions dans la perspective de réformes pénales. Considéré comme un document de référence encore aujourd'hui, le rapport de la commission Delmas-Marty, remis en 1990 à Pierre Arpaillange, recommandait notamment la suppression du juge d'instruction sous sa forme actuelle.

329. Michèle-Laure Rassat est professeur émérite des facultés de droit, sollicitée par le ministère de la Justice pour des com-

dans cette ligne de pensée. Jacques Chirac[330] et Alain Juppé[331] ne l'étaient pas. Ce n'était pas leur choix. Et ce n'est pas le garde des Sceaux qui fabrique la réforme[332]. » L'affaire de l'hélicoptère, juste après, n'arrangera rien, devenant la pire des caricatures sur les relations hautement sensibles entre les procureurs et une chancellerie devenue alors le bras armé d'un camp politique. Après l'hélicoptère, rien ne sera plus jamais comme avant.

Le retour de la gauche aux affaires, en 1997, instaure une parenthèse marquante. Lionel Jospin, dès son arrivée à Matignon, fixe une ligne de conduite qui sera suivie par Élisabeth Guigou et Marylise Lebranchu. « J'annonce solennellement que, dès aujourd'hui, plus aucune instruction concernant des affaires individuelles de nature à dévier le cours de la justice ne sera donnée par le garde des Sceaux[333] », lance alors le nouveau Premier ministre. Élisabeth Guigou confirme : « Je ne délivrais aucune instruction dans les dossiers individuels quels qu'ils soient. Mais je conduisais une politique pénale avec des instructions générales et publiques à tous les procureurs généraux. Par exemple, une de mes premières circulaires a concerné la lutte contre le racisme. Chacun a dû reconnaître qu'il n'y a eu aucune exception à cet engagement du respect de la responsabilité et de l'indépendance des magistrats[334]. » De fait, durant cette période, le soupçon porte davantage

---

missions et des rapports dans la perspective de réformes pénales. Son rapport, en 1997, porte sur la présomption d'innocence, le respect du secret de l'instruction et les règles de la détention provisoire.

330. Jacques Chirac est alors président de la République.

331. Alain Juppé est alors Premier ministre.

332. Entretien de l'auteur avec Jacques Toubon, *op.cit.*

333. Déclaration de politique générale du premier ministre Lionel Jospin, Assemblée nationale, le 19 juin 1997.

334. Entretien de l'auteur avec Élisabeth Guigou, *op.cit.*

sur le choix des hommes nommés aux postes sensibles que sur les instructions écrites, devenues inexistantes.

Dominique Perben use d'une pratique politique différente mais la prudence face aux dossiers sensibles est toujours la règle. « Disons-le d'emblée : je n'interviendrai jamais dans le déroulement d'une affaire politico-financière[335] », annonce-t-il quelques semaines après sa nomination. Mais il revendique, pour le garde des Sceaux qu'il est, la possibilité de prononcer des instructions dans des dossiers particuliers : « S'agissant de mon rôle en tant que ministre, j'applique la Constitution. Le débat est ouvert. C'est vrai que mes prédécesseurs avaient fait le choix de s'abstenir d'exercer des attributions qui sont confiées au ministre de la Justice. Pour ma part, je les exerce. J'ai pu observer que, lorsqu'ils sont confrontés à la montée de l'antisémitisme, aux incendies de forêts dans le Midi, les Français se tournent vers le responsable politique que je suis et me demandent des comptes. Ils veulent savoir ce que je fais, ce que j'ai dit au procureur de la République. Ils veulent connaître les instructions que j'ai données au parquet. Voilà la réalité ! Oui, je le dis clairement, je donne des instructions, et je ne les garde pas confidentielles. S'agissant de la lutte contre l'antisémitisme, j'ai publié la circulaire que j'ai envoyée le 18 novembre à tous les procureurs de la République. C'est cela, le système républicain. (...) Ce sont des instructions individuelles[336] ! » Sous son ministère, Dominique Perben ordonne ainsi directement des ouvertures d'informations judiciaires après des violations du secret de l'enquête dans l'affaire Alègre à Toulouse, après les soupçons de manipulations des juges du tribunal correctionnel de Nanterre chargés de juger Alain Juppé ou encore après le naufrage du pétrolier *Le Prestige* qui provoque une pollution sur les côtes françaises. Pascal Clément affiche la même façon d'agir.

335. Interview au *Figaro*, 11 mai 2002.
336. Séance au Sénat, 8 décembre 2003.

Sans même qu'il soit besoin de dossiers explosifs pour embraser l'atmosphère, les relations entre la chancellerie et les magistrats du parquet sont l'occasion de très vives passes d'armes quand Rachida Dati prend les commandes du ministère. Comme ses prédécesseurs de droite, la première garde des Sceaux de Nicolas Sarkozy rappelle d'abord sa position de principe : « La justice est indépendante. Je ne donnerai pas d'instructions individuelles de nature à dévier le cours de la justice [337]. » Mais elle précise, trois mois plus tard, sa position par une petite phrase qui fera longtemps parler d'elle : « La justice est indépendante dans son acte de juger mais j'ai une autorité dans l'application de la loi et de la politique pénale. Je suis chef du parquet, ça veut dire quoi ? Je suis chef des procureurs, ils sont là pour appliquer la loi et une politique pénale [338]. »

Chef des procureurs… Si le principe est à grands traits acquis dans la Constitution, la méthode provoque la polémique. Encore une fois, la controverse ne découle pas de dossiers sensibles mais de dossiers de droit commun où la politique pénale voulue Nicolas Sarkozy est censée s'appliquer. La nouvelle garde des Sceaux veille au grain. Elle exige des parquets et des parquets généraux une surveillance de tous les instants.

L'épisode le plus marquant survient en août 2007 autour de la loi des peines plancher. Un procureur aurait-il refusé de requérir l'application de nouveau texte et osé préciser que « ce n'est pas parce qu'un texte sort qu'il doit être appliqué sans discernement [339] » ? Sitôt ses propos retranscrits par la

---

337. *Le Monde*, 1er juin 2007.

338. *Dimanche* +, Canal+, 3 septembre 2007.

339. Selon des propos alors rapportés, le vice-procureur Philippe Nativel aurait affirmé à l'audience que « les magistrats ne sont pas les instruments du pouvoir. Ce n'est pas parce qu'un texte sort qu'il doit être appliqué sans discernement ». Selon la chancellerie, le magistrat a démenti avoir prononcé ces phrases

presse, le magistrat, vice-procureur de Nancy, est appelé à la chancellerie pour s'expliquer. Sa convocation provoque une vague d'émotion et d'indignation. Après d'autres incidents, les deux principaux syndicats de magistrats en appellent, en octobre 2008, au CSM. Selon eux, « au travers de ce qui nous apparaît comme une "caporalisation" du ministère public, c'est l'indépendance de l'autorité judiciaire qui nous semble fragilisée par les pressions hiérarchiques constantes que fait peser le gouvernement, au travers des parquets, sur la magistrature tout entière. Dès que l'occasion se présente, la garde des Sceaux désigne des prétendus responsables pour servir au mieux sa communication personnelle. Cette stratégie déstabilise l'institution judiciaire en créant sciemment une incompréhension grandissante des citoyens à l'égard de leur justice [340] ».

Inutile de dire que la priorité de Michèle Alliot-Marie à son arrivée sera de désamorcer cette atmosphère de crise et de jouer sur le terrain de la réconciliation. Quand en juillet 2009, on lui demande si elle se considère comme la chef des procureurs, elle rétorque : « Je ne suis la chef de personne. Des principes hiérarchiques existent. Ils sont mis en œuvre. Cela ne veut pas dire que je n'ai pas mon mot à dire. J'ai la réputation de dire les choses et de remplir totalement mes fonctions [341]... »

Hors de question, par exemple, de renoncer aux instructions individuelles. Elles étaient déjà écrites et versées au dossier. « J'ai dès mon arrivée souhaité qu'elles soient également motivées, ajoute Michèle Alliot-Marie. J'ai mis en œuvre ce nouveau principe dès l'affaire Fofana [342]. L'utilité

---

lors du procès et affirmé que les propos avaient été mal retranscrits par la presse.

340. Lettre des syndicats USM et SM au Conseil supérieur de la magistrature, octobre 2008.

341. Entretien de l'auteur avec Michèle Alliot-Marie, *op. cit.*

342. Michèle Alliot-Marie est ministre de la Justice depuis trois semaines quand la cour d'assises des mineurs de Paris

des instructions individuelles est incontestable. À mon arrivée, par exemple, j'ai également donné l'instruction de rassembler au tribunal de grande instance de Bobigny tous les dossiers concernant les victimes de l'accident d'avion aux Comores. C'était indispensable à un traitement équivalent des familles [343]. »

## *Des affaires qui empoisonnent l'existence des procureurs*

Après les affaires, voilà donc les dossiers d'action publique au centre de la polémique sur les liens parquet-chancellerie. L'incident est l'illustration de la difficulté

---

condamne, le 11 juillet 2009, les auteurs présumés de l'enlèvement et du meurtre d'Ilan Hallimi. Youssouf Fofana, désigné comme le chef du « gang des barbares », écope d'une peine de réclusion criminelle à perpétuité assortie d'une période de sûreté de vingt-deux ans. Mais les peines infligées aux complices sont jugées insuffisantes par les parties civiles. Le lundi 13 juillet, la ministre de la Justice donne instruction au parquet général de Paris de faire appel du verdict. Cette initiative de la chancellerie provoque une forte polémique, les avocats de la défense estimant que le second procès sera convoqué « sur ordre politique ». Michèle Alliot-Marie explique à l'auteur avoir été convaincue par la nécessité de faire appel quand son directeur de cabinet lui a expliqué que plusieurs des accusés, compte tenu des peines prononcées, sortiraient de prison quelques mois après le verdict. Cela aurait été, selon elle, « un signal d'encouragement donné à ceux qui banalisent la violence dans les cités et un risque que les victimes estimant les tribunaux trop tolérants ne se fassent justice elles-mêmes ». Elle affirme avoir pris la décision seule et sans que le conseiller du président de la République, Patrick Ouart, ne lui ait ordonné quoi que ce soit. « Je ne l'ai eu ni avant, ni pendant, ni après », nous dit-elle.

343. Entretien de l'auteur avec Michèle Alliot-Marie, *op. cit.*

chronique de ce ministère : que les instructions soient écrites, orales, versées ou non au dossier ou même motivées, l'existence du lien entre le ministère et les parquets provoque à lui seul le soupçon. Les interrogations resurgissent immanquablement à chaque nouvelle affaire. À chaque fois, procureurs, voire juges sont accusés d'avoir plié face à l'exécutif. Si les hommes politiques mis en cause démentent régulièrement, les magistrats, eux, ne réagissent pour ainsi dire jamais. Trop dangereux.

Pourtant, il arrive que les rentrées solennelles soient l'occasion d'allusions aux affaires en cours. Pour Renaud Chazal de Mauriac, premier président de la cour d'appel de Paris jusqu'en 2007, le diagnostic est clairement celui d'une pollution de la justice par les dossiers politico-financiers. « Quelques dizaines d'affaires empoisonnent chaque année la vie judiciaire car elles ne peuvent être traitées dans des conditions psychologiquement satisfaisantes lorsque la carrière des magistrats décideurs est largement conditionnée par des choix du pouvoir exécutif, déplore ce haut magistrat. On a créé la confusion en voulant que les juridictions soient dirigées par une dyarchie composée d'un procureur général, nommé en Conseil des ministres comme un préfet, et d'un premier président désigné par le Conseil supérieur de la magistrature. Cette solution n'est retenue nulle part en Europe. Je considère qu'elle présente un danger pour le fonctionnement de l'institution judiciaire [344]. »

À croire qu'un souffle d'indépendance se fait alors sentir dans le Palais de justice de Paris, une intervention du premier magistrat du parquet de France suit, quelques jours plus tard. Le procureur général de la Cour de cassation, Jean-Louis Nadal, va même plus loin, réclamant à son tour

344. « Chazal de Mauriac : une réforme en profondeur de la Justice est indispensable », interview de Renaud Chazal de Mauriac par Éric Decouty et Anne-Charlotte de Langhe, *Le Figaro*, 5 janvier 2007.

une coupure du cordon entre le ministère et les magistrats du parquet : « N'est-il pas regrettable que le ministère public français – à la française, serais-je tenté de dire – soit l'objet de suspicions pour des raisons bien connues ? (...) Il reste bien évidemment au gouvernement de fixer des priorités, d'harmoniser les pratiques et de permettre l'égale application de la loi dans tous les ressorts. Le garde des Sceaux y procède par le truchement des instructions générales de politique pénale dont l'application est ensuite adaptée aux réalités locales. Mais il convient, dans l'application de ces directives générales aux situations particulières, de donner au ministère public les moyens de son indépendance quant aux procédures qu'il traite, de le mettre à l'abri de la suspicion politique. Il importe donc de forger une autorité forte du ministère public, en modifiant son statut. Les différences que nous connaissons avec le siège dans les conditions de nomination ne se justifient plus [345]. »

Pour retrouver leurs vertus d'indépendance, ces plus hauts magistrats voudraient en somme prendre leurs distances avec le ministre, son cabinet et même avec « leur » Direction des affaires criminelles et des grâces…

---

345. Audience solennelle de rentrée de la Cour de cassation, discours de Jean-Louis Nadal, procureur général près la Cour de cassation, Paris, le 8 janvier 2007.

## CHAPITRE 9

# Dossiers signalés

Elle est l'une des directions les plus sensibles et les mieux informées de l'État. « La criminelle », comme on la désigne parfois, voit à la fois passer les lois et les affaires. C'est elle qui élabore les projets de réformes pénales. Elle qui, comme son nom l'indique, est chargée de l'instruction des recours en grâce sur lesquels le président de la République se prononce ensuite. Mais surtout, c'est elle qui, sous l'autorité du garde des Sceaux, « définit les politiques pénales, anime et coordonne l'exercice de l'action publique [346] ».

Ce volet-là est le plus spectaculaire des activités de la Direction des affaires criminelles et des grâces. Chargée d'« animer » l'action publique, la Direction est en relation permanente avec les trente-trois procureurs généraux et les cent quatre-vingt-un procureurs de France. Les échanges sont denses. Ils vont dans les deux sens. Et… ils atterrissent à un moment ou à un autre dans le bureau du ministre.

Henri Nallet en fut surpris : « On m'apporte tous les matins des paquets de notes de la Direction des affaires criminelles et des grâces. Je regarde tout cela et je dis : "Que voulez-vous que j'en fasse ?" Le directeur me fait

346. Présentation de la DACG, site Internet du ministère de la Justice, novembre 2008.

cette réponse : “Qu’au moins si la presse vous interroge, vous soyez au courant, que vous puissiez répondre[347] !”»

Michel Vauzelle affirme qu’il a fini, lui, par les refuser : « Je ne m’informais pas et ne me faisais pas communiquer tous les dossiers pour voir avec quelque joie mauvaise les histoires des uns ou des autres[348]. »

## *L’information en continu*

Les notes sur les affaires en cours coulent les unes après les autres dans le flot quotidien de celles qui sont transmises à un garde des Sceaux. « L’information arrive en permanence, confirme Pierre Méhaignerie. La porte s’ouvre avec un directeur qui porte un papier et vous annonce un problème quelque part à gérer immédiatement, à la fois en terme de communication et de position sur le fond. On interrompt tout. On va dans le bureau du directeur de cabinet. On appelle les spécialistes concernés. Et on doit opérer vite. Chaque fois que le directeur de cabinet ouvrait sa porte, je me disais : Aïe, qu’est-ce qui va me tomber sur la tête[349] ? »

Les télécopies hier, les courriers électroniques aujourd’hui : la transmission des synthèses et des rapports est assumée. Pas un mot en revanche, évidemment, du téléphone, privilégié pour les affaires en cours. Il est rapide, convivial, explicite et surtout ne laisse aucune trace écrite.

Élisabeth Guigou avait exigé des remontées d’informations rigoureuses : « Bien sûr, je souhaitais être informée pour définir ma politique pénale, en vérifier l’application – lutte contre la drogue, la criminalité, le terrorisme, la

347. Entretien de l’auteur avec Henri Nallet, *op. cit.*
348. Entretien de l’auteur avec Michel Vauzelle, *op. cit*
349. Entretien de l’auteur avec Pierre Méhaignerie, *op. cit.*

délinquance financière – et pour informer le Parlement. Je recevais des notes écrites de la Direction des affaires criminelles et des grâces, transmises par la voie hiérarchique [350]. »

Dans le détail, énumère Marylise Lebranchu, « on reçoit des synthèses quand les affaires peuvent générer un trouble à l'ordre public. C'est le cas des faits criminels importants, des affaires très médiatisées ou encore des affaires où des personnalités sont citées à un titre ou à un autre... Le tri s'opère en réalité en façon du traitement médiatique qui sera donné à ces dossiers. Il peut aussi s'agir d'affaires de terrorisme basque, corse, etc. Notre rôle peut être de dire à un procureur qu'il faut faire une conférence de presse pour amener une communication plus sereine et éviter que l'on dise tout et n'importe quoi. Dans les entretiens de Vendôme [351], on écrira d'ailleurs qu'il faudrait un référent presse dans chaque parquet pour tenir ce rôle [352] ».

Le garde des Sceaux est au sommet d'une pyramide que Pascal Clément détaille étage par étage : « La chaîne va des procureurs aux procureurs généraux, des procureurs généraux à la direction des affaires criminelles, de la direction des affaires criminelles à mon directeur de cabinet puis du directeur de cabinet à moi-même qui peut informer le Premier ministre. On reçoit l'information en flux direct. Au quotidien, c'est un dialogue technique permanent entre Direction des affaires criminelles et procureurs généraux. Seules les affaires ultra-sensibles échappent à cette règle. Le but du garde des Sceaux n'est pas le contrôle des

---

350. Entretien de l'auteur avec Élisabeth Guigou, *op. cit.*

351. Les entretiens de Vendôme sont organisés en 2001 par Marylise Lebranchu afin de « permettre de s''interroger sur la redéfinition des missions et des méthodes de travail des juridictions ainsi que sur leur meilleure adéquation aux besoins des citoyens ».

352. Entretien de l'auteur avec Marylise Lebranchu, *op.cit.*

affaires délicates mais de faire remonter l'information. J'ai été frappé de voir dans les synthèses qui me remontaient peu de politiques, quelques responsables économiques mais surtout beaucoup de *people.* On découvre les faits d'armes des uns et des autres, toutes les folies de la planète… On les garde confidentielles. Jacques Chirac m'avait prévenu d'une façon assez grave : "Maintenant, tu te tais. Tout ce que tu sais, tu n'as pas le droit de le dire [353]." » Le secteur est en effet à proprement parler sensible : la Justice et plus encore l'Intérieur voient remonter une ou plusieurs fois par jour les événements les plus marquants du pays. Le secteur est en effet à proprement parler sensible : la Justice et plus encore l'Intérieur voient remonter une ou plusieurs fois par jour les événements les plus marquants du pays [354].

Les affaires auraient-elles tant d'importance qu'il faille que l'Élysée y veille ? À compter de mai 2007, les milieux judiciaires affichent leur certitude que les dossiers sensibles tels que Clearstream ou les frégates de Taïwan sont davantage suivis par la présidence de la République de Nicolas Sarkozy que par le cabinet du garde des Sceaux. Rachida Dati s'inscrit en faux mais elle reconnaît pour la première fois que cette prérogative n'est plus, sous son ministère, l'exclusive de la Place Vendôme. « Je travaille en totale coordination et confiance avec notamment Patrick Ouart, le conseiller judiciaire du président de la République [355] », précise-t-elle. Elle est la seule garde des Sceaux à admettre cette gestion partagée des sujets sensibles avec le magistrat installé au plus près du Président. Soucieuse de marquer son territoire, Michèle Alliot-Marie ne songe pas, pour sa part, à un éventuel partage. « Ce serait bien mal me

353. Entretien de l'auteur avec Pascal Clément, *op. cit.*

354. Lire le chapitre XVI où Michèle Alliot-Marie raconte comment elle tente de combler le retard sur l'information que la place Vendôme avait jusque-là sur la place Beauvau.

355. Entretien de l'auteur avec Rachida Dati, *op. cit.*

connaître que de penser que je ne pourrais pas mener ma mission comme je l'entends [356] », nous confie-t-elle. Au fur et à mesure de notre visite des lieux de pouvoir, nous aurons l'occasion d'interroger le fameux conseiller de l'ordre pour tenter de savoir à quel point cette tutelle peut s'exercer [357].

De fait, entre la Place Vendôme et l'Élysée, l'information circule… Les discussions autour des dossiers signalés suivent un cheminement allant du conseiller « Justice » du président de la République au directeur de cabinet de la ministre, voire à l'un de ses conseillers. Ces relations n'ont rien d'anormal. Mais personne n'en est dupe : d'autres circuits d'information, moins académiques, existent.

Il est arrivé plusieurs fois, au fil de nos rendez-vous dans les bureaux d'hommes de justice et de pouvoir, de surprendre des contacts téléphoniques directs et moins conventionnels. C'est le cas à l'issue d'un entretien dans un bureau prestigieux de la République quand la secrétaire signale rapidement que « Monsieur le procureur X a appelé »… Petit air amusé de notre interlocuteur qui comprend notre étonnement, voire notre excitation : « Voyez-vous, il arrive même que l'on se parle directement… » S'agissait-il forcément de rapporter des affaires en cours ? D'un simple coup de fil de courtoisie ? Ces deux-là avaient en tout cas l'air pressés de se parler.

Pour le tout-venant, Rachida Dati assure que seules les affaires pouvant menacer l'ordre public atterrissent son bureau. « En dehors des sujets qui ont un impact pour l'ordre public ou la sécurité des Français, expose-t-elle, je n'ai pas de raisons de m'immiscer dans des affaires individuelles. Sur des dossiers extrêmement particuliers et graves,

---

356. Entretien de l'auteur avec Michèle Alliot-Marie, *op. cit.*

357. Voir le chapitre 16 où Patrick Ouart, qui s'exprime pour la première fois, décrit sa mission et sa vision du ministère de la Justice.

des parquets peuvent nous solliciter quant au sens des réquisitions à prononcer. Dans ce cas, nous y répondons. L'indépendance de la justice est un principe fondamental. Je le dis et le redis aux Français : cette indépendance est une garantie pour eux. Et, par principe, je ne donne pas d'instructions individuelles sauf, là encore, lorsqu'un trouble à l'ordre public existe. Cela a été le cas par exemple dans le dossier du mariage annulé de Lille où j'ai demandé au procureur général de faire appel[358]. Je donne des instructions aux parquets sur l'application de la politique pénale[359]. »

## *Des experts pour le ministre*

Qui dit affaires sensibles dit homme de confiance. Pour un poste aussi stratégique que celui de directeur des affaires criminelles, hors de question pour les gardes des Sceaux de courir le moindre risque avec des magistrats dont ils doutent de la loyauté.

Comme d'autres, le fauteuil des directeurs n'échappe pas à la caricature et suit à grands traits le rythme des alternances politiques. Peu après l'élection de François Mitterrand, en 1981, Raoul Béteille, qui était aussi ancien procureur général près la Cour de sûreté de l'État, est remplacé par un responsable du Syndicat de la magistrature, Michel Jéol. Bruno Cotte occupe ensuite le fauteuil durant six ans et deux mois sous l'autorité de quatre gardes des Sceaux, dont un de droite. Mais son successeur, Franck Terrier, est remplacé par Pierre Méhaignerie en 1993 après

358. Après l'annulation, révélée en mai 2008, du mariage civil d'un couple au motif de la non-virginité de l'épouse, la garde des Sceaux, après avoir défendu l'annulation, fait appel de la décision.

359. Entretien de l'auteur avec Rachida Dati, *op. cit.*

de vives tensions [360]. François Falletti occupe alors le fauteuil durant trois ans avant que Jacques Toubon ne nomme Marc Moinard. Lui-même se voit remplacé, dix-huit mois après l'arrivée de la gauche. Avec Élisabeth Guigou et Marylise Lebranchu, les directeurs des affaires criminelles et des grâces sont Yves Charpenel puis Robert Finielz. Dominique Perben désigne Jean-Claude Marin et ensuite Jean-Marie Huet, en poste depuis janvier 2005.

Tous fins juristes, grands techniciens reconnus et souvent largement expérimentés, ils sont en principe des magistrats apolitiques, à la différence de ceux du cabinet. La plupart tiennent farouchement à cette vertu et aux limites fixées entre leur action technique et les volontés politiques.

Bruno Cotte décrit précisément cette problématique. En 1984, il s'installe à ce poste pour six années et quatre gardes des Sceaux. À ses yeux, la mission d'un directeur des affaires criminelles est de suivre « en étroite liaison avec les procureurs généraux et les procureurs de la République, le déroulement de dossiers sensibles ou particulièrement complexes ou encore ayant un retentissement particulier dans l'opinion publique [361] ». À cet égard, il précise : « Je me suis efforcé, et j'espère y être parvenu, de me comporter non pas comme un fonctionnaire mais bien comme un magistrat, soumis à une triple exigence : de loyauté à l'égard du ministre afin de lui permettre de prendre les bonnes décisions. D'information, exigence étroitement liée à la précédente, car, en matière pénale, un ministre doit savoir comment fonctionne l'institution dont il a la charge. De qualité dans l'expertise technique apportée au ministre et à ses proches collaborateurs. Je dis bien expertise "technique"... la Direction des affaires criminelles et des grâces n'est pas un organe politique. Ce rôle

360. Voir le chapitre 4 où il apparaît que le directeur des affaires criminelles était allé, en pleine affaire Toshiba, rencontrer Bernard Tapie alors cité dans le dossier.

361. Entretien de l'auteur avec Bruno Cotte, *op. cit.*

relève du cabinet du ministre. C'est en tout cas comme cela que je concevais mes fonctions. Je n'ai jamais fait partie d'un cabinet ministériel et je m'en porte bien. Cela m'a donné beaucoup de liberté et, je le répète, m'a permis de concevoir ma fonction de façon très technique et aussi peu politique que possible [362]. »

Pour ces hommes de loi, les fronts à mener sont multiples. Un rythme fou, avoue l'actuel titulaire du fauteuil : « Comme directeur des affaires criminelles et des grâces, en poste depuis le 13 décembre 2004, affirme Jean-Marie Huet, j'ai déjà connu quatre gardes des Sceaux. Quels que soient les ministres, le niveau d'exigence en termes d'urgence constitue une réalité incontournable, qu'il s'agisse de la rédaction d'argumentaires avant une séance au Parlement, de fiches sur une thématique bien particulière ou en terme de propositions d'éléments de réponse sur une problématique d'actualité [363]. »

Dans cette partie de la machine, se digèrent en effet chaque année deux cent sept nouveaux dossiers législatifs, vingt-cinq projets de loi en cours, cinq mille cent cinq nouveaux dossiers d'action publique et… cinq mille cinquante recours en grâce [364] !

Ainsi, sont à suivre les affaires… Les « dossiers signalés » se surveillent comme du lait sur le feu. François Falletti, directeur entre 1993 et 1996, admet leur grande variété : « Il n'en existe pas de définition précise. Ce sont des affaires qui présentent, par nature, des difficultés particulières. Soit de nature juridique – bioéthique, par exemple –, soit d'ordre public – grand banditisme, terrorisme –, soit de sensibilité – si une personne locale ou nationale est citée. Le nombre de dossiers signalés varie

362. Entretien de l'auteur avec Bruno Cotte, *op. cit.*

363. Entretien de l'auteur avec Jean-Marie Huet.

364. Bilan d'activité de la Direction des affaires criminelles et des grâces en 2008.

sans doute selon les époques et les attentes des cabinets. En fait, il faut effectuer un distinguo parmi le flux important d'affaires pénales passant par la Direction des affaires criminelles : on trouve ainsi des réclamations émanant de justiciables appelant l'attention sur les modalités du traitement judiciaire de leur dossier au niveau local, des dossiers impliquant la mise en œuvre de l'entraide internationale – extradition ou commission rogatoire – parfois délicats pour des raisons juridiques ou diplomatiques – par exemple si la peine de mort est encourue dans l'État réclamant une extradition – et des affaires dont la nature justifie à elle seule le signalement soit sur demande du ministère, soit à l'initiative du parquet général compétent [365]. » Les affaires politico-judiciaires entrent dans cette dernière catégorie.

Quand des instructions individuelles étaient admises, les procureurs généraux avaient l'habitude d'accompagner leurs rapports envoyés vers la chancellerie de ces mentions : « Je vous rends compte et ne manquerai pas de me conformer à vos instructions » ou « Je vous propose, sauf instruction contraire, de poursuivre… »

À partir de 1997, la fin des instructions individuelles rend caduques ces expressions symbolisant le volet le plus sensible du rapport hiérarchique entre les parquets généraux et le ministère. Durant cinq années, le principe de non-intervention est imposé par Élisabeth Guigou puis par Marylise Lebranchu. Un monde nouveau se dessine alors pour des procureurs généraux jusque-là habitués à traiter quotidiennement avec leur ministère des dossiers signalés. Certains d'entre eux se disent même « déstabilisés [366] » par la disparition soudaine des ordres venus de la Place Vendôme.

---

365. Entretien de l'auteur avec François Falletti.

366. « Cinq années de non-intervention ont déstabilisé les procureurs généraux », *Le Monde*, 26 mai 2002.

Jean-Claude Marin, procureur adjoint à Paris chargé des affaires financières jusqu'en 2001 puis directeur des affaires criminelles et des grâces à compter de 2002, confirme ce sentiment. « Entre 1997 et 2002, dit-il, nous n'avons jamais reçu d'instructions écrites. En 2002, sans honte ni sans gloire, je dois dire que je suis arrivé à la Direction des affaires criminelles et des grâces avec un ministère public qui s'interrogeait sur lui-même. Les procureurs généraux étaient désorientés. J'ai proposé, avec d'autres, de clarifier les liens entre la chancellerie et les parquets. Il n'existait qu'un seul article du code de procédure pénale, l'article 36, qui était interprété de façon différente au gré des interprétations politiques ou syndicales. Je pense que la réforme conduite par Dominique Perben a redonné une structure cohérente aux relations hiérarchiques au sein du parquet[367]. »

## *La chaîne info des procureurs*

Est-il légitime que le garde des Sceaux soit le destinataire de tant de remontées d'informations sur des affaires en cours ? Pour François Falletti, cela relève du fonctionnement même de l'État. Selon lui, il faut comprendre que la chancellerie a besoin d'informations, notamment de la part des parquets. « Le ministre ne peut pas ignorer ce qui fait la une des journaux, et ce qui va faire la une le lendemain. Si le ministère de la Justice n'a pas à sa disposition un moyen de remontée des informations via la Direction des affaires criminelles et des grâces, qui va informer l'État ? La police ? La gendarmerie ? Le garde des Sceaux doit-il se faire un avis sans autre information que celles du *Figaro* ou de *L'Humanité*[368] ? »

---

367. Entretien de l'auteur avec Jean-Claude Marin, *op.cit.*
368. Entretien de l'auteur avec François Falletti, *op. cit.*

Confronté à des périodes riches en affaires, Yves Charpenel, directeur des affaires criminelles et des grâces entre 1999 et 2001, estime que la distance entre direction technique et vision politique est impérative : « Quand la dimension politique des affaires prend le dessus, il y a forcément échec. Que ce soit la gauche ou la droite. Lorsque le directeur ou le conseiller est militant dans sa conduite ou dans son traitement judiciaire des dossiers, l'échec est prévisible. Sinon, on gagne en confiance politique de la part de son propre camp mais l'effet est désastreux pour la justice (...) Comme directeur, j'avais dit à Élisabeth Guigou, dans des termes différents : "Si c'est pour tenter d'être plus rapide que le ministère de l'Intérieur dans la connaissance des affaires, vous n'y arriverez jamais." Pour moi, il fallait que la Direction des affaires criminelles et des grâces soit au service des juridictions. Il faut être un outil d'information pour le gouvernement mais à propos de la politique pénale et non des affaires [369]. »

La ligne directe entre Direction des affaires criminelles et procureurs généraux demeure pourtant un outil dont on ne se passe pas. En juin 2003, en pleine affaire Alègre à Toulouse, le procureur général de la ville, Jean Volff, est ainsi mis sur la sellette [370]. Un rapport de l'inspection générale des services judiciaires signale sa « passivité » face aux

369. Entretien de l'auteur avec Yves Charpenel, *op.cit.*

370. Alors mis en cause sur procès verbal par les prostituées et accusé par le ministère de ne pas avoir informé la place Vendôme à temps, Jean Volff voit sa cour d'appel visée par une inspection générale des services judiciaires « qui ne semble pas très disposée à (l')entendre », déplore-t-il dans son livre *Un Procureur général dans la tourmente* (L'Harmattan). On lui propose alors une mise en retraite immédiate. « Je ne suis pas sanctionné mais, dans l'intérêt de la justice, je suis écarté et passe donc pour un coupable », raconte Jean Volff qui est cependant, ensuite, avocat général à la Cour de cassation.

développements déments d'un dossier de meurtres de prostituées. Plusieurs personnalités politiques et des magistrats de la ville sont nommément mis en cause. Le procureur général, selon le rapport, n'aurait pas informé la chancellerie des éléments capitaux du dossier Alègre qui allaient, quelques semaines plus tard, surgir à la une de la presse avec soupçons en série et témoignages « exclusifs » de deux anciennes prostituées [371]. On imagine la stupeur de la Place Vendôme quand sortent les premiers articles sur le scandale sans que des synthèses complètes n'aient préparé le terrain.

Dominique Perben se souvient de ces épisodes. « L'affaire est épouvantable, lamentable, s'indigne-t-il. J'ai effectivement déplacé le procureur général à ce moment-là. C'était une décision lourde mais j'ai estimé qu'il ne rendait pas compte des choses de façon précise et qu'il ne s'articulait pas du tout par rapport au procureur de la République de Toulouse. Le résultat était que le parquet avait un comportement assez incohérent dans ce dossier. C'est un vrai dysfonctionnement de la justice, vraiment. J'apprenais tout par la presse. C'était inadmissible. Le travail a été plus méthodique ensuite et a permis un certain retour au calme. Mais beaucoup trop de dégâts ont été commis entre-temps [372]. »

La mutation-sanction du procureur général de Toulouse provoque la stupéfaction d'une partie des hauts magistrats du parquet. Quelques jours après la décision de remplacer Jean Volff par Michel Barrau, le président de la Conférence des procureurs généraux tente même une ultime opération pour tenter de sauver son collègue. Il va plaider sa cause au ministère. « Il y a Conseil des ministres tous les mercredis », lui aurait sèchement répliqué le directeur de cabinet

---

371. Matthieu Aron, Marie-France Etchegoin, *Le Bûcher de Toulouse, d'Alègre à Baudis, histoire d'une mystification*, Grasset.

372. Entretien de l'auteur avec Dominique Perben, *op. cit.*

du ministre, selon la version de Jean Volff[373]. Une façon de lui rappeler que les procureurs généraux sont directement nommés par l'exécutif… et que la décision était sans appel.

Ainsi va l'exigence d'information des ministres. Ils ne supportent pas l'idée d'être maintenus dans l'ignorance. À compter de 2007, cette soif de tout savoir connaît même un coup d'accélérateur notable. La chancellerie de Rachida Dati et surtout l'Élysée de Nicolas Sarkozy apparaissent incessamment aux aguets d'une actualité judiciaire qu'ils exigent de connaître en direct. Selon un magistrat plongé depuis plusieurs années au cœur de la Direction des affaires criminelles et des grâces, les chiffres seraient impressionnants : le nombre de dossiers remontant vers le cabinet ministériel aurait été multiplié par trois entre les périodes des deux derniers gardes des Sceaux de Jacques Chirac et le ministère de Rachida Dati. À partir de 2007, l'expression voulant qu'un ministre « se tient informé minute par minute » prend vraiment tout son sens, notamment pour des faits divers portés à la une de l'actualité.

C'est le cas, au cœur de l'été 2008, après la mort d'un jeune garçon, Valentin, dans le département de l'Ain. Un couple de « routards » est alors activement recherché. Tout concourt à ce que le fait divers soit suivi au premier chef : l'affaire rassemble à la fois un meurtre d'enfant commis dans des conditions innommables, des suspects en fuite et l'éventualité d'une première application de la loi Dati sur l'irresponsabilité pénale. Durant cette tragique semaine d'été, témoigne alors le procureur général de Lyon, Jean-Olivier Viout, « j'ai assuré l'information permanente de mon ministre. Pas une heure ne s'est écoulée sans que j'avertisse la Direction des affaires criminelles et des grâces[374] ». La Direction a informé ensuite la ministre qui,

373. Jean Volff, *Un procureur général dans la tourmente*, L'Harmattan.

374. *Le Figaro*, 5 août 2008.

par la voie de la hiérarchie judiciaire, a suivi pas à pas la moindre évolution des investigations. Dans la nuit d'un samedi à un dimanche, vers une heure du matin, la nouvelle révélant que les analyses ADN ont « parlé » passe ainsi en quelques minutes du laboratoire d'empreintes génétiques de Nantes aux gendarmes, au procureur de Bourg-en-Bresse, au procureur général de Lyon, à la Direction des affaires criminelles et des grâces puis à la ministre. Un véritable suivi en direct.

Pour Jean-Marie Huet, la remontée d'information des juridictions vers le cabinet du ministre « est parfaitement justifiée et s'est accrue de façon significative. Cela tient au positionnement des ministres de la Justice qui, en plus d'être des ministres du droit, sont également des ministres de l'action publique. Il est évident que dans les journaux, à la télévision et à la radio, la place prise par le fait judiciaire est considérable. Cela a des conséquences fortes en termes de contraintes sur le ministre lui-même. Au cours d'un déplacement, d'une séance au Parlement, que sais-je, il sera invité à s'exprimer sur ces actualités. Il doit pouvoir répondre. Le ministre ne s'exprime pas sur le fond mais peut intervenir en défense de l'institution qu'elle soit mise en cause par l'opinion publique ou par d'autres responsables publics qui peuvent par exemple estimer que telle réponse pénale semble inadaptée à l'apparition de tel phénomène de délinquance [375] »…

### *Dans le secret des synthèses confidentielles*

De façon concrète, les informations arrivent donc tout au long de la journée. Mais que diable pourrait-on y lire si on y avait accès ? Quand, un matin du mois de janvier 2009, face au directeur des affaires criminelles et des

375. Entretien de l'auteur avec Jean-Marie Huet, *op.cit.*

grâces en fonction, on lui pose directement la question, Jean-Marie Huet réfléchit un court instant et joue la transparence. Il se lève vers son bureau, se penche vers son ordinateur et scrute rapidement ses e-mails : « Ce matin, par exemple, je peux vous énumérer les réponses judiciaires face à la situation sociale en Guadeloupe, le dossier d'un gendarme visé par une tentative d'homicide, la mise en examen d'un détenu pour le meurtre d'un codétenu ou encore les développements d'une affaire concernant le décès d'un journaliste... Tout cela est très varié [376]... »

Une fois l'actualité judiciaire mise à disposition du cabinet, le garde des Sceaux l'utilise comme il l'entend. Dans le cas de « l'affaire du petit Valentin », en plein mois d'août 2008, la chancellerie connaît ainsi quelques heures de frénésie. Rachida Dati souhaite se rendre sur place alors que les gardes à vue des suspects sont encore en cours. Mais la plupart des conseillers sont en vacances à ce moment-là. L'épisode coûtera d'ailleurs son poste à un membre du cabinet restée auprès de sa famille sur le bassin d'Arcachon et incapable de répondre en moins de deux heures à la brutale convocation ministérielle. Des magistrats présents alors dans le premier cercle s'interrogent : la ministre a-t-elle réellement besoin de suivre ainsi les faits divers en direct ?

« Avec Sarkozy à l'Élysée, on a vraiment changé d'époque sur la transmission des informations sur ce genre de sujet, confirme un magistrat. L'exigence d'information est constante, y compris pour des dossiers peu médiatisés mais où l'exécutif manifeste la volonté de tout savoir tout de suite. Il suffit qu'une victime ou une famille de victime écrive à l'Élysée pour qu'une demande d'information redescende. » La chaîne est connue : les procureurs généraux, sollicités par la Place Vendôme, appellent les procureurs qui interrogent à leur tour les substituts. Les rapports

376. *Ibid.*

passent désormais pour la plupart par le biais d'Internet. « Cela permet à l'échelon supérieur de faire un copier-coller en changeant simplement l'en-tête », raille un substitut du procureur en poste dans un grand tribunal français et visiblement agacé par une demande récente de sa hiérarchie.

Dans l'affaire d'Outreau, cette pratique du copier-coller est même prise en flagrant délit. Lors de l'audience disciplinaire du procureur Gérald Lesigne devant le Conseil supérieur de la magistrature, les rapporteurs soulignent le « contenu quasi identique » des rapports rédigés par le procureur et de ceux transmis à la chancellerie par son supérieur hiérarchique, le procureur général de Douai. Ils relèvent que les pièces importantes du dossier, comme les interrogatoires, étaient systématiquement transmises au parquet général[377].

En direction de la Place Vendôme, la règle, en principe, est de transmettre des synthèses et non des pièces de procédure. « Je ne conserve pas le souvenir de transmissions directes au cabinet du ministre de procès-verbaux extraits de procédures en cours, affirme Bruno Cotte. Je ne puis toutefois l'exclure mais, en tout cas, ce n'était pas du tout la règle. Le rôle de la Direction est en effet au contraire, au vu des rapports transmis par les procureurs généraux et les procureurs de la République, de rédiger des synthèses assorties de propositions utilement exploitables (…). Les instructions faisaient l'objet de dépêches écrites[378]. »

En poste quelques années plus tard, François Falletti convient que « normalement, seuls des rapports remontent jusqu'à la chancellerie[379] ». Yves Charpenel, pour une période encore plus récente, rapporte que « techniquement,

377. « Le procureur de l'affaire d'Outreau jugé par ses pairs », article de Pascale Robert-Diard, *Le Monde*, 19 mai 2008.

378. Entretien de l'auteur avec Bruno Cotte, *op. cit.*

379. Entretien de l'auteur avec François Falletti, *op. cit.*

nous ne disposons en principe que des synthèses, donc peu de procès-verbaux mis à part des auditions très marquantes comme celles d'un Bernard Tapie ou d'un Michel Fourniret [380] ».

Laurent Le Mesle, directeur de cabinet de Dominique Perben puis de Pascal Clément, nuance. Selon lui, « on se tient bien évidemment informé en permanence mais pas par la remontée de procès-verbaux. La Direction des affaires criminelles et des grâces fonctionne parfaitement et fournit les synthèses nécessaires [381] ».

Même les dossiers les plus explosifs respecteraient cette règle. Soit. Mais ils suscitent une impatience si difficile à contenir que des anecdotes sont connues. Un ancien magistrat du ministère raconte ainsi, sous le sceau de l'anonymat, cette scène survenue fort tard un soir alors qu'une audition importante de l'affaire Clearstream venait de se terminer au pôle financier : « Le membre du cabinet de permanence était totalement impatient et voulait à tout prix savoir ce qu'avait dit la personne entendue. La Direction des affaires criminelles, elle, venait manifestement de recevoir l'information. Elle voulait y mettre les formes, ajouter ses marquises, cela prenait du temps... Le cabinet s'impatientait. Le conseiller a fini par appeler la Direction : "Lisez-moi le PV au téléphone. On verra la synthèse plus tard [382]." »

Dans un univers si codifié, ce genre d'empressement agace. Mais certaines affaires de ce genre ont vocation à échapper aux chemins balisés. En novembre 2008, le parquet de Paris, le parquet général de Paris, la Direction des affaires criminelles et enfin le cabinet de la ministre auraient appris par le site Internet de l'hebdomadaire *Paris*

380. Entretien de l'auteur avec Yves Charpenel, *op. cit.*
381. Entretien de l'auteur avec Laurent Le Mesle, *op.cit.*
382. Entretien avec l'auteur.

*Match* la conclusion de l'ordonnance des juges d'instruction renvoyant Dominique de Villepin devant un tribunal correctionnel dans l'affaire Clearstream [383]. « Il existe une particularité parisienne et des circuits parallèles », commente sobrement un procureur en faisant allusion aux coups de téléphone que peuvent se passer directement des magistrats qui se connaissent bien et depuis longtemps.

## *Des documents interdits saisis place Vendôme*

Quels dossiers se trouvent réellement à la chancellerie ? Deux fois au cours de ces vingt dernières années, la réponse a été apportée avec l'implacable rigueur d'une perquisition menée par un juge d'instruction.

La première expédition du genre se déroule le 31 mai 2001. Elle est l'aboutissement d'un long bras de fer entre les services du ministère et Jean-Baptiste Parlos, alors juge d'instruction à Paris. Le magistrat est chargé d'enquêter sur des pratiques suspectes mises au jour dans le tribunal de Digne-les-Bains (Alpes-de-Haute-Provence) : le président de la juridiction est mis en examen pour prise illégale d'intérêt. Il lui est reproché d'avoir imprudemment confié des missions d'expertises à l'un de ses proches et de donner l'impression d'une proximité dangereuse avec des milieux affairistes. Des auditions et des perquisitions sont menées. La seule investigation qui n'aboutit pas est la demande de communication du rapport de l'inspection générale des services judiciaires sur le tribunal de Digne. Le juge a écrit, a téléphoné… rien n'y fait : le ministère refuse de le lui communiquer [384].

---

383. « Exclusif : Villepin renvoyé en correctionnelle », Paris-Match.com, 19 novembre 2008.

384. *Le Monde*, 29 juin 2001.

Un jeudi printanier, il débarque donc Place Vendôme et annonce son intention de perquisitionner. « L'ambiance était glaciale. Quand le juge est arrivé et a annoncé la perquisition, ils étaient tous tétanisés, se souvient un témoin. Personne ne voulait accompagner le magistrat dans le ministère alors, comme il connaissait le chemin, il est allé directement à la Direction des services judiciaires [385] ! » À l'intérieur, le juge exige l'intégralité du rapport de l'inspection générale des services judiciaires. Les chefs de bureau présents refusent, arguant du fait que le document appartient au ministère. Le juge doit se contenter des annexes du rapport qu'il peut emporter et éplucher.

Les documents saisis ne manquent pas d'intérêt. À la lecture des seules annexes, le magistrat découvre que la Direction des services judiciaires, au vu des conclusions de l'inspection générale des services judiciaires, recommandait à la garde des Sceaux de saisir le Conseil supérieur de la magistrature du cas du président de juridiction incriminé. La décision était restée jusque-là confidentielle. Mieux encore : dans la moisson de la perquisition, figurent des copies de procès-verbaux issus de la procédure d'instruction qui n'ont vraiment rien à y faire ! Se trouvent là une demi-douzaine de PV d'auditions, photocopiés chacun à plusieurs exemplaires. Et les copies saisies comportent un numéro de télécopie correspondant au parquet de Paris [386] ! À l'époque, plusieurs voix au sein même de la chancellerie justifient la présence de ces documents par le fait qu'une procédure disciplinaire était en cours et que la connaissance du dossier était à ce titre indispensable [387]. Explication peu convaincante. Comme on l'a vu, les poursuites contre les magistrats sont menées par le CSM et nullement par les services du ministère.

---

385. Entretien avec l'auteur.

386. *Le Monde*, 29 juin 2001.

387. « Quand le parquet informe la chancellerie », *Le Figaro*, 29 juin 2001.

La deuxième perquisition menée dans l'histoire du ministère de la Justice est également embarrassante. Elle concerne cette fois l'affaire Borrel, du nom de ce magistrat français retrouvé mort à Djibouti en 1995. Le combat de sa veuve, Élisabeth Borrel, elle aussi magistrat de profession, a conduit la justice française à accepter de remettre en cause la thèse officielle du suicide et à ouvrir une information judiciaire d'abord pour « recherches des causes de la mort » puis pour « assassinat ». Alors que l'État de Djibouti est mis en cause, notamment par le biais des soupçons de subornation de témoin pesant sur le procureur de la République de Djibouti[388], il apparaît en 2005 que le Quai d'Orsay se fait l'avocat d'un geste bien inhabituel. En pleine procédure, les diplomates sont favorables à ce que soit communiquée l'intégralité du dossier d'instruction français à la République de Djibouti qui le réclame ! C'est dans ce contexte qu'une deuxième information est ouverte, celle-ci pour entrave à la justice.

Les exigences diplomatiques ont-elles poussé les ministères français à privilégier les souhaits de Djibouti plutôt que les intérêts de l'enquête criminelle ? Au mois d'avril 2007, les juges Fabienne Pous et Michèle Ganascia, toutes les deux chargées du volet « entrave à la justice », se décident à obtenir la réponse rapidement. Il convient de faire vite : l'élection présidentielle approche et les cabinets des palais de la République vont être – comme c'est l'usage – nettoyés de leurs encombrants dossiers. Le 19 avril 2007,

388. En mai 2009, la justice française a prononcé – en appel – la relaxe des deux responsables djiboutiens qui avaient été jugés pour avoir fait pression sur deux témoins dans l'enquête sur l'assassinat du juge Borrel. A la même date, la cour d'appel de Versailles a également ordonné la levée des mandats d'arrêt internationaux lancés en 2006 contre le procureur de Djibouti et contre le chef des services secrets de Djibouti.

elles sont donc au Quai d'Orsay et le 20 avril, elles entament une perquisition dans plusieurs bureaux du ministère de la Justice[389]. Début mai, elles tentent même d'entrer à l'Élysée pour passer au peigne fin les bureaux de la cellule Afrique. Mais une semaine avant le premier tour de l'élection présidentielle et dans les derniers jours de Jacques Chirac à la présidence, les deux magistrates sont éconduites.

La moisson de la perquisition de la Place Vendôme est pourtant concluante. Les juges repartent avec des dossiers et plusieurs disques durs, y compris celui du directeur des affaires criminelles et des grâces, l'ordinateur le plus sensible du ministère en quelque sorte puisque c'est par lui que, tout au long de la journée, arrivent les courriers électroniques des procureurs généraux de toute la France. Parmi les documents saisis, se trouvent aussi des notes signées de Laurent Le Mesle, qui était alors directeur de cabinet du garde des Sceaux, Dominique Perben. Elles montrent que la France s'apprêtait à céder à la demande de Djibouti et était sur le point d'obtenir une copie du dossier d'instruction malgré le refus de la juge qui en était chargée. « Je vous remercie de veiller à ce qu'il soit apporté une réponse favorable à la demande » de Djibouti, écrivait ainsi le 30 juillet 2004 le directeur de cabinet à destination des services du ministère[390]. À cette date, les soupçons sur le rôle des autorités de Djibouti dans la mort du juge français avaient pourtant déjà été largement exprimés.

Au niveau judiciaire, l'instruction donnée n'est pas litigieuse. Techniquement, soulignent alors des magistrats, une telle transmission peut s'appuyer sur la convention d'entraide pénale signée en 1986 entre les deux pays mais aussi sur le code de procédure pénale qui, en cas de conflit, donne au seul ministre de la Justice la décision ou non de transmettre ces pièces. Mais le mal est fait. Documents à

389. Dépêche Reuters, 20 avril 2007.
390. *Le Monde*, 9 juin 2007.

l'appui, il semble prouvé que la France a assumé un choix : la diplomatie plutôt que la justice, la transparence avec Djibouti au risque de protéger un mis en examen potentiel.

Un bémol cependant à cette histoire puisqu'en réalité, le dossier n'avait jamais été transmis à Djibouti. Quand le Quai d'Orsay avait annoncé qu'il s'apprêtait à le faire, en janvier 2005, la plainte de la veuve de Bernard Borrel et sa médiatisation avaient bloqué la manœuvre [391].

## *La chambre des mystères*

D'autres documents sensibles dorment-ils encore au sein du ministère de la Justice ? Oui, et en quantité. Il y existe bel et bien une chambre des mystères. Elle se situe dans la plus sensible des Directions de la Place Vendôme, celle des affaires criminelle et des grâces…

« À la Direction des affaires criminelles, le bureau d'ordre est la mémoire de l'action publique dans toute la France depuis 1945, relève Jean-Claude Marin, l'information a toujours remonté vers le ministère de la Justice [392]. » C'est le « cœur du réacteur », complète Jean-Marie Huet : « En droit commun, en terrorisme ou dans n'importe quel autre domaine, nous assurons le suivi des affaires signalées en conservant la mémoire des expériences passées. Cela permet, dans des procédures d'une particulière complexité, d'une demande d'un procès en révision, etc., de disposer d'une expertise rapide et argumentée [393]. » Le fichier contient donc la trace de l'ensemble des affaires significatives de ces dernières années. La mémoire des grandes épopées judiciaires françaises, en somme. Bien des documents

391. *Le Figaro*, le 14 juin 2007.
392. Entretien de l'auteur avec Jean-Claude Marin, *op.cit.*
393. Entretien de l'auteur avec Jean-Marie Huet, *op.cit.*

y sont méticuleusement classés puis archivés. À la différence du cabinet où tout est passé à la broyeuse dans les jours qui précédent les cérémonies de passation de pouvoir [394], les dossiers ont ici une durée de vie qui dépasse celle des équipes ministérielles en place.

Dans ces dossiers à l'accès surveillé, on pourrait théoriquement retrouver des dépêches ou des rapports concernant tout autant la guerre d'Algérie que l'affaire de l'Observatoire, les dossiers Buffet-Bontems, les crimes de Guy Georges ou les conditions de l'enquête sur l'assassinat du préfet Erignac… On imagine la masse d'informations contenues dans ces cartons d'archives et dans ces fichiers informatiques dont l'accès est aujourd'hui réservé aux magistrats de la Direction criminelle et des grâces…

Ironique, l'un des anciens directeurs interrogés confie une sourde angoisse. « J'ai la faiblesse de penser que quand les archives seront ouvertes, je me ferai le reproche d'avoir bien trop écrit ! » sourit-il.

La crainte de voir les archives secrètes du ministère s'ouvrir aux yeux du monde est pourtant hypothétique à court terme. Avant que ne soit levée la confidentialité sur ces documents, le délai de communication est de trente ans pour les dossiers législatifs, les moins sensibles et donc les moins intéressants. Et de cent ans pour les dossiers d'affaires individuelles. Le contenu commencera à se dévoiler en… 2046 !

## *La fabrique des lois*

Au cœur de la machine, la Direction des affaires criminelles et des grâces est aussi une vaste fabrique de lois, circulaires et décrets. La « criminelle » prescrit bonnes

394. Lire le chapitre 17 où les départs des équipes ministérielles se traduisent par un grand ménage.

méthodes et conseils pratiques en direction des procureurs. Signées du garde des Sceaux, quelques dizaines de circulaires sont rédigées chaque année sur des sujets aussi variés que celle-ci, relative au « rôle de l'institution judiciaire en matière de prévention de la délinquance », celle-là, consacrée aux « aménagements de peines et aux alternatives à l'incarcération », celle relative au « droit des victimes dans le procès pénal » ou encore cette dernière, relative à « la politique pénale pour la répression des atteintes commises à l'encontre des animaux »...

En période de réformes – autant dire tout le temps – la Direction des affaires criminelles et des grâces a aussi pour tâche d'élaborer les chantiers législatifs en matière pénale. L'activité est plus austère mais elle n'empêche pas les polémiques politiques. Bruno Cotte, dans la période 1984-1990, se souvient de sa « cohabitation » avec Albin Chalandon. « Dans son activité législative, le directeur des affaires criminelles et des grâces a pour mission de traduire dans des textes les réformes législatives et réglementaires que le ministre souhaite voir adopter puis mettre en œuvre, détaille-t-il. À cet égard, il est donc un exécutant. Mais exécuter n'empêche pas d'être intelligent, (...) de jouer un rôle de conseil et d'être une force de proposition. Ainsi, en mars-avril 1986, alors que j'avais été nommé par un ministre faisant partie d'un gouvernement de gauche, j'ai été conduit à travailler avec un ministre de droite. J'ai pensé qu'on me demanderait très vite d'aller exercer mes talents ailleurs... Pourtant, Paul-André Sadon, proche collaborateur du ministre, m'a annoncé qu'il convenait de préparer d'urgence un projet de loi destiné à assurer une meilleure coordination de la lutte contre le terrorisme. La Cour de sûreté de l'État avait été supprimée en 1981 et la dispersion des procédures liées à des attentats terroristes commis par les mêmes mouvements entre plusieurs juridictions différentes ne permettait pas de les traiter de façon cohérente et efficace. La Direction des affaires criminelles et des grâces a alors été libre de faire toutes les suggestions qui lui paraissaient utiles, ce qu'elle a fait. La loi du 9 septembre 1986 qui, dans une large mesure, était le fruit de ses propositions, est toujours en vigueur [395]. »

Sur un registre plus politique, Bruno Cotte glisse encore cette analyse : « Dans le cadre de l'activité législative, le directeur doit conseiller le ministre, lui apporter son expertise technique et ne pas hésiter à lui rappeler qu'un texte doit, dans toute la mesure du possible, recueillir l'adhésion de ceux qui auront à l'appliquer, juges et procureurs, si l'on souhaite qu'il soit effectivement appliqué. Il ne s'agit pas, bien sûr, d'avoir leur accord car ce n'est pas pour les magistrats qu'on légifère, mais la concertation préalable et un important travail d'explication sont indispensables. Ils permettent en outre souvent de recueillir des suggestions très utiles et de désamorcer nombre de malentendus [396]. »

Jean-Claude Marin précise : « Notre devoir est de fournir des outils techniques à des vœux ministériels. Il nous appartient de dire si c'est possible ou impossible [397]. »

« Par rapport à l'extrême technicité des sujets qui sont traités ici, traduit enfin Jean-Marie Huet, notre ambition est de rédiger des notes qui soient immédiatement exploitables par le ministre ou par son cabinet. Le rôle des membres du cabinet est d'aller plus loin dans la simplification et dans la coloration politique qu'ils souhaitent impulser. Chacun a son rôle parfaitement défini. (...) C'est également le cas pour les argumentaires présentés au Parlement. Les textes sont repris et retravaillés. La Direction possède des spécialistes des questions. Ce sont nos "artistes" pour reprendre une expression de Pascal Clément. Ils ont également la mémoire des réformes déjà

395. Entretien de l'auteur avec Bruno Cotte, *op.cit.*
396. *Ibid.*
397. Entretien de l'auteur avec Jean-Claude Marin, *op.cit.*

entreprises par le passé. Le cabinet modifie nos propositions pour aboutir à une présentation adaptée aux priorités actuelles de politique pénale du gouvernement. Ces étapes successives sont tout à fait logiques. Nous avons à l'esprit un principe essentiel qui est la légitimité politique du ministre et des membres de son cabinet [398]. »

Dans cette logique de service et de loyauté au ministre, figurent des épisodes qui transforment en épreuve chronométrée le sport consistant à fabriquer décrets et loi. Quand, en octobre 2008, Rachida Dati revient de la maison d'arrêt de Metz où un mineur vient de se suicider, elle interroge immédiatement sa Direction et exige sur-le-champ un texte pour qu'un substitut du procureur de la République soit obligé de se faire présenter un mineur dont l'incarcération a été prononcée. Le point est très technique mais Rachida Dati veut une réponse immédiate. Branle-bas de combat à la Direction : « Le ministre nous demande de lui proposer la rédaction d'un projet de décret, il sera rédigé l'après-midi même. La direction joue son rôle technique suite à une demande politique [399] », commente sobrement Jean-Marie Huet.

Un magistrat, passé à « la criminelle », traduit sa propre vision en des termes moins diplomatiques : « Sans la Direction, l'expérience montre que les ministres et leurs cabinets feraient n'importe quoi et monteraient des usines à gaz sans arrêt sous prétexte de faire un affichage politique rapide et efficace. On dit aux ministres que légiférer, c'est bien mais on ne peut pas légiférer n'importe comment. Sinon, des textes seront certes adoptés mais peu ou mal appliqués. De ce fait, les relations sont souvent crispées au départ entre les ministres pressés d'agir et la Direction qui leur paraît un peu atone. Mais, à l'usage, ils finissent par saluer notre capacité d'analyse. Nous avons évité des

398. Entretien de l'auteur avec Jean-Marie Huet, *op.cit.*
399. *Ibid.*

bavures. Ils ont échappé à des risques politiques. Et cela leur permet d'avoir des lois qui ont une réalité dans les juridictions[400]. »

Dans ces batailles, il reste pourtant encore à régler le problème du budget…

400. Entretien avec l'auteur.

CHAPITRE 10

# Budget Epsilon

Il est en constante augmentation, il est seul à résister quand viennent les temps de rigueur budgétaire mais il demeure le symbole de l'état de crise permanent du ministère. Un ancien fonctionnaire du Trésor résume avec une expression cruelle sa vision. Après avoir passé plusieurs années à la chancellerie, ce spécialiste des chiffres avait été envoyé dans un autre ministère pour y remplir une mission identique. « C'est une fois parti de la Place Vendôme que je me suis rendu compte que notre budget ne représentait quasiment rien par rapport aux enveloppes gérées par les autres ministères, confie-t-il. La Justice représente epsilon dans le budget de l'État ! On est dans des ordres de grandeur bien inférieurs qu'à la Défense, bien sûr, mais aussi qu'à l'Intérieur, aux Affaires sociales ou à la Ville... La Justice s'est habituée à cette pénurie. C'est en rejoignant d'autres ministères qu'on le réalise vraiment. »

Si seuls les chiffres prennent la parole, ils montrent pourtant que la part de la Justice dans le budget de l'État est en augmentation permanente. L'enveloppe consacrée à la Justice représentait 1,1 % du budget de l'État en 1984. Elle était de 1,49 % en 1993 [401] puis de 1,84 % en 2003 [402] et enfin 2,34 % en 2007 [403]...

401. Chiffres cités dans le rapport d'évaluation des déficits publics commandé par le Premier ministre au procureur général de la Cour des comptes Jean Raynaud, *Le Monde*, 27 août 1993.

402. Source *Quid*.

403. Présentation du budget 2007, ministère de la Justice.

Cette hausse constante du budget s'accompagne invariablement de communiqués de victoire des ministres successifs[404] qui, tous, saluent avec une satisfaction identique l'effort de guerre accordé à la Place Vendôme.

En 1985, Robert Badinter, à l'émission l'*Heure de vérité*, souligne par exemple qu'il s'est « acharné » à améliorer la justice et qu'il a obtenu « 15 % d'augmentation du budget en trois ans[405] ». Plus de dix années se sont écoulées quand, à son tour, Jacques Toubon peut annoncer, dès son arrivée, que « le gouvernement va naturellement augmenter le budget de la Justice[406] ». Tous diront la même chose. Élisabeth Guigou se félicite d'avoir obtenu la plus forte hausse de tous les ministères : « En un an, le budget de la Justice a bénéficié de la plus forte augmentation : 4,7 %. (...) Cet effort sera poursuivi et accentué, mes collègues du gouvernement en ont compris la nécessité. Mais il ne faut pas imaginer qu'on va combler, en trois ans, vingt années de retard[407]. »

---

404. Au cours de ces dix dernières années, l'augmentation du budget de la Justice est permanente. + 4,7 % en 1998, + 5,6 % en 1999 et + 3,9 % en 2000 pour les budgets présentés par Élisabeth Guigou, + 3,1 % en 2001 et 5,5 % en 2002 pour les budgets présentés par Marylise Lebranchu, + 7,4 % en 2003, + 5 % en 2004 et + 4 % en 2005 pour les budgets présentés par Dominique Perben, + 4,6 % en 2006 et + 5 % en 2007 pour les budgets présentés par Pascal Clément, + 4,5 % en 2008 et + 2,6 % en 2009 pour les budgets présentés par Rachida Dati. Les chiffres proviennent des projets de lois de finances.

405. Interview de Robert Badinter à l'émission *L'Heure de vérité*, Antenne 2, 1er avril 1985.

406. Interview de Jacques Toubon sur Europe 1, le 31 janvier 1997.

407. Interview d'Élisabeth Guigou à Élisabeth Fleury, *L'Humanité*, le 8 juin 1998.

## *Toujours plus*

Marylise Lebranchu, trois ans plus tard, en présentant son budget Place Vendôme, lance que « sans exagération aucune, on peut dire qu'il s'agit d'un très bon budget pour [son] ministère : le signe que, cette année plus encore que les précédentes, la Justice est une vraie priorité du gouvernement. Les chiffres parlent d'eux-mêmes : une progression de 5,7 %, bien plus rapide que la progression moyenne des dépenses de l'État... [408] »

Dominique Perben, deux ans plus tard, obtient à son tour une augmentation. « Avec une progression proche de 5 % et dans un contexte budgétaire marqué par la maîtrise de la dépense publique, dit-il, l'exercice 2004 sera conforme aux engagements pris, tant en matière de créations d'emplois que de crédits de fonctionnement ou d'investissement. La priorité ainsi reconnue à la Justice doit lui permettre de rattraper des retards parfois accumulés depuis fort longtemps [409]. »

Pascal Clément peut lui aussi se réjouir des arbitrages : « Le budget de la Justice augmente [en 2007] de 5 %, après 4 % en 2005 et 4,6 % en 2006. Cette nouvelle augmentation pour 2007 est à comparer au 0,8 % d'augmentation du budget de l'État [410]. »

Rachida Dati, enfin, chiffres en mains, démontre que l'effort se poursuit : « Deux chiffres du projet de loi de finances 2008 illustrent la priorité que le gouvernement donne aujourd'hui à la Justice : avec 6,519 milliards

---

408. Présentation du budget 2002 par Marylise Lebranchu, ministre de la Justice.

409. Présentation du budget 2004 par Dominique Perben, ministre de la Justice.

410. Présentation du budget 2007 par Pascal Clément, ministre de la Justice.

d'euros, notre budget augmente de 4,5 %, alors que le budget de l'État, avec 271 milliards d'euros, ne progresse que de 1,6 %. Mille six cent quinze emplois sont créés pour la Justice, et viennent s'ajouter au remplacement des départs en retraite. Vous le savez, le gouvernement s'est engagé à poursuivre le rétablissement de la situation des finances publiques. Le projet de loi de finances 2008 est porteur de choix clairs. Dans ce contexte très contraint, un effort particulier est fait pour la Justice. Ce n'est donc pas un effort de façade, qui nous est consacré aujourd'hui[411]. » Le budget 2008, en hausse de 2,6 %, marque cependant un net recul par rapport aux hausses précédemment constatées.

Éternellement, l'apparition d'un budget généreux apparaît au minimum comme une bouffée d'oxygène et au maximum comme une solution miracle. Début 1990, en plein mouvement de grogne judiciaire sur la question du manque de moyens, le Premier ministre Michel Rocard tient même à se déplacer en personne à la chancellerie pour annoncer « 1991, l'année de la Justice ». La formule, sur le coup, provoque la satisfaction de son ministre, Pierre Arpaillange. « Ce sera la première fois dans l'histoire de la justice que pareil engagement sera pris, s'enthousiasme-t-il. Ce sera la première fois qu'une politique globale de modernisation de la justice recevra pareille garantie d'exécution. Il était temps. Installée par la tradition dans son rôle de parent "pauvre mais fier", la justice aurait pu, comme le loup, finir par mourir sans parler. Elle a pourtant été entendue[412]... » L'espoir est cependant vite déçu, là encore. Un de ses derniers dimanches soirs de garde des Sceaux, Pierre Arpaillange confie même au club de la

411. Présentation du budget 2008 par Rachida Dati, ministre de la Justice.

412. « Dans l'attente des projets de la chancellerie M. Rocard veut faire de 1991 "l'année de la Justice" », Article d'Anne Chemin, *Le Monde*, 24 février 1990.

presse d'Europe 1 que le métier de ministre de la Justice n'est décidément pas « facile » et qu'il « n'hésitera pas à démissionner s'il n'obtient pas un budget historique[413] ».

## *À Bercy, le ministre de la Justice attend comme tout le monde*

Il faut dire que les gardes des Sceaux mènent réellement bataille et que leurs discours répétés de satisfaction ne constituent pas uniquement des affichages. Quelques rares ministres, issus des grands corps de l'État comme Dominique Perben, ont bien accepté sans rechigner le chiffre qui leur a été proposé. Mais la plupart d'entre eux ont dû mener un combat et négocier avec le ministère de l'Économie et des Finances avant que les chiffres ne soient passés au crible par les parlementaires.

De ces négociations budgétaires, quatre ministres de la Justice ont gardé des visions inattendues, ayant vu dans ces palabres des échanges relativement virils.

Albin Chalandon affirme qu'il devint, en 1989, « le seul ministre depuis Michel Debré à avoir obtenu une augmentation substantielle du traitement des magistrats de quelque 20 %[414] ». Il fallut pourtant contourner Bercy pour imposer la mesure. Albin Chalandon se souvient des conséquences de ce coup de pouce budgétaire : « Cela m'a valu une lettre – quasi d'injures – du ministre du Budget qui était alors Alain Juppé, me reprochant d'être déloyal : "Vous vous êtes servi du Parlement pour voter cela sans passer par le gouvernement", m'a-t-il écrit. J'ai effectivement fait voter cette disposition approuvée par le Premier ministre mais sans l'accord du ministre du Budget. Je ne regrette rien. Les magistrats n'avaient cessé de perdre du

413. Europe 1, le 9 juillet 1990.

414. Entretien de l'auteur avec Albin Chalandon, *op.cit.*

terrain dans la grille des rémunérations publiques. Leur situation matérielle n'était plus à la hauteur de leurs responsabilités réelles[415]. »

La bataille avec Bercy peut se livrer sur un terrain quasiment physique. Henri Nallet, en 1990, avait emmené Place Vendôme plusieurs « vieux complices » qui travaillaient déjà avec lui au ministère de l'Agriculture. Parmi eux, un certain Jean Bassères, inspecteur des finances, déjà conseiller budgétaire à l'Agriculture. « Il y avait très très longtemps qu'il n'y avait pas eu un inspecteur des finances dans un cabinet Place Vendôme, raconte Henri Nallet, et nous arrivons en pleine "crise de la Justice". Il faut trouver 500 millions de francs (soit plus de 75 millions d'euros) pour calmer la révolte. Le Premier ministre a annoncé l'octroi à la Justice de cette enveloppe mais il faut aller la négocier à Bercy. Jean Bassères prend la tête de la délégation. C'est un Perpignanais qui n'a pas d'accent, la carrure d'un joueur de rugby, costaud et brutal dans son expression. Il a été formé au Budget. Il part avec les magistrats à Bercy. L'arbitrage dure pratiquement toute la journée. Le soir, quand ils viennent me rendre compte, l'un des magistrats me prend à part et me dit : "Monsieur le garde des Sceaux, il faut que je vous dise quelque chose : je n'avais jamais vu ça, je ne pensais pas qu'on pouvait faire comme ça. Vous savez, Jean Bassères a été d'une violence incroyable ! ! !" En réalité, Jean Bassères avait employé avec ses collègues du Budget les méthodes mêmes des fonctionnaires du Budget. Dans un arbitrage, la relation – et c'est une espèce de jeu, d'ailleurs – entre les fonctionnaires du Budget et ceux du ministère dépensier sont d'une grande violence. Tout doit être solidement justifié. Poste par poste. Jean Bassères, qui a été élevé comme ça, avait préparé les ripostes... Les magistrats, qui n'avaient jamais vu ça, ont été stupéfaits de gagner un arbitrage budgétaire

---

415. *Ibid.*

avec des méthodes qu'ils ne connaissaient pas et qui, au fond, les choquaient... J'ai donc compris très vite qu'une des grandes faiblesses du ministère de la Justice – en tant qu'administration administrante –, c'est d'être dirigé par des magistrats ! Ils ne connaissent rien à l'administration. Ce n'est pas leur métier. Ils ne savent pas. Et j'ai essayé de faire passer l'idée autant que j'ai pu que nous avions intérêt à faire appel à des forces de détachement, à des forces de mises à disposition pour faire entrer davantage dans l'administration centrale des fonctionnaires des autres ministères[416]. »

N'ignorant pas le danger de l'exercice, Élisabeth Guigou affirme que, durant son ministère, elle ne laissa personne d'autre qu'elle négocier. « J'étais informée et alertée en temps réel et pouvais réellement concevoir et, si nécessaire, réorienter la politique budgétaire du ministère, assure-t-elle. J'avais obtenu de Lionel Jospin à mon arrivée une forte augmentation de mon budget, y compris de recrutements de magistrats. Cela m'a permis de lancer un plan de sauvetage des cours d'appel, où les délais de jugement étaient insupportables, de recruter des travailleurs sociaux à la pénitentiaire et des éducateurs à la Protection judiciaire de la jeunesse[417]. »

Étranger aux mœurs du ministère de l'Économie et des Finances, Pascal Clément, pour sa part, éprouve à Bercy un climat similaire à celui évoqué par Henri Nallet. « Je suis nommé le 1er juin 2005, raconte-t-il. Le 20 juillet, je suis convoqué par Jean-François Copé, ministre du Budget, et sa directrice adjointe de cabinet chargée de la ligne budgétaire de la Justice. La tradition est ainsi : les ministres se déplacent à Bercy. Même les stars comme les ministres de la Justice ou de l'Intérieur s'y rendent et

416. Entretien de l'auteur avec Henri Nallet, *op.cit.*
417. Lettre d'Élisabeth Guigou à l'auteur.

doivent faire des salamalecs. C'est aussi vieux que les gouvernements. Les budgétaires ont un talent considérable pour se faire respecter. Le ministre m'annonce : "L'explosion des dépenses de justice fait que je ne peux pas continuer à payer." Il parle comme s'il s'agissait de son propre argent ! Les dépenses de justice, ce sont les écoutes, les fourrières, les analyses d'empreintes génétiques. Elles prenaient 25 % d'augmentation chaque année. Jean-François Copé m'annonce qu'il me plafonne ces frais au même niveau que l'année précédente et prévient qu'il ne cédera pas. Il promet un beau budget l'année suivante si la mission est réussie. De retour au ministère, il a fallu se lancer dans la maîtrise des frais de justice. Nous avons sensibilisé les procureurs généraux. Marc Moinard, le secrétaire général du ministère, a fait la tournée des juridictions et a essayé de comprendre ces dérives. Nous avons réussi à maîtriser les frais. Nous avons eu ensuite un très beau budget avec une augmentation de 5 %[418]. »

La Place Vendôme est-elle suffisamment armée face aux puissances du ministère des Finances ? Un fin observateur de ces jeux de pouvoirs relativise les décalages vécus parfois brutalement par les gardes des Sceaux. Jean-Marc Sauvé, aujourd'hui vice-président du Conseil d'État, souligne que ce ministère à part « est administré par des magistrats alors que dans les autres ministères, il y a une culture administrative commune même si elle est, selon les lieux, plus technique, plus financière ou plus administrative. (...) Cela dit, je n'ai pas le sentiment que le ministère de la Justice ait été pénalisé par le fait qu'il n'était pas géré par les énarques. Je crois que l'absence de formation commune aux cadres de la Justice et à ceux des autres ministères a pu créer un handicap de départ mais il a été compensé par l'extrême qualité des magistrats qui ont été progressivement spécialisés sur les questions administratives et financières[419] ».

418. Entretien de l'auteur avec Pascal Clément, *op. cit.*
419. Entretien de l'auteur avec Jean-Marc Sauvé, *op.cit.*

## *La machine est vaste et gourmande*

Toujours plus haut, le budget total de la Justice, en 2008, atteint 6,519 milliards d'euros. Un pactole ! Mais la machine Justice est gourmande. Magistrats, fonctionnaires, greffiers, salles d'audience, cabinets d'instruction et bureaux de procureurs… Le personnel à payer, les palais à entretenir ont toujours absorbé les monnaies dues à la Justice mais, au fur et à mesure des décennies, ses attributions se sont étoffées. À partir de 1911, les prisons ont ainsi rejoint le budget à la charge de la Place Vendôme alors que le secteur pénitentiaire était jusque-là financé par le ministère de l'Intérieur. Sous la IVe République, on lui a aussi donné la charge de l'Éducation surveillée[420] et d'autres séries de menues ou larges dépenses comme les frais de justice ou l'indemnisation des victimes.

Aujourd'hui, soixante-douze mille vingt-trois[421] personnes travaillent pour le ministère de la Justice. Quand il prend la forme d'un camembert, le budget se partage en plusieurs grosses parts : plus de 40 % pour les services judiciaires, 36 % pour l'administration pénitentiaire, 12 % pour la Protection judiciaire de la jeunesse, le reste allant à « l'accès au droit » et au poste « conduite et pilotage[422] ».

Pour les deniers destinés au fonctionnement même des tribunaux et des affaires en cours, c'est le ministère de la Justice qui opère la répartition des moyens entre les trente-cinq cours d'appel. Ensuite, les chefs de la cour d'appel répartissent leur enveloppe entre les tribunaux de grande instance, tribunaux d'instance, tribunaux de commerce et

420. Aujourd'hui, l'Éducation surveillée est devenue la Protection judiciaire de la jeunesse.

421. Chiffres 2007 des effectifs du ministère de la Justice.

422. Présentation du budget 2008, ministère de la Justice, *op. cit*.

conseils de prud'hommes… Au niveau de chaque juridiction, la gestion quotidienne du portefeuille est ensuite aux mains d'un chef de greffe et placée sous l'autorité conjointe du président et du procureur…

Si, dans les palais de justice, les consignes officielles incitent désormais chacun aux économies, le ministère, lui, a changé de discours. Les gardes des Sceaux ne semblent plus enclins à, la larme à l'œil, taper du poing sur la table sans cesse pour que l'État débloque des budgets dignes de ce nom. Ils préfèrent délivrer un message de rationalisation.

Hors de question par exemple pour Rachida Dati d'aller se plaindre au président de la République d'un budget trop faible. Elle préfère miser sur des économies obtenues par de nouvelles organisations judiciaires. Pour elle, « le premier objectif n'est pas de mettre sans cesse de nouveaux effectifs ou de nouveaux moyens. Il faut d'abord se moderniser et se réorganiser. Il faut se demander ce que l'on attend aujourd'hui de la justice. Est-ce uniquement une justice rendue plus rapidement ? Est-ce le seul indicateur qui vaille quand des procédures longues peuvent au contraire être nécessaires ? La question est importante, même si nous savons bien sûr que certaines procédures sont trop longues. Je pense par exemple à l'affaire Émile Louis, dans laquelle vingt-neuf ans s'écoulent entre la première disparition et la condamnation. C'est ce type d'exemple qui montre que la justice doit se réformer pour gagner en qualité [423] ».

Tandis que le ministère de la Justice affiche son pragmatisme quant aux dures réalités de la crise, les récriminations continuent et viennent désormais de l'extérieur de la Place Vendôme. Les syndicats en ont fait une bataille permanente, axée sur le manque de moyens et la volonté de « confronter au réel » les gardes des Sceaux successifs. Leur

423. Entretien de l'auteur avec Rachida Dati, *op. cit.*

argument trouve un appui de poids dans les comparaisons internationales.

## *La France au trente-cinquième rang européen*

Un hit-parade réalisé par la Commission européenne pour l'efficacité de la justice[424], rendu public en octobre 2008, place ainsi la France loin derrière la plupart de ses voisins européens[425]. Pour le seul critère du budget, Paris passe même de la vingt-neuvième place en 2004 à la trente-cinquième pour 2006…

Le classement est établi pour un groupe de quarante-cinq pays. Le fait que de nouvelles nations aient entre-temps rejoint les structures de l'Europe judiciaire pèse certes dans la balance. Les hausses de budgets sont très importantes dans l'ancienne Europe de l'Est et en Turquie. Les pays qui ont récemment intégré l'Union européenne ont, eux, bénéficié d'aides. Mais, quels que soient les critères retenus, il apparaît finalement que la France est la plus modérée dans ses efforts pour les moyens de la justice. Alors que des hausses de 10 % à 30 % sont repérables en Belgique, en Espagne et en Angleterre, la France n'affiche qu'une petite progression de 5 %. Des taux aussi faibles existent dans d'autres pays mais ceux-là sont souvent plus avancés que nous. L'Allemagne, par exemple, consacre 106 euros par habitant à la justice. En France, la somme par habitant est deux fois plus faible : 53 euros…

En terme de nombre de magistrats, la France est également à chercher dans le bas du tableau : 11,9

424. La Commission européenne pour l'efficacité de la justice (CEPEJ), créée en 2002, dépend du Conseil de l'Europe.

425. « Systèmes judiciaires européens – édition 2008 (données 2006) : Efficacité et qualité de la justice », Commission européenne pour l'efficacité de la justice (CEPEJ), 8 octobre 2008.

juges pour 100 000 habitants tandis que le nombre de procureurs par habitant est l'un des plus faibles d'Europe : 2,9 pour 100 000 habitants.

Pourtant, des particularités existent, certaines au crédit de la justice française. Il apparaît notamment que seuls les Français et les Espagnols pratiquent une justice totalement gratuite. Dans la plupart des pays européens, les procédures civiles nécessitent le paiement de frais. Et les procédures pénales sont payantes en Allemagne, en Autriche, en Belgique, au Portugal ou en Suisse.

En France, la gratuité est en effet un principe... Mais l'explosion des budgets d'enquêtes change la donne à compter des années 2000. Entre justice gratuite et nécessité de réduire les coûts, il y a un paradoxe à assumer : « La justice n'a pas de prix mais elle a un coût », philosophe un magistrat au moment de la mise en place, en 2006, de la LOLF, « la loi organique relative aux lois de finances » qui impose de nouveaux calculs, ministère par ministère. Dans l'univers judiciaire, l'objectif de la LOLF est de dépenser mieux !

Les frais de justice, notamment les colossales factures de réquisitions judiciaires auprès des opérateurs de téléphone mobile [426], sont les premiers visés. Ils bondissaient de 15 à 20 % chaque année jusqu'en 2005 allant jusqu'à atteindre 487 millions d'euros. En 2006, ils sont réduits de 47 millions par le seul fait d'une « action collective des services judiciaires, des magistrats du siège et de parquet », se félicitent les services du ministère, assurant que, malgré la contrainte de l'enveloppe, « aucune enquête n'a été freinée pour des questions budgétaires [427] ».

---

426. Les frais de justice comportent les factures des opérateurs de téléphonie sollicités pour fournir le nom d'un abonné, l'emplacement de son téléphone par rapport aux bornes, etc. Cela sert grandement aux juges d'instruction ou au parquet mais cela coûte une fortune.

427. Présentation du budget 2007, ministère de la Justice, *op. cit.*

Comment la Place Vendôme peut-elle optimiser l'utilisation de ses deniers sans mettre en péril le fonctionnement de la Justice ? Avant la fameuse LOLF, les ministres n'ont eu de cesse de réformer l'ossature même du ministère. Dès 1983, un chantier est lancé. L'avocat Daniel Soulez-Larivière souligne que « Robert Badinter, avec toute une équipe de magistrats, fut le premier à introduire dans la fonction judiciaire les notions de gestion, de stocks et de flux [428] ». Cinq ans plus tard, en 1988, une « mission modernisation » est créée au sein de l'inspection générale des services judiciaires. Suivant le même objectif, Pierre Méhaignerie lance le premier plan pluriannuel d'investissement et de réforme de l'institution judiciaire et Jacques Toubon, les services d'administration régionale (SAR), chargés, au niveau de chaque cour d'appel, de l'administration et de la compatibilité des tribunaux.

Techniques et arides, ces réformes ont des conséquences politiques. Elles viennent renforcer le rôle du ministre. Deux chercheurs notent que l'un des effets les plus saillants de la politique de modernisation administrative de la Justice est en effet d'appuyer considérablement, au cœur du ministère, les espaces politico-administratifs, et plus précisément les structures composées de hauts fonctionnaires dépendant du garde des Sceaux. « Leur développement, écrivent-ils, constitue autour du ministère une véritable nébuleuse de postes qui sont autant de relais et de positions de force pour les “modernisateurs”. Dans cet ensemble, c'est le cabinet du garde des Sceaux qui occupe la position centrale. (...) Ce souci de doter le ministère d'un ensemble de relais directs au cœur même de l'administration centrale a d'ailleurs conduit le ministre de la Justice Dominique Perben à restaurer, plus d'un siècle après sa suppression, la fonction de secrétaire général. Ce poste, dont la création

---

428. Daniel Soulez-Larivière, *Grand soir pour la Justice*, Le Seuil.

s'inscrit dans un mouvement plus général amorcé au ministère de la Défense et au ministère de l'Intérieur, est placé sous l'autorité directe du ministre et se trouve chargé de la coordination "interministérielle, interdirectionnelle et internationale[429]". »

Gilbert Azibert, secrétaire général du ministère de la justice à partir de 2008, assume-t-il ces rapports de force au sein de la place Vendôme ? « Traditionnellement et dans la période antérieure à celle du secrétariat général, une autonomie des directions existait, reconnaît-il. Elles avaient une certaine liberté les unes par rapport aux autres (...) Aujourd'hui, elles sont appelées à travailler plus transversalement qu'elles ne le faisaient. C'est une évolution mais pas une révolution. » Selon lui, « le secrétariat général aujourd'hui représente l'échelon intermédiaire entre le cabinet du ministre et les directions. Il a la charge de toutes les réformes interdirectionnelles et tous les projets interministériels. Il représente la transversalité. Le secrétariat général, c'est vrai, n'est pas toujours bien perçu : il peut être vu comme un empêcheur de tourner en rond. Il peut être vécu comme une construction contre-nature. Il peut être ressenti par certains directeurs comme une perte de pouvoirs. Cela peut créer des tensions humaines. Mais le secrétariat général n'est pas là pour se substituer au cabinet : il est là pour mettre en place une politique. Il n'est pas là pour faire une politique. La limite est là[430]. »

Cabinet et secrétariat général mènent pourtant ensemble la bataille des économies et de la rationalisation. Même si, comme bien des ministères pauvres, la Justice conserve – et ô combien – le prestige de l'apparence…

---

429. Antoine Wauchez et Laurent Willemez, *La Justice face à ses réformateurs (1980-2006)*, PUF.

430. Entretien de l'auteur avec Gilbert Azibert.

## CHAPITRE 11

# Fastes

Un groom du *Ritz* venu en voisin apporter sur un plateau d'argent un chocolat chaud destiné au garde des Sceaux. La scène, presque surréaliste, a pourtant existé. Elle a marqué à jamais un haut magistrat, aujourd'hui en poste sous les ors de la Cour de cassation, qui faisait ce jour-là sa première visite à son administration centrale. « C'était au temps de Peyrefitte ! » Le même magistrat, quelques années plus tard, aura son bureau dans l'une des directions du ministère alors située au fond du jardin. « Mes souvenirs du lieu ? Les arpèges de la harpiste du *Ritz* durant des heures[431]... » Quelle ambiance pour un ministère réputé si austère !

Les gardes des Sceaux, pourtant, tiennent à prendre leurs distances avec la splendeur des lieux. Le parfum de luxe de la Place Vendôme n'est-il pas incompatible avec un ministère chargé de s'occuper du malheur des autres ? Le décorum tout entier ne semble-t-il pas en décalage avec la justice de tous les jours ? Même le nom de l'hôtel particulier semble narguer l'institution. « Je n'aime pas qu'on appelle cette maison l'hôtel de Bourvallais », corrigeait ses interlocuteurs l'ancien garde des Sceaux, Jean Foyer. « Bourvallais était un financier véreux[432]. »

431. Entretien de l'auteur avec Yves Charpenel, *op. cit.*
432. Entretien de l'auteur avec Jean Foyer, *op. cit.*

## *Hôtel de la tradition*

Cette « maison » a pourtant ses petits secrets et ses flirts discrets avec ses prestigieux voisins. Il faut débusquer ces instants volés au creux des agendas ministériels. Pierre Méhaignerie, par exemple, se souvient qu'il « vivait au ministère » et confie que « [sa] seule distraction était de nager une fois par semaine [433] ».

L'allusion à la natation concerne un petit mystère de la chancellerie. Selon les habitués des lieux, la direction du *Ritz* a, depuis des lustres, pris pour habitude d'offrir à chaque garde des Sceaux un accès gratuit à la piscine du palace. Plusieurs ministres en ont eux-mêmes profité ou en ont cédé l'avantage à leurs épouses. En toute discrétion.

Le privilège est somme toute modeste, mais peu de gardes des Sceaux se laissent aller à afficher ces brèves heures récréatives passées chez le prestigieux voisin. Il est plus valorisant de vanter la mémoire du lieu public que le luxe du palace voisin. Jacques Toubon, par exemple, s'intéresse de très près au poids de l'histoire régnant dans chaque pièce de l'hôtel de Bourvallais. En 1995, quelques heures après avoir quitté le ministère de la Culture pour celui de la Justice, « [son] idée était d'arriver dans les lieux en terrain reconnu, confie-t-il. Ne serait-ce que pour savoir s'il fallait s'installer au premier étage, dans le salon des oiseaux, ou au rez-de-chaussée dans la bibliothèque du chancelier. Pour [lui], il convenait de s'installer en bas. C'était la tradition. Dans ce bureau étaient passés Peyrefitte, Lecanuet et bien d'autres ». « En bas, d'ailleurs, ajoute-t-il, j'ai renvoyé au mobilier national la table de Cambacérès pour la faire restaurer. Elle en avait bien besoin. Elle servait jusque-là de bureau. Elle a été replacée, précieusement, comme table de travail et non plus comme bureau. J'ai aussi demandé que la machine des Sceaux soit

433. Entretien de l'auteur avec Pierre Méhaignerie, *op. cit.*

placée en permanence dans mon bureau. Cela correspondait à l'idée que je voulais fonder de la justice après les crises des années quatre-vingt, la révolte des juges, etc. Je voulais remettre la chancellerie dans sa tradition, indépendante des régimes politiques [434]. »

Fondus dans ce décor, Dominique Perben et sa femme avaient choisi de vivre au ministère. Ils étaient donc installés dans l'espèce de garçonnière située au premier étage, avec vue sur la place Vendôme, et jouxtant immédiatement l'un des salons où se tiennent dîners de réception et réunions de travail.

Si l'on ne voyait que l'annonce immobilière, ce logement hors norme aurait tout les atouts pour figurer en bonne place d'un hit-parade des plus beaux appartements parisiens mais sa visite se fait décevante : deux pièces uniquement, un agencement peu pratique et de larges fenêtres qui en font un délice pour les yeux mais un calvaire pour les oreilles tant le bruit de la circulation sur la place Vendôme et celui de la cuisine du ministère gâcheraient grandement le plaisir du séjour.

« Arrêtons de dire aux Français qu'il y a un appartement pour le ministre Place Vendôme, tranche d'ailleurs Pascal Clément. Il y a deux pièces : un salon-salle à manger nullissimement meublé, un lit et une salle de bains antédiluvienne. Je m'en suis servi comme chambre de passage et on ne peut s'en servir que comme chambre de passage. La République ne loge pas ses ministres. Cela correspond en revanche au rythme de ce ministère qui est très lourd. Physiquement, vous êtes au taquet tout le temps. Quand on arrête, on est soulagé [435]. »

À cause de ce rythme, Michèle Alliot-Marie prend ses quartiers dans le petit appartement du ministère : « Je vivrai ici, au moins pour mes premiers mois de garde des

434. Entretien de l'auteur avec Jacques Toubon, *op. cit.*

435. Entretien de l'auteur avec Pascal Clément, *op. cit.*

Sceaux, puisque mes journées y commencent à 7 heures et demi avec les journaux et les documents qu'on m'a transmis et qu'elles s'y terminent à 21 heures 30. Cela laisse peu de temps pour s'occuper d'un chez soi, confie-t-elle. En trois semaines, je n'ai même pas eu le loisir d'aller voir la moindre boutique du quartier ! Habiter au ministère est donc plus pratique. J'y dors peu mais très bien[436] ! »

Sur son train de vie Place Vendôme, Rachida Dati ne plaisante pas : « Je ne vis pas au ministère. Je n'y reçois pas. Je n'ai aucune dépense personnelle qui soit prise en compte[437]. » La mise au point vise à éteindre une polémique apparue en mars 2008 sur l'ampleur des frais de représentation de son ministère. Le site Internet Mediapart avait révélé que ce poste budgétaire avait nécessité en 2007 une rallonge de 100 000 euros. Fastes ? Excès ? Vie ordinaire du ministère ? « Il est parfois nécessaire d'y tenir de grandes réunions, affirme Rachida Dati... Le sommet de la Francophonie s'est déroulé en février 2008. C'était prévu de longue date. J'ai reçu mes soixante-dix homologues à Paris. La préparation de la présidence française de l'Union européenne exigeait aussi de recevoir de nombreuses délégations étrangères. Lors de la réception du 13 juillet 2007, j'ai invité tous les acteurs de la Justice. Ce n'est pas une occasion mondaine. Le but était de faire reconnaître la mission des professionnels[438]. » La ministre, révèle aujourd'hui son entourage, avait personnellement insisté pour qu'un long tapis rouge soit déroulé ce soir-là de la place Vendôme aux jardins du ministère. La venue du Président n'avait pas de prix.

Le problème dépasse pourtant les seules factures. Il concerne la personnalité et l'image de la ministre. Débat totalement inédit autour de la fonction d'un garde des

436. Entretien de l'auteur avec Michèle Alliot-Marie, *op. cit.*
437. Entretien de l'auteur avec Rachida Dati, *op. cit.*
438. Entretien de l'auteur avec Rachida Dati, *op. cit.*

Sceaux, les questions relatives à Rachida Dati éclatent autour de ses tenues vestimentaires et de ses fréquentations mondaines. En plus des quotidiens de référence et des revues juridiques, les magistrats doivent désormais ouvrir la presse *people* pour suivre l'actualité de leur ministre.

L'avocat général Philippe Bilger, dès le mois d'octobre 2007, est l'un des premiers à s'en étonner. Un dîner historique célébrant les 60 ans de la marque Dior vient de se dérouler. « Notre perception de vous-même en qualité de ministre, écrit-il alors sur son blog, ne parvient pas à occulter cette vie mondaine médiatisée qui, pour être théoriquement à égale distance de la vie personnelle et de la vie politique, représente surtout, sans rapport avec la première, une vision clinquante, superficielle et ostensible de la seconde. (...) Les soirées brillantes, aussi passionnantes soient-elles, semblent trop en décalage, en inadaptation pour ne pas susciter au moins une once de malaise chez nous. Les tragédies, les dérives, les échecs, les désastres enfouis dans l'exercice de toutes les justices, pas seulement pénale, la multitude de ceux réclamant consolation et réparation, de ceux faisant obstacle à la manifestation de la vérité, les contentieux de luxe et les instances de pauvreté, cet immense et contrasté paysage judiciaire n'est-il pas, avec son intensité dramatique, trop lourd pour pouvoir supporter un garde des Sceaux qui s'adonnerait, sous notre regard de professionnels et de citoyens, à des incursions festives sans commune mesure avec la grandeur de sa charge et l'honneur de notre métier [439] ? »

Cette polémique accompagnera Rachida Dati tout au long de son ministère. « On m'aligne sur mes robes, mais, pendant ce temps, moi, je passe mes réformes [440] » réplique

439. Lettre à mon ministre, blog de Philippe Bilger, www.philippebilger.com, 7 octobre 2007.

440. « Enquête sur les caprices de Rachida Dati », Gilles Gaetner, Éric Pelletier, Jean-Marie Pontaut et Ludovic Vigogne, *L'Express*, 5 juin 2008.

la première garde des Sceaux de Nicolas Sarkozy au plus fort de la polémique, démentant encore que le ministère ait honoré des factures de... maquillage ou de collants. Quelques semaines avant son départ, on apprendra qu'elle est l'une des plus grandes voyageuses du gouvernement avec 416 730 euros de frais de déplacement mais aussi la plus grande lectrice de journaux avec 159 252 euros inscrit dans le budget, soit 436 euros par jour de quotidiens et de magazines[441] !

Pour ces dépenses privées des ministres à exposition publique, il faut dire que la Justice – comme tous les autres ministères – ne peut plus, depuis 2002, compter sur les fonds secrets... Ils étaient bien pratiques, à en croire des membres de cabinets qui les ont connus ! Avant 2002, 394 millions de francs, soit quelque 60 millions d'euros, étaient chaque année alloués aux fonds spéciaux du gouvernement. C'est quand est apparue l'affaire des voyages de Jacques Chirac payés en billets de banque issus de « primes perçues en sa qualité de ministre et de Premier ministre, et d'argent personnel ou familial » que l'usage de ce magot républicain a été supprimé. Une initiative de Lionel Jospin en 2001.

Comment les fonds secrets étaient-ils utilisés auparavant ? Dans la pratique, la moitié du pactole accordé chaque année allait à la Direction générale de la sécurité extérieure (DGSE). L'autre moitié était laissée à l'appréciation du chef de gouvernement, qui la répartissait entre l'Élysée et les services du Premier ministre qui, à leur tour, étaient chargés du partage des billets entre les différents ministères : un à un, les chefs de cabinet de tous les membres du gouvernement étaient convoqués par leur homologue de Matignon.

441. « Un ministre, combien ça coûte ? », *Le Monde*, 12 mai 2009.

## *Argent public et frais privés*

En 2001, un ancien chef de cabinet du garde des Sceaux avait raconté dans le détail à l'hebdomadaire *Marianne* ce curieux rituel. Pierre Builly, chef de cabinet de Jacques Toubon au ministère de la Culture puis à la Justice, confiait qu'à chaque début de mois, des billets – en francs – « presque toujours neufs, en tout cas jamais sales ni abîmés[442] » venaient en toute légalité approvisionner les coffres-forts du ministère. Ils étaient ensuite distribués sous enveloppes… « De quoi mettre du beurre dans les épinards mais pas de quoi changer de train de vie », résumait-il : l'équivalent de 60 à 128 euros par personne pour les secrétaires, cuisiniers et personnels attachés au service du courrier. Quant aux directeurs de cabinet, chefs de cabinet, conseillers techniques et chargés de mission, autrement dit ceux qui partagent la fragilité de leur ministre, ils empochaient globalement l'équivalent de 300 à 2 000 euros par mois. Selon les sommes et les besoins, cela permettait de « payer une baby-sitter ou un carré Hermès à sa maîtresse », évaluait l'ancien directeur de cabinet.

Les fonds secrets de la Justice n'ont laissé aucune trace. Telle était la règle. Ils ont en revanche laissé quelques souvenirs. « Outre les primes, affirme un ancien conseiller, ce sont des invitations, des cadeaux, des extra pour des cérémonies ou encore des fleurs qui ont principalement été payés avec les fonds secrets. Franchement rien de scandaleux.[443] » À condition que les bouquets viennent effectivement décorer le ministère.

À la période où les fonds secrets ont été supprimés, un épisode a par ailleurs marqué les esprits. Dans les années

---

442. « La vérité sur les fonds secrets », *Marianne*, 2 juillet 2001.

443. Entretien avec l'auteur.

précédentes, chaque membre du cabinet avait pris l'habitude de recevoir un ou plusieurs billets de 200 ou 500 francs et certains juraient les déclarer intégralement au fisc. Avec la fin des fonds secrets, disaient-ils, ils allaient devoir supporter la suppression d'une partie de leurs revenus et, en plus, payer des impôts l'année suivante sur cette prime gouvernementale.

Les membres du cabinet avaient donc obtenu que l'ultime enveloppe des fonds secrets soit versée avec un supplément. Ce fut le cas, en décembre 2001, mais une surprise de taille attendait les membres du cabinet. Ils découvrirent dans les enveloppes que les billets étaient, selon l'usage, frais, neufs et propres. Mais non pas en francs, comme d'habitude, mais en euros, dont l'entrée en circulation était programmée quelques semaines plus tard, le 1er janvier 2002. Avant cette date, il était impossible d'en faire usage ! « Les derniers fonds spéciaux, ironise un ancien de la Place Vendôme, n'ont pas pu être utilisés directement. L'histoire a fait le tour des cabinets ministériels : impossible de dépenser la prime tout de suite alors que l'on était en pleine période des courses de Noël[444]... »

Instants de rires dans les bureaux de la République où les conseillers se retrouvent ensemble avec leurs billets d'euros à la main, oubliant le décor les entourant.

## *Le luxe est inscrit dans les murs*

Ah, le décor ! Quand on travaille au ministère, on vit au quotidien les journées du patrimoine. À la longue, les habitués des lieux finissent par ne plus s'émerveiller des richesses de l'hôtel de Bourvallais.

En réalité, seule la première journée de chaque garde des Sceaux offre la saveur des visites touristiques. Elle est

444. *Ibid.*

l'occasion d'un rapide tour du propriétaire. La nomination à peine digérée, les équipes à peine constituées, le nouveau locataire est guidé à travers le salon rouge, la galerie Peyronnet, le salon Empire ou encore la bibliothèque royale et le bureau Danton…

Durant ces visites express, le personnel observe celles et ceux qui vont s'installer ici pour plusieurs mois. Au premier étage, en mai 2007, lors de la première visite des lieux offerte à Rachida Dati, des esprits prévoyants ont affiché dans la cuisine réservée au cabinet du ministre un trombinoscope[445] indiquant aux maîtres d'hôtel l'identité et les visages des membres de la nouvelle équipe. À la cuisine, sont aussi scrupuleusement notés le calendrier des déjeuners et des réceptions mais aussi… les jours avec ou sans ministre ! Car le garde des Sceaux n'est pas en permanence dans les murs de la chancellerie. Outre les déplacements dus à sa tâche, tous, depuis 2000, ont mené de front une vie politique locale avec le ministère de la Justice. La campagne de Marylise Lebranchu en 2001 visait la ville de Morlaix. Celle de Dominique Perben, la ville de Lyon. Pascal Clément était président du conseil général de la Loire et Rachida Dati a été élue maire du VII^e^ arrondissement de Paris durant les premiers mois de son ministère. Selon la distance entre la Place Vendôme et la terre d'élection, le planning ministériel est donc plus ou moins rempli. Clairement, un garde des Sceaux élu dans la capitale sera plus présent qu'un autre ministre qui se serait exilé loin des soirées parisiennes…

Que le garde des Sceaux soit ou non auprès d'eux, les conseillers du ministre sont choyés. Chaque membre du cabinet peut profiter des plats et des boissons servies dans la salle à manger ou dans les bureaux. Contrepartie de rythmes réputés épuisants, certains peuvent également bénéficier au quotidien des vingt chauffeurs et voitures du

---

445. Visite de la chancellerie, le 21 mai 2007.

ministère. Quand les sorties prennent la forme de déplacements officiels, conseillers et directeurs découvrent la mesure de leur importance au nombre de motards mobilisés, aux feux rouges grillés et à l'excitation générée tant par les gyrophares sur les toits des voitures que par les avions du gouvernement mis à leur disposition.

Anecdotique ? Pas vraiment, estime le magistrat et historien Denis Salas. « Les déplacements en juridictions sont essentiels pour la vision que les magistrats auront de leur garde des Sceaux, insiste-t-il. Ils souhaitent que le ministre leur parle, les écoute, dialogue, note les doléances. Les visites sont peut-être symboliques du poids politique sur le pouvoir judiciaire mais il s'agit de la reconnaissance des magistrats par leur autorité de tutelle. Quand les magistrats évoquent les déplacements des gardes des Sceaux dans leurs juridictions, le temps est une notion qui revient sans cesse. Le temps passé dans le palais de justice, le temps consacré au dialogue… Le temps contribue à tisser la relation. La magistrature, pour le garde des Sceaux, c'est son opinion publique interne[446]. »

Bientôt, dans les visites ministérielles, les réunions de travail comme dans la vie quotidienne de l'hôtel de Bourvallais, chaque acteur de ce petit univers fait connaissance. Tous se répètent en coulisse les menues habitudes de tel conseiller ou les exigences de tel autre. Un peu comme dans les grandes maisons où le petit personnel constitue la véritable mémoire des lieux, les anecdotes et les réputations se nichent dans les cuisines et les dépendances. Dominique Perben, en marge d'une interview dans les jardins, s'était fait photographier portant lui-même le plateau d'argent supportant les cafés. Pascal Clément avait des goûts qui faisaient honneur au cuisinier. Rachida Dati aimait à réclamer des assiettes de fruits qu'elle déposait sur le haut des piles de dossiers avant de les grignoter en travaillant, la

446. Entretien de l'auteur avec Denis Salas.

télévision en permanence allumée à ses côtés sur des chaînes d'information en continu. Marylise Lebranchu, enfin, avait un soir bousculé le protocole en lançant à la petite troupe de conseillers qu'il fallait encore travailler fort tard pour mener à bien un projet en cours mais qu'en attendant, il fallait dîner ! L'assistance, médusée puis enthousiaste, avait alors vu leur ministre filer à la cuisine, s'installer aux fourneaux et préparer... une omelette. Un peu de détente dans un décor d'apparat.

### *L'histoire incroyable de ce palais de la Justice*

Pourtant, il faut l'avouer : la vie à l'hôtel de Bourvallais se conçoit avec gens de service et bonnes manières. Et si le luxe semble transpirer de chaque pièce, ce n'est pas réellement un hasard. Ce sont précisément le prestige et la gloire qui ont conduit à la création de la place Vendôme.

Tout commence en juillet 1685 quand la famille de Vendôme cède à Louis XIV toutes ses propriétés du nord de la rue Saint-Honoré. Le marquis de Louvois et l'architecte Jules Hardouin-Mansart ont alors un projet grandiose : réaliser sur le site même de l'hôtel de Vendôme la plus grande place jamais dédiée à la gloire du roi. Leur intention est de raser l'hôtel et de lotir le terrain en réalisant au passage une belle opération foncière. « Payer 50 livres la toise ce qu'on revendra 100 livres », résume François de Saint-Simon dans son ouvrage sur la place Vendôme. Les huit hectares de terrain sont achetés à la famille Vendôme au prix de 600 000 livres auquel il convient d'ajouter plus 66 000 livres de pots-de-vin [447].

Mansart veut bâtir une place aux façades uniformes. Ainsi, la place Vendôme prend-elle forme : une série de

447. *L'Expansion*, le 23 novembre 2004.

devantures identiques et élégantes mais, pour l'heure, totalement vides en arrière-plan. Les parcelles à vendre laissent toute liberté d'aménagement aux acquéreurs et, en 1699, sur le terrain qu'il a acquis, le maître des requêtes Joseph-Guillaume de Vieuxville fait ainsi bâtir son hôtel particulier. À son décès, l'édifice est racheté par Guyon de Bruslon, président de l'élection de Paris, dont la fille épouse le fermier général Paul Poisson de Bourvallais. C'est lui qui donne son nom à l'édifice, l'hôtel de Bourvallais [448].

Ironie de l'histoire, Paul Poisson de Bourvallais connaît de graves démêlés… judiciaires. En 1716, il est appréhendé pour détournement de deniers royaux à son profit. Dénoncé comme un financier véreux, il est incarcéré dans les geôles de la prison de la Bastille. Mais au bout de deux ans, une transaction est trouvée. Paul Poisson de Bourvallais, qui possédait aussi le magnifique château de Champs-sur-Marne et son parc de quatre-vingt-quatre hectares, doit céder à l'État la plupart de ses biens. Son hôtel particulier de la place Vendôme rejoint donc le patrimoine du roi [449] et est affecté immédiatement à la chancellerie. En 1719, le chancelier Henri-François d'Aguesseau y élit domicile. En dépit d'épisodes historiques tumultueux, il y reste trente et un an. La silhouette de Jean-Jacques Régis de Cambacérès y laisse ensuite son empreinte politique.

Ce n'est qu'en 1825 que s'imposent des bouleversements architecturaux. Le comte Charles de Peyronnet, garde des Sceaux d'alors, souhaite plusieurs réaménagements du ministère et notamment la construction d'un nouvel immeuble au fond du jardin. Profitant du départ des conseillers d'État qui étaient un temps venus tenir séance

448. « Un ministère dans la ville », document non daté, ministère de l'Économie et des Finances.

449. « L'hôtel de Bourvallais », document non daté, service d'information et de communication du ministère de la Justice.

place Vendôme, il entreprend aussi de faire aménager une gigantesque salle à manger en lieu et place de l'ancienne salle du Conseil d'État.

Cette superbe pièce, située au premier étage, est encore en état aujourd'hui, désignée comme la galerie Peyronnet... S'y tiennent les réceptions, les réunions, les conférences de presse importantes ou encore les cérémonies. La salle impressionne par sa taille et par ses richesses comme les corniches, composées de feuilles et de modillons en rosace. À l'époque, les généreux travaux, réalisés au mépris de toute règle de la comptabilité publique, valent au comte de Peyronnet une comparution devant la Chambre des pairs, l'équivalent d'une actuelle commission d'enquête parlementaire. Il en sort sans aucune sanction.

La période de Napoléon III ajoutera par la suite aux ornements ses propres armoiries. Sur les splendides plafonds du ministère et les hauts de portes, notamment au premier étage, apparaissent balances, glaives et boucliers.

Si l'on passe au rez-de-chaussée, le décor est davantage celui de Versailles au XVII^e^ siècle. La bibliothèque royale, baignée de blanc et de dorures, a été conçue en symétrie parfaite. Pièce immense et très haute, elle donne, par quatre larges fenêtres, sur les jardins du ministère. C'est ici que la plupart des gardes des Sceaux ont établi leurs bureaux. Dans une période relativement récente, seuls François Mitterrand[450], Pierre Méhaignerie et Michel Vauzelle avaient préféré s'installer au premier étage, dans le salon des portraits juste à côté du salon des oiseaux.

Dominant les jardins de l'hôtel de Bourvallais, les fenêtres de ce bureau permettaient jusqu'à la fin des années quatre-vingt-dix d'embrasser d'un seul coup d'œil l'ensemble des directions du ministère puisque toutes siégeaient alors Place Vendôme.

450. François Mitterrand est garde des Sceaux entre février 1956 et juin 1957.

### *À Paris, le ministère de la Justice s'installe au* Monde *et à Canal Plus*

Aujourd'hui, faute de place, le ministère de la Justice n'occupe plus seulement l'hôtel de Bourvallais. Ses services sont éclatés entre plusieurs sites un peu éloignés de la place Vendôme. Jusqu'en 2005, le ministère avait bien une annexe située rue du Faubourg-Saint-Honoré à une centaine de mètres du bureau du ministre. Mais cet immeuble des années trente, à l'allure fatiguée, dopé par la hausse du prix de l'immobilier, a finalement été vendu à des investisseurs ayant l'idée d'y implanter un palace. Et plus de cinq cents agents de l'administration centrale ont déménagé quai de Javel, au bord de la Seine, dans le haut bâtiment blanc connu par les parisiens comme ayant longtemps abrité le siège de la télévision Canal +.

Dans le grand hall de l'immeuble, désormais, l'âme des années de la chaîne cryptée s'estompe à grands pas au profit du rythme plus mesuré de la justice. Le nom donné au site est celui d'Edmond Michelet, garde des Sceaux en 1959 juste après Michel Debré. Les bureaux ont été attribués à plusieurs directions de l'administration centrale, notamment la Protection judiciaire de la jeunesse, la Direction de l'aménagement et de l'équipement et une partie de la Direction des services judiciaires. Dans l'impressionnant bâtiment conçu par l'architecte Richard Meier, seuls les studios sont encore en service. Le *Grand Journal* de Canal + est par exemple toujours tourné sur place. Les personnels de justice ont donc pris l'habitude de croiser, à l'heure où ils quittent leurs bureaux, les acteurs, chanteurs ou politiques accueillis sur le petit trottoir menant au studio.

La nouvelle vie du siège de Canal + est-elle surprenante ? Elle intéresse en tout cas les parlementaires. En octobre 2008, le député Yves Deniaud, devenu au fil des années spécialiste des ratés de la politique immobilière de l'État, choisit le ministère de la Justice comme pivot central de son rapport destiné à la commission des finances de l'Assemblée. L'expertise de l'immeuble du quai de Javel y figure en bonne place : « Le bail a été conclu en juillet 2005 pour neuf ans avec un fonds de pension espagnol, Realia Business, qui avait racheté le bien à Canal +. Y sont hébergés de façon quelque peu disparate quelque six cent quatre-vingts agents. (...) Selon le ministère, le bail s'élève à plus de 11 millions d'euros par an. (...) Le gigantesque bureau qu'André Rousselet[451] s'était fait construire, avec baie vitrée et vue sur la Seine, a été scindé en deux, le bureau et l'antichambre du directeur de la DAGE[452]. »

Avec une dose d'ironie, le parlementaire désigne aussi l'immeuble du 5-7 boulevard des Italiens, dans le IXe arrondissement. Il ne s'agit pas d'une annexe du ministère mais du pôle financier du tribunal de grande instance de Paris. L'immeuble est l'ancien siège du journal *Le Monde.* Juges et procureurs financiers y sont installés depuis 1999, bien plus confortablement qu'au palais de justice sur l'île de la Cité. « L'immeuble représente une surface totale de 7 384 mètres carrés, relève le député. Les ratios d'occupation de l'immeuble sont très au-dessus des normes cibles applicables. (...) L'immeuble des 5-7 rue des Italiens est situé dans un des quartiers les plus chers de la capitale et le loyer acquitté, s'il ne dépasse pas le haut de la fourchette des prix actuellement constatés dans ce quartier, est néanmoins très élevé », d'autant que « le nouveau propriétaire, la SNC Opéra-Italiens (détenue par des fonds de pension), a notifié au ministère de la Justice, en mai 2007, son intention d'augmenter le loyer »... Au moment de la publication

451. Créateur de Canal +.

452. « Projet de rapport fait au nom de la commission des finances, de l'économie générale et du plan de l'Assemblée nationale sur le projet de loi de finances pour 2009. Annexe n° 26 : politique immobilière de l'État. Rapporteur spécial : M. Yves Deniaud », octobre 2008.

de ce rapport, en 2008, quelques grincements de dents se font justement entendre au pôle financier : par souci de « rationalisation », on a accordé certains bureaux à des services du ministère ! L'heure est aux économies mais à quelques mois de l'annonce de la suppression du juge d'instruction, le symbole est assez mal vécu dans l'immeuble qui a vu défiler tant de dossiers célèbres.

Globalement, le député Deniaud n'est pas tendre avec le ministère de la Justice : « Les opérations de contrôle effectuées ont montré de grandes faiblesses dans la gestion des baux conclus par le ministère, ainsi qu'un schéma d'implantation caractérisé par une grande dispersion au détriment de la fonctionnalité. Il en résulte des surcoûts importants[453]. » Selon lui, c'est le cas de la Direction des affaires criminelles et des grâces abritée dans un « très bel immeuble haussmanien, juste derrière l'Opéra Garnier, dans un des quartiers les plus chers de Paris ». Et aussi des bâtiments loués par le ministère de la Justice boulevard de la Madeleine, Place Vendôme ou encore rue de Richelieu…

Depuis 2005, le ministère de la Justice s'est cependant décidé à se séparer de plusieurs de ses joyaux immobiliers. Profitant de la folie des prix du mètre carré dans la capitale, l'immeuble de la rue du Faubourg-Saint-Honoré a été cédé tout comme un autre bâtiment situé, celui-là, dans la très chère île Saint-Louis et encore un superbe hôtel particulier situé dans le VII^e^ arrondissement. Baptisé l'hôtel de Sénectère, fort de 2 000 mètres carrés, rue de l'Université, il a été vendu 18 millions d'euros[454] à une société d'investisseurs.

À terme, le ministère est bien tenté de se séparer de toutes ses succursales dispersées dans la capitale. Dans ses habits de chasseur de coûts, le secrétaire général du ministère, Gilbert Azibert, confie que l'un de ses souhaits est de

453. Rapport parlementaire, *op. cit.*

454. Bilan d'activité ministériel 2005, site Internet du ministère de la Justice.

provoquer d'autres déménagements : « Je recherche actuellement une façon de regrouper tous les sites du ministère, annonce-t-il. Les directions centrales occupent aujourd'hui une dizaine de sites sur Paris. L'une de mes missions est d'optimiser cette organisation. Nous recherchons donc un lieu qui pourrait regrouper tous les services du ministère dans des arrondissements moins chers que la place Vendôme. Dans mon idée, le ministre, le cabinet et le secrétariat général restent bien entendu à l'hôtel de Bourvallais[455]. »

Si la grande braderie des bijoux de l'État se poursuivait afin de transformer la pierre en millions d'euros, jusqu'où pourrait-elle aller ? Irait-on jusqu'à se débarrasser d'un symbole ? Une cible de choix serait alors toute trouvée avec l'hôtel de Bourvallais lui-même, puisque le seul fait d'être place Vendôme donne au ministère une valeur extraordinaire. Lors de l'été 2007, c'est juste à côté du bureau du garde des Sceaux que le record absolu de l'immobilier parisien a été battu. Au 9 de la place Vendôme, un ensemble haut de gamme composé de 22 200 mètres carrés de bureaux et de 5 500 mètres carrés de magasins est cédé pour 616 millions d'euros à un fonds irlandais, Sloane Capital. Les sommes en jeu donnent une idée de ce que pourrait alors rapporter la vente du ministère s'il se décidait à quitter son emplacement historique.

## *Les clés de la colonne Vendôme*

Dans les années soixante-dix, c'est le siège social de la compagnie d'assurances UAP qui avait quitté la célèbre place aux façades uniformes de l'architecte Mansart. Pourtant, l'UAP était si bien implantée là que, dans les articles de presse de l'époque, elle était désignée comme « la compagnie

---

455. Entretien de l'auteur avec Gilbert Azibert.

de la place Vendôme » comme on parle aujourd'hui de « la » Place Vendôme pour évoquer le ministère de la Justice.

Le garde des Sceaux pourrait-il, à son tour, quitter les lieux pour un immeuble moderne plus excentré ? Pour l'heure, la question n'est pas d'actualité : le 13 de la place Vendôme n'est pas à vendre. Le ministère de la Justice ne s'achète pas ! Il demeure – peut-être à jamais – attaché à la place Vendôme, à son histoire et à ses petits secrets.

Le ministère est ainsi le gardien de vieilles traditions. C'est lui qui a la charge de conserver les clés qui permettent d'ouvrir la colonne Vendôme et d'accéder à l'escalier menant à son sommet. Arrivé en haut des marches dissimulées à l'intérieur même de la colonne, on peut s'offrir une jolie vue de la rue de la Paix, du jardin des Tuileries et des toits de Paris. Des touristes paieraient sans doute une fortune pour s'offrir à la nuit tombée un tel spectacle. Mais l'accès n'est pas ouvert au grand public. Ce petit privilège se partage entre initiés.

Au milieu des années quatre-vingt-dix, la clé de la colonne Vendôme a ainsi offert à l'univers feutré du ministère l'une de ses rares extravagances. C'était à l'occasion du pot de départ du directeur de cabinet d'un garde des Sceaux qui bien des années plus tard serait chargé de présider le comité supprimant le juge d'instruction… Ses collaborateurs, facétieux, avaient organisé un jeu de piste depuis les bureaux du ministère. Tout avait même commencé dans un vacarme insolite puisque des cors de chasse, venus de la Sarthe, avaient donné le coup d'envoi de cette soirée très inhabituelle. Les participants se souviennent que la cérémonie s'était achevée vers 23 heures 30 en haut de la colonne Vendôme où un tapis de prix, cadeau de départ du directeur de cabinet, attendait la joyeuse troupe.

Si tard, les collaborateurs du garde des Sceaux, sans doute un peu éméchés, avaient observé de haut leur ministère et goûté le calme si rare de la place Vendôme…

TROISIÈME PARTIE

# S'adapter aux chocs

## CHAPITRE 12

# Protestations

En mai 1968, au pied de la colonne Vendôme, l'insouciance n'est pas de mise. Durant les journées les plus agitées du Quartier latin, la Direction des affaires criminelles suit avec minutie chaque dossier de manifestant renvoyé devant le tribunal des flagrants délits [456]. Et la crainte de voir le ministère entouré d'insurgés semble être une réalité.

Des « historiques » de la Place Vendôme rappellent que des permanences furent à ce moment-là organisées. Des conseillers et les directeurs, à tour de rôle, avaient campé quelques nuits dans l'hôtel de Bourvallais pour gérer la crise et, éventuellement, donner l'alerte afin que leur ministère soit protégé en cas de manifestation hostile [457].

Le calme revenu, René Capitant devient le sixième ministre de la Justice de la V^e^ République. Résistant durant la guerre, grand fidèle de Charles de Gaulle, président de la commission des lois à l'Assemblée nationale, il est nommé le 30 mai, juste après la période la plus tendue des barricades…

Le temps est celui des discussions politiques, y compris à la chancellerie. Un débat s'instaure sur l'éventualité que les

---

456. Lire Chapitre 5 où Pierre Arpaillange raconte comment, en mai 1968, le ministère suivait, dossier par dossier, les poursuites judiciaires visant les émeutiers.

457. Entretien de l'auteur avec Paul-André Sadon, *op. cit.*

magistrats puissent s'affirmer et se syndiquer en dépit de l'ordonnance de 1958 sur le statut de la magistrature qui souligne que « toute démonstration politique incompatible avec la réserve que leur imposent leurs fonctions » est proscrite.

René Capitant y est favorable. Plusieurs de ses collaborateurs, eux, y sont franchement hostiles, à l'image, déjà, de Paul-André Sadon, alors en poste dans une sous-direction des affaires criminelles et des grâces. « René Capitant a simplement décidé que les magistrats devaient pouvoir se syndiquer ! s'indigne-t-il. Dans son entourage, nous n'y étions pas favorables. Il est inscrit dans la Constitution que les magistrats ne peuvent pas faire de politique ! Nous lui disions : si des syndicats se créent, vous verrez, ça dérivera vers la politique ! René Capitant n'était pas d'accord. Il avait comme modèle la naissance des syndicats de l'Éducation nationale en 1927 [458]. »

## *Les syndicats intimement liés à la chancellerie*

Cette discussion entre le garde des Sceaux de l'époque et ce magistrat n'intervient pas à une période anodine. En 1968, seule l'Union fédérale des magistrats, future Union syndicale des magistrats (USM), existe et l'année des barricades est le moment choisi par une partie des professionnels de la justice pour afficher sa volonté de changer la société, de créer le débat et de prendre la parole sous la bannière du Syndicat de la magistrature (SM). Il voit le jour le 8 juin 1968.

« Cette date ne doit rien au hasard. Beaucoup de magistrats développent une lecture critique de l'institution [459] »,

---

458. Entretien de l'auteur avec Paul-André Sadon, *op.cit.*

459. *Les Mauvais Jours finiront, 40 ans de Justice en France aux côtés du Syndicat de la magistrature*, film réalisé par Thomas Lacoste, 2008.

soulignent des historiens du Syndicat de la magistrature. « Nous nous sommes créés contre l'Union fédérale des magistrats, confirme le haut magistrat Pierre Lyon-Caen. L'Union fédérale était la copie conforme de l'organisation interne de la Justice. Nous voulions la séparation d'une carrière judiciaire et d'une carrière syndicale [460]. »

Le Syndicat de la magistrature (SM) naît d'abord sous la forme d'une association à la désignation austère : l'A.A.A.A.J., l'Association des auditeurs et anciens auditeurs de justice. Elle prend corps au sein de la promotion 1967-1968 du Centre national d'études judiciaires, ancêtre de l'École nationale de la magistrature. Ceux qui s'y assemblent s'appellent Pierre Lyon-Caen, futur avocat général à la Cour de cassation, Jean-Pierre Michel, futur parlementaire socialiste, et Michel Joinet, futur conseiller judiciaire des Premiers ministres de gauche.

Jusqu'au début des années soixante-dix, le SM affiche ses distances vis-à-vis des combats politiques mais il s'ancre à gauche rapidement, poussé en ce sens par plusieurs de ses piliers [461]. Les coups d'éclats de plusieurs de ses adhérents, revendiquant la nature politique de l'acte de juger, font alors la une des journaux. Au premier rang d'entre eux, figurent « les juges rouges du Pas-de-Calais [462] » qui, en 1975, font incarcérer à Béthune un chef d'entreprise, l'estimant pénalement responsable d'un accident mortel du travail.

---

460. Entretien avec Pierre Lyon-Caen dans le film *Les Mauvais Jours finiront, 40 ans de Justice en France aux côtés du Syndicat de la magistrature*, réalisé par Thomas Lacoste, 2008.

461. Yves Lemoine et Frédéric Nguyen, *Le Livre noir du Syndicat de la magistrature*, Albin Michel.

462. Expression employée par la presse de l'époque au moment de l'incarcération, en 1975, de Jean Chapron sur décision d'un juge d'instruction affilié au Syndicat de la magistrature.

En 1981, quand le Parti socialiste vient de conquérir le pouvoir, des chefs de file du Syndicat de la magistrature revendiquent une place au sein du cabinet et des directions du ministère de la Justice. Tous n'en auront pas. Quelques années plus tard, les plus radicaux du Syndicat de la magistrature, dans un livre en forme de règlement de compte, écriront même que « Robert Badinter n'aime pas les juges. Il n'aime surtout pas les juges de gauche. Cet avocat d'affaires, familier des prétoires huppés (...) sera l'homme de la nouvelle législation mais sur le statut des magistrats, et malgré les promesses réitérées du candidat Mitterrand, rien [463] ». Les rancœurs syndicales et politiques sont clairement exprimées.

De fait, en 1981, le premier directeur de cabinet de Maurice Faure puis de Robert Badinter est issu de l'Union syndicale des magistrats (USM), l'autre grande organisation de la magistrature. Il s'agit d'André Braunschweig, ancien juge d'instruction, chargé notamment par le passé de l'affaire de l'Observatoire [464] et ancien président de cour d'assises. André Braunschweig est le « père fondateur » de l'USM créée en 1975 sur les bases de l'Union fédérale de la magistrature (UFM) qui avait vu le jour juste après la Seconde Guerre mondiale.

L'USM est rapidement considérée comme l'organisation principale de la magistrature. Elle est qualifiée, selon les formules consacrées, de « modérée » et d'« apolitique ». Cela n'empêche pas les bras de fer avec l'exécutif. « Après les protestations de l'USM contre la loi sécurité et liberté, Alain Peyrefitte était intervenu pour faire retirer à André Braunschweig une promotion dans l'ordre de la Légion d'honneur, se souvient une figure du syndicat majoritaire. Le tollé avait été… limité au monde judiciaire. Plus tard,

463. Yves Lemoine et Frédéric Nguyen, *op. cit.*

464. Lire le chapitre 16, l'affaire de l'Observatoire avait valu une inculpation à François Mitterrand.

quand la gauche est arrivée au pouvoir, Braunschweig est d'abord directeur de cabinet de Maurice Faure, puis, quelques mois seulement, de Robert Badinter. Cela provoque une crise interne à l'USM. Les plus hostiles à la gauche et à la personne même de Robert Badinter créent l'APM, qui ne cessera de tirer à boulets rouges sur l'USM[465]. »

Bien plus tard, des tensions avec Nicolas Sarkozy ébranleront l'USM et son président d'alors, Dominique Barella. Mais une épine dorsale du syndicat existe bien, assure son actuel président Christophe Régnard. « Que ce soient Valéry Turcey, Dominique Barella, Bruno Thouzellier ou moi-même, une continuité existe au sein de l'USM, affirme-t-il. Il n'existe pas de ruptures idéologiques entre nous. Les principes fondamentaux demeurent : l'unité du corps, l'alignement sur les standards européens, le budget bien évidemment mais encore, de façon plus générale sur nos conditions de travail[466]... »

1981, enfin, est à l'origine d'une troisième organisation de magistrats : l'Association professionnelle des magistrats (APM). Fortement ancrée à droite, elle entend s'opposer à la politique de Robert Badinter et affiche sa volonté, en référence aux affaires passées de « juges rouges », de mettre en avant une certaine « neutralité » de la fonction. Elle est très active jusqu'aux années quatre-vingt-dix avant de se dissoudre en 2002. Elle ne représente qu'une petite partie du corps mais ses membres sont hauts et célèbres dans la hiérarchie[467].

Sur le papier, le paysage est clairement réparti. En 1995, l'Union syndicale des magistrats (USM) recueillait aux

---

465. Entretien avec l'auteur.

466. Entretien de l'auteur avec Christophe Régnard.

467. L'APM compte notamment comme adhérents Jean-François Burgelin, Alexandre Benmakhlouf, Yves Bot, Patrick Ouart, Georges Fenech...

élections professionnelles 53 % des voix contre 33 % pour le Syndicat de la magistrature (SM) et 13 % pour l'Association professionnelle des magistrats (APM). En 2007, l'USM atteint 62 % des suffrages, le SM 28 % et Force ouvrière-Magistrature, qui a entre-temps fait son apparition, 10 %.

Sur le terrain, le paysage syndical vu par les gardes des Sceaux est toujours dominé par l'affrontement. Ou par l'incompréhension.

### *Le dialogue impossible*

Robert Badinter souligne l'étonnante absence de soutien à sa politique de la part du Syndicat de la magistrature. « Les réformes que je conduisais étaient celles sur lesquelles, dans les grandes lignes, le Syndicat de la magistrature était d'accord, rappelle-t-il. Pas le moindre soutien de sa part. En revanche, du côté des opposants, canonnade à vue, sans merci, reprise par toute la presse. Mais silence du côté de ceux dont on pouvait attendre, légitimement, le support puisqu'ils souhaitaient ces mesures[468]. »

Albin Chalandon estime que « la magistrature était déjà très politisée. Il y avait deux ailes dont l'extrémisme me paraissait exagéré : Le SM né après 1968 d'inspiration gauchiste – ils estimaient notamment que juger était un "acte politique !" – et l'APM, que je trouvais trop réactionnaire. Au centre, on trouvait l'USM, reflet d'une majorité dont la médiane passait par la gauche modérée[469] ».

Mais que veulent les syndicats ? s'interrogent les gardes des Sceaux qui apparaissent soudain démunis face à la

---

468. Entretien avec Robert Badinter dans le film *Les Mauvais Jours finiront, 40 ans de Justice en France aux côtés du Syndicat de la magistrature, op. cit.*

469. Entretien de l'auteur avec Albin Chalandon, *op. cit.*

variété des revendications. Henri Nallet, qui comme ministre de l'Agriculture sortant avait face à lui des organisations paysannes claires et musclées, doit faire face à l'hostilité du SM sur le terrain des affaires politico-financières et à celle de l'USM sur la question des moyens. Les réponses attendues ne sont pas faciles à formuler. « Ce qui me frappe dans la situation quasi anarchique que je trouve Place Vendôme, affirme Henri Nallet, c'est le caractère vague, indéterminé et symbolique de la revendication. “On veut plus de considération”, disent-ils... Mais chacun y va d'un contenu différent. Si bien qu'on ne sait pas par où attraper cette revendication symbolique. On ne sait pas lui donner une forme, un contenu. Je suis frappé, par ailleurs, par la profonde ignorance de l'institution judiciaire des responsables politiques de l'époque. Une double relation s'instaure : de la crainte et de la méfiance. Les magistrats n'ont pas une haute opinion des hommes politiques, à cette époque-là. Je peux vous dire que les responsables politiques n'ont pas une haute opinion des magistrats non plus. Ils se valent dans la suspicion et la méfiance[470]... »

Jacques Toubon, qui recruta dans son cabinet plusieurs membres de l'APM, affirme qu'il ne voulait pas, en revanche, s'associer avec la structure syndicale majoritaire : « J'ai refusé la cogestion avec l'USM, c'est clair. C'est un système qui a commencé après l'époque de Jean Foyer. Personnellement, j'ai considéré que les services judiciaires ne devaient pas être dirigés avec un syndicat. Je ne voulais pas entrer dans le jeu du partage du pouvoir, ce n'est pas ma conception de l'État. René Capitant, comme beaucoup de professeurs de Droit et de grands juristes, pensait que le Droit s'imposait de lui-même quelque soit l'état de l'appareil de justice. Il semblait ne pas se rendre compte que la loi doit s'incarner à travers des individualités. L'application

470. Entretien de l'auteur avec Henri Nallet, *op. cit*

de la loi ne reste que théorique si on ne prend pas en compte la gestion des hommes[471]. »

Dominique Perben, lui, affirme regretter de ne pas avoir pu discuter davantage avec les syndicats. « Par exemple, sur l'attitude de magistrats professionnels face aux juges de proximité, j'ai trouvé l'opposition de certains magistrats assez pitoyable, souligne-t-il. Il y a eu des blocages, des murailles de Chine plutôt lamentables. Je n'ai pas trouvé les syndicats très responsables sur ce point. Nous aurions pu en discuter ; ils ont préféré la guérilla anti-juges de proximité[472]. »

## *Le mépris*

Les relations entre gardes des Sceaux et syndicats de magistrats ne sont jamais tout à fait au beau fixe mais elles connaissent des éclaircies aussi brèves qu'inattendues. C'est le cas sous le ministère de Pascal Clément, en 2005, quand, pour la première fois, un Premier ministre fait le déplacement au congrès annuel de l'Union syndicale de la magistrature (USM). Dominique de Villepin y affirme que la justice « doit être moderne, capable de sentir les urgences sociales de notre pays et s'adapter à ses évolutions[473] »... Le discours semble faire du bien aux syndiqués. L'USM pense avoir restauré le caractère incontournable de son congrès. Mais Rachida Dati, en 2008, est quant à elle la première garde des Sceaux à ne pas se rendre au congrès du syndicat majoritaire organisé cette année-là à Clermont-Ferrand. « Un geste de mépris et une fuite pour ne pas répondre aux questions », estime alors le président de l'USM, Bruno Thouzellier. « Mon emploi du temps ne

---

471. Entretien de l'auteur avec Jacques Toubon, *op. cit.*
472. Entretien de l'auteur avec Dominique Perben, *op. cit.*
473. Dépêche AFP, 19 octobre 2005.

m'a pas permis d'y assister, détaille Rachida Dati, car j'étais à la fois la veille à Metz suite au suicide d'un mineur en prison et, le jour du congrès, j'inaugurais la nouvelle école de la Protection judiciaire de la jeunesse à Roubaix, mais j'avais demandé au secrétaire général de la chancellerie[474] de m'y représenter. Je m'étais rendu au congrès de l'USM l'année précédente. Je vois régulièrement les organisations syndicales. Nous ne sommes pas forcément d'accord, mais nous discutons[475]. »

Son absence est néanmoins interprétée comme une faute politique. Et l'Élysée prend les choses en main pour agir de façon spectaculaire, plusieurs semaines plus tard, après une journée d'action des magistrats. Fait inédit, le président de la République reçoit lui-même les représentants de l'USM et, précise le communiqué de l'Élysée, Nicolas Sarkozy « répond favorablement à l'invitation qui lui était faite de se rendre en 2009 au congrès de l'USM[476] ».

Les gardes des Sceaux méprisent-ils toujours les représentants des syndicats ? Un président récent de l'USM n'est pas loin de le penser. Dominique Barella, à la tête du mouvement entre 2002 et 2006, est cinglant. Selon lui, « les ministres et les services du ministère sont toujours hostiles aux syndicats. Ils affichent toujours une volonté de dialogue mais, dans les faits, ils ont une position de principe qui est le refus de toute proposition venant de nous. Quelques ministres comme Élisabeth Guigou ou Pierre Méhaignerie ont accepté de nous écouter. Mais cela reste rare : le ministre de la Justice est un politique qui s'appuie sur la haute hiérarchie judiciaire, laquelle passe son temps à lui assurer que tout va bien. Le meilleur exemple est sans doute celui des manifestations organisées par les

474. Le secrétaire général du ministère est alors Gilbert Azibert.

475. Entretien de l'auteur avec Rachida Dati, *op. cit.*

476. Dépêche AFP, 28 octobre 2008.

magistrats devant la Place Vendôme où était alors Marylise Lebranchu et devant Matignon où Lionel Jospin était Premier ministre. Nous réclamons mille cent quatre-vingt-six postes pour que l'application de la loi présomption d'innocence dans les juridictions soit possible. Les chefs de cours avaient estimé ce besoin à quarante-deux postes ! Au final, après notre mouvement, mille deux cents postes sont accordés par Matignon... Fallait-il descendre dans la rue pour faire entendre cette réalité ? N'aurait-on pas pu le faire avant, simplement[477] ? »

D'après Dominique Barella, la méconnaissance de l'état réel de l'institution par les gardes des Sceaux est à l'origine de ce dialogue de sourds. « Le niveau de connaissance de la justice de la population française est proche de zéro, grimace-t-il. Les élus sont comme leurs concitoyens ; ils sont formés à une conception jacobine, bonapartiste et exécutive de l'administration. Leur méfiance est extrême par rapport à une institution considérée comme très compliquée. Ils sont très paranoïaques, imaginent un grand conservatisme et arrivent avec un temps d'apprentissage énorme... Pendant ce temps-là, la haute hiérarchie ne cesse de leur assurer que tout va bien. L'image de la justice offerte à un garde des Sceaux durant les trois premiers mois de son exercice se résume aux rentrées solennelles de la Cour de cassation. Ce que les gardes des Sceaux voient ressemble à un défilé sur la Place rouge pour la célébration de la révolution d'Octobre : deux rangées uniformes de médailles et de mines sombres ! Ce n'est pas la vraie magistrature[478]. »

---

477. Entretien de l'auteur avec Dominique Barella.
478. Entretien de l'auteur avec Dominique Barella, *op. cit.*

## *Changement de ton ?*

La « vraie » magistrature sait aussi distribuer bons et mauvais points aux gardes des Sceaux selon des critères bien pragmatiques : « Tous les magistrats connaissent par exemple la circulaire Lebranchu, émise en 2001, qui fixe la durée maximale d'une audience devant un tribunal à six heures, admet le président de l'USM Christophe Régnard. Les avancées indemnitaires sont également importantes. En 2004, Dominique Perben avait institué des primes au mérite, accordées par les chefs de cour[479]. » « Lebranchu ? C'est elle qui a accepté que les magistrats soient indemnisés de leurs permanences de week-end : 30 euros ! » se souvient un autre magistrat syndiqué quand on lui demande ses observations sur les gardes des Sceaux...

Le ton employé par la « vraie » magistrature s'adapte aux exigences de l'actualité. Évelyne Sire-Marin, du Syndicat de la magistrature, souligne ainsi que « les frontières du syndicalisme judiciaire se sont déplacées et ni l'USM ni le SM ne sont aujourd'hui les mêmes organisations que celles qu'elles étaient à leur création. Le syndicalisme judiciaire s'est recomposé, et l'USM, qui a été longtemps une association de notables judiciaires aux préoccupations purement corporatistes, s'est dotée depuis dix ans de présidents décidés à défendre l'indépendance de la magistrature, et pas seulement la carrière de leurs syndiqués. Accédant aux médias, que seul le Syndicat de la magistrature osait utiliser dans les années 1970, l'USM est devenu un syndicat largement majoritaire chez les magistrats. En outre, depuis 2002, les incessantes attaques de Nicolas Sarkozy contre les magistrats ont radicalisé le discours du président de l'USM, Dominique Barella. D'une analyse strictement limitée à la demande de moyens supplémentaires pour la justice, force est de constater que le

479. Entretien de l'auteur avec Christophe Régnard, *op. cit.*

président de l'USM est passé, ces dernières années, à un discours très critique de la situation carcérale explosive et des différentes lois sécuritaires[480] ».

L'évolution du principal syndicat judiciaire français est-elle si marquée ? Les choses ont-elles tant changé entre 1975, date de création de l'USM, et la période actuelle ? La réponse se trouve sans doute dans les phrases citées par le président de l'USM Christophe Régnard dans l'éditorial qu'il signe en avril 2009 pour la revue du syndicat : « Plus que jamais, en l'absence d'une véritable concertation organisée par la chancellerie, nous avons besoin de faire connaître nos opinions et nos revendications. Plus que jamais, à défaut d'un total et loyal appui de la grande presse, nous ressentons la nécessité d'exprimer publiquement nos déceptions, nos indignations voire nos colères. (...) Plus que jamais, face à la multiplication des attaques dont nous sommes l'objet, nous nous voyons contraints de nous défendre nous-mêmes[481]... » Le ton est militant. Les propos, d'actualité. Mais ils datent de... 1975 et sont signés d'André Braunschweig.

Curieux raccourci de l'histoire. De Peyrefitte à Dati...

## *Marcher sur la Place Vendôme*

La « vraie » magistrature n'a pas tous les droits. Officiellement, les magistrats n'ont ainsi pas le droit de faire grève. La loi de 1958, relative à leur statut, affirme que sont interdites aux magistrats « toute manifestation d'hostilité au principe ou à la forme du gouvernement de la République », « toute démonstration politique incompatible

480. Intervention d'Évelyne Sire-Marin à la Ligue des droits de l'homme de Toulon le 3 novembre 2005, site Internet de la LDH.

481. Éditorial, *NPJ*, mars 2009.

avec la réserve que leur imposent leurs fonctions » et « toute action concertée de nature à arrêter ou entraver le fonctionnement des juridictions ». Les mouvements de grogne sont donc encadrés. En 2007, à la veille d'une journée d'action, le second directeur de cabinet de Rachida Dati rappelle d'ailleurs au Syndicat de la magistrature que « le recours à la grève peut constituer un manquement aux devoirs de l'état de magistrat, au sens de l'article 43 de l'ordonnance statutaire définissant la faute disciplinaire [482] ». Un courrier évidemment interprété comme une intimidation.

Juges et procureurs ont en revanche le droit de manifester. Silencieusement : en janvier 2000, l'Union syndicale des magistrats et le Syndicat de la magistrature appellent au boycott des audiences solennelles de rentrée afin de protester contre la réforme de la justice d'Élisabeth Guigou [483]. Ou bruyamment : un an plus tard, cinq cents magistrats manifestent devant leur ministère, dénonçant le manque de moyens, chantant « tout va très bien, ma chère Marylise » et, pour certains, jetant comme des pavés de vieux codes de procédure pénale [484]. « Il y avait une foule place Vendôme, reconnaît aujourd'hui Marylise Lebranchu. Et comme je ne la fermais pas aux manifestants, par principe, il y avait du monde [485]. »

La scène du lancer de code pénal, plus cocasse que dangereuse, marque en fait la fin des manifestations organisées sur les pavés de la place Vendôme. En novembre 2006, une vive polémique oppose même le cabinet du ministre Pascal Clément à l'Union syndicale des magistrats sur ce thème. L'USM affirme qu'un accord écrit avait été donné par la préfecture de

---

482. Lettre de Patrick Gérard, directeur de cabinet de Rachida Dati, au Syndicat de la magistrature, le 18 mars 2008.

483. *Le Monde*, 8 janvier 2000.

484. *Le Monde*, 21 janvier 2001.

485. Entretien avec Marylise Lebranchu, *op. cit.*

police de Paris à l'organisation de la manifestation sur la place Vendôme mais que, « sur intervention du garde des Sceaux, dans l'illégalité la plus totale, cette autorisation a été retirée[486] ». Le rassemblement est contraint de se cantonner à la cour du Palais de justice de Paris. À la préfecture de police, on explique le revirement dans les autorisations accordées par le séjour de l'émir du Koweït à l'hôtel *Ritz*[487] ! Un an plus tard, les manifestants hostiles à la réforme de la carte judiciaire lancée par Rachida Dati sont également bloqués derrière des barrières au niveau de la rue de la Paix avant d'être reçus au ministère[488].

Pour ne rien arranger, les magistrats ne sont pas les seuls à viser la place Vendôme. Et, là encore, la question des autorisations de défiler est symbolique. En 1982, ce sont les surveillants de prison qui y crient leur colère. Un an plus tard, en juin 1983, les policiers viennent manifester place Vendôme après les obsèques de deux de leurs collègues tués lors d'une fusillade rue Trudaine à Paris par un commando d'Action directe. Après la cérémonie, des policiers en civil filent vers le ministère de la Justice, chantant *La Marseillaise* et hurlant « Badinter démission, CRS avec nous[489] » ou « Favard au mitard », en référence à Jean Favard, conseiller technique de Robert Badinter chargé de l'administration pénitentiaire. « Les manifestants se sont dirigés le poing levé vers le ministère, se remémore un témoin. Les gendarmes chargés de protéger les lieux ont retiré leurs képis » en signe de solidarité avec les manifestants. « On se demandait où l'on allait. Ce n'était pas une peur physique mais une interrogation sur les responsabilités de chacun[490]. » Dans le feu de l'action, quelques centaines de policiers tentent ensuite de marcher sur l'Élysée,

---

486. *Le Figaro*, 1er décembre 2006.
487. Dépêche AFP, 22 novembre 2007.
488. Dépêche Reuters, 1er décembre 2006.
489. Antenne 2, 3 juin 1983.
490. Entretien avec Jean Favard, *op. cit.*

distante de quelques centaines de mètres. Des bagarres éclatent. Le soir même, le préfet de police quitte ses fonctions. Quarante-huit heures plus tard, soixante-cinq policiers sont sanctionnés. Certains sont même révoqués [491].

Un cortège de policiers en colère se fait également entendre sous les fenêtres de Pierre Arpaillange en 1989. Les manifestants dénoncent alors la condamnation de deux fonctionnaires jugés pour la mort de Malik Oussekine [492]. « La police organisa un défilé du Châtelet à la place Vendôme pour protester contre cette condamnation, se remémore Pierre Arpaillange. Rien n'a été fait par le ministère de l'Intérieur pour empêcher ou au moins contrôler cette manifestation. La Place Beauvau, alertée, prétendit ne pas avoir été informée de ces faits [493] ! »

Quant aux avocats, leur force a de quoi intimider. Lorsqu'ils se mobilisent, ils forment les rangs de manifestants les plus impressionnants, les plus bruyants et vraisemblablement les plus puissants. Rassemblés sur la question de la revalorisation de l'aide juridictionnelle face à Marylise Lebranchu, ils savent aussi se faire entendre face à Dominique Perben au moment de l'affaire France Moulin, du nom de cette avocate toulousaine incarcérée durant vingt-trois jours pour « divulgation d'informations » dans une affaire de blanchiment d'argent issu de la drogue. Le délit venait d'être créé par la loi Perben 2 et l'article 434-7-2 du code pénal devenu, alors, célèbre dans le monde du droit.

---

491. Nicolas Charbonneau et Laurent Guimier, *La V^e^ République pour les nuls*, First, 2007.

492. Malik Oussekine trouve la mort à la suite de coups reçus lors d'une charge de policiers, pendant une manifestation d'étudiants contre le projet de loi Devaquet sur l'université, le 6 décembre 1986. Deux policiers, renvoyés devant la cour d'assises de Paris pour ces faits, furent condamnés en 1989 à une peine d'emprisonnement avec sursis.

493. Lettre de Pierre Arpaillange à l'auteur, *op. cit.*

Dominique Perben estime aujourd'hui que, « dans cette affaire, il y a eu beaucoup de maladresses. Cela a pris des proportions ridicules. Je ne suis pas surpris outre mesure des manifestations. Je comprends que les avocats réagissent sans connaître le fond du dossier et réclament, par principe, la liberté de leur consœur. Il est vrai que l'incarcération pose problème mais la question des moyens de la défense et de la réglementation des pratiques d'avocats se pose également. On ne pouvait pas ne pas accepter l'aménagement législatif réclamé par les avocats [494] ». Le délit de divulgation d'informations n'est à ce moment-là pas rayé du code pénal.

La négociation trouve en fait son épilogue plusieurs mois plus tard tandis que Pascal Clément vient d'arriver Place Vendôme. « La première chose pour moi est de gérer les avocats, souligne Pascal Clément. Je suis en divergence avec Dominique de Villepin qui m'a déconseillé de négocier sur l'article 434-7-2 relatif à la divulgation d'informations... J'ai amendé le texte en passant à la divulgation intentionnelle d'informations. La modification a finalement été réalisée. Le texte précise désormais que la divulgation doit être intentionnelle, ce qui change tout [495]. » Les avocats ont, en vérité, gagné grâce à la rue [496].

494. Entretien de l'auteur avec Dominique Perben, *op. cit.*

495. Entretien de l'auteur avec Pascal Clément, *op. cit.*

496. Après de nouvelles batailles entre avocats et magistrats au cours de son procès au tribunal correctionnel d'Orléans, France Moulin est finalement condamnée à un an de prison avec sursis tandis que le patron de son cabinet, poursuivi pour blanchiment, écope, devant la cour d'appel et dans l'indifférence générale, de dix-huit mois de prison avec sursis et 60 000 euros d'amende.

## *La bataille de la carte judiciaire*

Les avocats sont encore plus massivement mobilisés face au ministère de la Justice à compter de novembre 2007 devant la réforme de la carte judiciaire lancée par Rachida Dati. Leurs protestations, dénonçant un manque total de concertation et la mise en danger des petits barreaux de province, vont s'étaler sur plusieurs mois et dans la France entière. Pas seulement dans les vingt-trois tribunaux de grande instance supprimés par la nouvelle carte.

Symbole même de la réforme impossible ? Avant 2007, la carte judiciaire ne comptait pas moins de mille cent juridictions : trente-cinq cours d'appel, cent quatre-vingt-un tribunaux de grande instance et une multitude de lieux abritant quatre cent soixante-seize tribunaux d'instance, cent quatre-vingt-cinq tribunaux de commerce ou encore deux cent soixante et onze conseils de prud'hommes.

Difficilement lisible, cette géographie des tribunaux était un héritage de la Révolution française. Établie à l'an II du calendrier républicain, c'est-à-dire en 1794, elle correspondait à un maillage serré. La règle non écrite était « qu'il faille moins d'une journée de cheval pour rejoindre son tribunal ». Régulièrement décriée pour sa complexité, critiquée pour son coût, cette carte n'avait été réformée qu'une seule fois au cours des cinquante dernières années. Dans les premiers mois de la V^e^ République, en 1958, la réforme Debré avait en effet supprimé les juges de paix et les petits tribunaux d'arrondissement avaient été rayés de la carte. Mais rien n'avait changé depuis.

Henri Nallet est le premier garde des Sceaux à présenter un projet abouti pour rebattre les cartes. En 1991, il propose la départementalisation des tribunaux, afin que la carte judiciaire suive la carte administrative. Mais devant l'hostilité d'une partie de la magistrature, la réforme est tuée dans l'œuf. Aujourd'hui, Henri Nallet juge sévèrement les raisons de l'échec de son projet. « Ce que j'avais proposé ne posait aucune difficulté, expose-t-il. Tout le monde était d'accord. Ce sont les premiers présidents de cours d'appel qui ont tout fait capoter. Ils se retrouvent un jour et font une motion, comme un simple syndicat de cheminots ! La réforme ne leur convenait pas parce qu'ils craignaient d'avoir moins de pouvoirs sur de puissants tribunaux départementaux. Je me reproche de ne pas l'avoir dénoncé pour ce que c'était : du corporatisme. Il aurait fallu les affronter sur la place publique, monter au créneau, dénoncer le fait qu'ils n'en voulaient pas parce que cela allait leur compliquer la vie. Je pensais alors qu'il fallait négocier et discuter mais cela demande du temps, et le temps, un ministre moderne n'en a jamais car il ne reste pas assez longtemps en fonction pour réussir une réforme [497]. »

Trois ans après cet épisode, le rapport Carrez [498] qui proposait de confier la responsabilité des aménagements aux chefs de cours d'appel est lui aussi enterré. Et la consultation lancée par Jacques Toubon auprès des chefs de cours d'appel ne sera toujours pas achevée quand il quittera le ministère en 1997.

Élisabeth Guigou, quant à elle, estime en mars 1998 que toute redéfinition brutale imposée par Paris serait vouée à l'échec. Elle mandate donc un groupe d'experts chargés de consulter élus locaux et représentants judiciaires. « Je voyais que c'était difficile mais je voulais le faire, résume-t-elle. Ma méthode a été de commencer par les tribunaux de commerce dont la carte n'avait pas été modifiée depuis Napoléon ! Nous en avons supprimé trente-six, sans remous importants, parce que j'avais choisi la concertation avec tous les acteurs de terrain. J'avais nommé une mission de spécialistes de l'aménagement du territoire qui connaissaient les implantations optimales en fonction du vécu des

497. Entretien de l'auteur avec Henri Nallet, *op. cit.*

498. Rapport de Jean-François Carrez, comité de réorganisation et de déconcentration du ministère de la Justice, 1994.

gens. La question était complexe pour les barreaux et pour la gestion immobilière et sociale. Cette réforme s'est faite sans heurts au point que les gens l'ont oubliée aujourd'hui. Il restait ensuite les TGI dont la dernière réforme datait de 1958. Nous avons commencé avec la même méthode. Marylise Lebranchu a poursuivi ce projet. Mais nous n'avons pas pu le terminer. Il était très difficile de vaincre des réticences en période électorale. Ce genre de projet doit se mener au début d'une législature. Je l'ai dit à Rachida Dati en lui conseillant de procéder avec ma méthode. Elle a fait tout autrement, en décidant de façon autoritaire et sans concertation [499]. »

Le chantier de la carte judiciaire s'impose en effet comme une urgence sur la feuille de route de Rachida Dati. Dès son arrivée, la réforme est engagée. Mais plutôt que de présenter une vision d'ensemble, la ministre choisit de présenter progressivement le nouveau découpage en se rendant à partir du mois d'octobre 2007 dans toutes les cours d'appel [500]. À l'issue de sa tournée dans les juridictions françaises, la fermeture de vingt-trois tribunaux de grande instance est acquise. Cette stratégie d'annonces localisées a-t-elle permis de bloquer les manœuvres et manigances lancées par quelques élus prêts à tout pour conserver « leurs » tribunaux ?

« Au départ, répond Rachida Dati, j'ai reçu beaucoup d'élus. J'avais en tout cas souhaité que chacun soit traité de la même façon. Très vite, je me suis retrouvée dans une situation où certains affirmaient en sortant de mon bureau que je leur avais donné des assurances de maintien de tribunaux alors que ce n'était pas le cas ! Cela me mettait dans une situation délicate d'autant qu'à ce moment-là, j'avais demandé aux chefs de cours de m'adresser des propositions

499. Entretien de l'auteur avec Élisabeth Guigou, *op. cit.*
500. « À Lille, François Fillon et Rachida Dati présentent une réforme en mode mineur », *Le Monde*, 13 octobre 2007.

de schémas d'organisation. Par la suite, j'ai donc demandé à voir les élus, ensemble et par cour d'appel, pour que l'information soit la même pour tous [501]. »

Accusée d'avoir préféré la méthode forte à la concertation, Rachida Dati affirme que « ce sont les magistrats qui [lui] ont proposé la nouvelle organisation judiciaire [502] » et que si « on a bousculé des habitudes [503] », « cette réforme n'avait pas de véritables conséquences pour les magistrats, car ils sont habitués à faire preuve de mobilité. (...) Cela faisait déjà trente ans qu'on en parlait ! J'avais retrouvé ici tous les travaux de mes prédécesseurs. C'était amorcé depuis longtemps, mais jamais mené jusqu'au bout [504] ».

Dans la tournée de promotion de la nouvelle carte, tous les arguments comptent : les finances comme les leçons du fiasco d'Outreau. Les tribunaux, plus grands et mieux organisés, seraient, paraît-il, mieux armés face aux affaires complexes et dangereuses.

---

501. Entretien de l'auteur avec Rachida Dati, *op. cit.*

502. Émission *À vous de juger*, Arlette Chabot, France 2, le 16 octobre 2008.

503. *Ibid.*

504. Entretien de l'auteur avec Rachida Dati, *op. cit.*

CHAPITRE 13

# Erreurs judiciaires

Un doigt coupé et une lettre déchirante adressés dans une même enveloppe à Rachida Dati. En janvier 2008, le ministère de la Justice reçoit parmi les sacs de courrier quotidien la missive d'un ancien coiffeur de Saint-Malo [505]. L'homme de 57 ans est en proie à des difficultés financières et personnelles insurmontables après le placement en liquidation judiciaire de ses deux commerces. Il a mené une grève de la faim sans parvenir à obtenir un réexamen de son dossier [506]. En désespoir de cause, il s'est amputé pour alerter l'institution judiciaire à son plus haut niveau.

Un an et demi auparavant, Roland Agret, condamné à quinze années de réclusion pour un crime qu'il n'avait pas commis, s'est tiré une balle dans le pied afin d'obtenir un rendez-vous à la chancellerie et exiger des indemnités pour détention injustifiée. Déjà, après sa condamnation en 1973, il s'était coupé deux doigts en prison pour attirer l'attention sur son cas, demander le réexamen de son affaire et, finalement, obtenir une grâce présidentielle en 1977, un acquittement en 1985 et donc une indemnisation en 2006…

Ces tragiques appels à l'aide montrent à quel point les gardes des Sceaux sont le dernier recours pour les justiciables perdus dans la machine. Victimes de dysfonctionne-

505. *Ouest France*, 7 janvier 2008.
506. AFP, 16 juin 2006.

ments ou encore condamnés incapables d'assumer la faute dont on les accuse forment le long cortège de ceux qui veulent à tout prix se faire entendre. Les récriminations qu'ils expriment sont des questions de vie ou de mort. « Pas un matin où le garde des Sceaux ne reçoive plusieurs lettres déchirantes qui le prennent à témoin d'injustices, au moins apparentes [507] », notait déjà Alain Peyrefitte en son temps.

Un garde des Sceaux des années quatre-vingt-dix qui avait eu l'imprudence de laisser passer plusieurs jours entre sa nomination et sa prise de fonction eut pour sa part la surprise de trouver en arrivant des centaines de lettres qui l'attendaient. Elles formaient littéralement une montagne, constituée de plusieurs piles de parapheurs. « Il y avait des lettres de toute la France, rapporte l'un de ses proches. Des courriers de particuliers, d'élus, d'avocats, d'associations... Et il fallait répondre à tout le monde avec la signature du ministre [508] ! »

## *Des lettres à vous déchirer le cœur*

Avec sa franchise naturelle et son éphémère expérience de garde des Sceaux de 1981, Maurice Faure voit dans ces monticules de missives un symbole : la difficulté pour le ministre de devoir personnellement incarner l'institution. « Les ministres de la Justice ne rendent pas du tout la justice, affirme-t-il. Ce n'est pas leur fonction. Mais le peuple le croit ! Vous avez des centaines de lettres envoyées au ministère qui prouvent qu'ils le croient dur comme fer. Ils vous écrivent, dans des courriers à vous déchirer le cœur, qu'ils sont innocents. Ils vous demandent à vous, personnellement, de rendre la justice. Mais ce n'est pas possible [509]. »

507. Alain Peyrefitte, *les Chevaux du lac Ladoga*, *op. cit.*
508. Entretien avec l'auteur.
509. Entretien de l'auteur avec Maurice Faure, *op. cit.*

Aujourd'hui, les lettres parvenant au ministère de la Justice de la part de citoyens appelant à l'aide sont au nombre de mille par mois. Le chiffre aurait connu des hausses sensibles au moment des affaires d'Outreau. Toutes sont transmises à la Direction des affaires criminelles qui, en termes administrativement plus choisis, indique le principe déjà rappelé par Maurice Faure.

Ainsi, chaque particulier ayant alerté le garde des Sceaux reçoit-il un courrier d'un cadre du ministère lui indiquant : « Vous avez bien voulu appeler l'attention de Madame le garde des Sceaux, ministre de la Justice, sur les difficultés que vous rencontrez actuellement dans le cadre d'une procédure judiciaire. Bien que sensible à vos préoccupations, il m'appartient de vous rappeler qu'en vertu du principe constitutionnel de l'indépendance des juges du siège, il n'appartient pas au garde des Sceaux d'intervenir auprès d'eux dans une procédure judiciaire en cours ou de porter une appréciation sur les décisions de justice ou sur les magistrats qui les ont rendues. En conséquence, votre requête a été transmise, pour attribution, au procureur général près la cour d'appel de X [510]... » Ainsi, les courriers, dans un chemin inverse à celui des rapports adressés au garde des Sceaux, redescendent tout au long de la voie hiérarchique : du procureur général au procureur de la République, du procureur de la République au substitut.

Dans les sacs de lettres, figurent des messages de détresse frénétiquement adressés par des femmes ou des hommes qui donnent l'impression d'avoir été rendus fous par « leur affaire » ou encore des dossiers de dizaines de pages de condamnés jurant qu'un complot est à l'origine de leur infortune. Dans ce désordre de feuillets manuscrits, se

510. Lettre de Jean-Baptiste Bladier, chef de cabinet de la Direction des affaires criminelles et des grâces, envoyée à une institutrice n'ayant pas de nouvelles après une plainte, en mai 2008.

découvrent pourtant des dizaines d'affaires véritablement oubliées ou mal traitées par l'institution.

La mention de l'affaire d'Outreau apparaît dans des courriers envoyés dès le mois de novembre 2001, après l'arrestation de l'huissier de justice Alain Marécaux et de son épouse. Un comité de soutien, monté par des proches de la famille, écrit que ses membres sont « convaincus qu'Alain et Odile ont été victimes de dénonciations calomnieuses, incohérentes et subjectives. (...) On ne s'improvise pas pédophile du jour au lendemain [511] ». Le plaidoyer est prémonitoire. La lettre de réponse qui parvient au comité de soutien avec en-tête du ministère de la Justice, précise, comme c'est l'usage, que le garde des Sceaux n'a « pas compétence pour intervenir dans les procédures en cours du fait de l'indépendance de l'autorité judiciaire ».

Le nom de Patrick Dils figure également sur plusieurs courriers expédiés au début des années quatre-vingt-dix. Un comité de soutien composé de six jeunes gens s'est alors constitué à Montigny-lès-Metz autour de cet adolescent condamné pour le meurtre de deux garçonnets [512] et emprisonné depuis l'âge de seize ans et demi. Des messages sont envoyés au ministère. Puis une demande de grâce est déposée directement auprès de François Mitterrand. Le dossier est rejeté en 1994 par la Direction des affaires criminelles qui n'a alors en sa possession aucun élément nouveau.

Ce n'est que quatre ans plus tard que le rebondissement de l'affaire Dils survient. Il est provoqué par la déposition, dans une autre affaire, du tueur en série Francis Heaulme. Les gendarmes réalisent que sa connaissance des faits est

---

511. « Des centaines de lettres envoyées pour dénoncer une enquête à charge », *Le Monde*, 11 juin 2004.

512. Patrick Dils a été condamné en 1989 par la cour d'assises de la Moselle à la réclusion criminelle à perpétuité pour le meurtre, en septembre 1986, d'Alexandre Beckrich et de Cyril Beining.

troublante. Son audition par les enquêteurs sème le doute. Et quand une requête en révision est déposée en 1998 par le nouvel avocat de Patrick Dils, la commission de révision ordonne immédiatement une nouvelle instruction judiciaire. En mars 2001, l'avocate générale de la Cour de révision, hostile quelques mois auparavant à la révision, admet que « la justice doit savoir se remettre en cause lorsqu'il y a une possibilité d'une erreur judiciaire[513] ». La révision du procès Dils est en marche. Ce n'est que la sixième fois dans l'histoire de la justice française qu'une telle révision est accordée. Mais les rebondissements ne sont pas pour autant terminés.

Un nouveau procès est organisé devant la cour d'assises de la Marne, à Reims, mais les jurés condamnent Patrick Dils à vingt-cinq ans de réclusion. Pour qu'il soit définitivement reconnu innocent en avril 2002, il faut un troisième procès, celui-là devant la cour d'assises du Rhône, à Lyon. Troisième procès rendu possible par la révolution de l'appel des verdicts de cours d'assises, introduit dans le droit français quelques années auparavant.

## *Les tragédies font les réformes*

S'il est impossible de dresser ici la liste de toutes les réformes de la procédure pénale, c'est d'abord en raison de leur nombre. Vingt réformes en vingt ans. Toutes sont des chantiers colossaux. Toutes ont mûri au fur et à mesure des réflexions judiciaires et des orientations politiques. Et beaucoup, sans forcément découler d'une seule affaire, ont suivi le choc provoqué par une dizaine de dossiers emblématiques dont les noms sont devenus célèbres dans toute la France judiciaire : Omar Raddad, Guillaume Seznec, Patrick Dils ou chacun des acquittés de l'affaire d'Outreau

---

513. *Grandes Erreurs judiciaires*, collectif, édition Prat.

incarnent « l'erreur judiciaire ». Tous se sont heurtés à la machine. Mais en moins de quinze ans, l'attitude de l'institution – et donc du ministère de la Justice – a considérablement changé à leur égard, acceptant que leurs histoires remettent en cause des vérités judiciaires.

L'affaire Raddad [514] en est une illustration. Après la condamnation, en février 1994, du jardinier marocain à dix-huit ans de réclusion par la cour d'assises des Alpes-Maritimes, l'idée d'un appel en matière criminelle a déjà fait son chemin. 64 % des Français, interrogés par un sondage, estiment qu'un nouveau procès est « plutôt souhaitable ». Et dans les vifs débats qui suivent, on entend la voix de personnalités acquises à l'idée qu'une révision de l'affaire est indispensable. Parmi eux, l'académicien Jean-Marie Rouart, les écrivains Henri Troyat, Jean d'Ormesson ou François Nourissier mais encore... un ancien garde des Sceaux, Albin Chalandon [515].

Jacques Toubon, alors garde des Sceaux, ne peut pas adhérer personnellement à ce « comité Raddad » mais son avis est connu : il s'est prononcé un an auparavant, au cours d'un colloque, en faveur de l'appel des verdicts de cour d'assises. Le chantier est en gestation depuis plus de dix ans. Convaincu par la nécessité de cette réforme, Robert Badinter aurait souhaité l'imposer dès le premier septennat de François Mitterrand mais il avait dû renoncer, faute de moyens suffisants pour créer les cours d'assises d'appel.

En 1994, dans le prolongement des débats publics autour de l'affaire Raddad, les circonstances semblent propices au passage du texte. Pourtant, ce n'est pas sous le ministère

514. Omar Raddad est accusé devant les assises d'avoir tué, en juin 1991, Ghislaine Marchal qui vivait alors sur les hauteurs de Mougins. Le corps de la victime est retrouvé aux côtés d'inscriptions tracées avec son propre sang : « Omar m'a tuer. »

515. Comité Omar Raddad, *L'Humanité*, 25 juin 1996.

de Jacques Toubon que la réforme sera adoptée. « Le texte, adopté par le Sénat, était sur le point d'être discuté devant les députés quand la dissolution de l'Assemblée nationale [516] est arrivée, déplore aujourd'hui Jacques Toubon. Je souhaitais une réforme de l'appel criminel sous la forme d'un tribunal criminel de première instance puis une cour d'assises d'appel. Les socialistes ont préféré avancer le système actuel que je désigne pour ma part comme la cour d'assises tournante : une cour d'assises puis une autre. J'ai le regret d'avoir manqué l'occasion historique d'une réforme sur ce thème mais je conviens que la formule mise en place a elle aussi apporté des résultats concrets. Quel était le meilleur système ? Il est impossible de le savoir [517]. »

La réforme instaurant l'appel des verdicts de cours d'assises est finalement adoptée par les députés en février 2000, à l'unanimité, à l'occasion du vote de la loi sur la présomption d'innocence d'Élisabeth Guigou [518]. Pour la première fois depuis deux siècles, les décisions rendues au nom du peuple français par des jurés populaires ne sont plus inscrites dans le marbre. Elles peuvent être frappées d'appel, comme l'étaient déjà, par exemple, les jugements des tribunaux correctionnels pour les simples délits.

Dès la loi adoptée, on songe rétrospectivement à toutes les affaires qui semblaient incertaines au moment de leur examen aux assises d'avant-réforme et qui n'ont jamais

516. La dissolution de l'Assemblée nationale, annoncée le 21 avril 1997 par Jacques Chirac, se solde par la victoire de la gauche aux législatives et la désignation de Lionel Jospin comme Premier ministre.

517. Entretien de l'auteur avec Jacques Toubon, *op. cit.*

518. « Les verdicts des cours d'assises pourront faire l'objet d'un appel », *Le Monde*, 12 février 2000.

cessé d'être hantées par le doute. Si la justice accepte désormais de revenir sur ses décisions, pourquoi ne pas l'interroger sur ses possibles erreurs du passé ? Quels résultats aurait pu donner une seconde cour d'assises pour Mis et Thiénot[519] ? Gaston Dominici[520] aurait-il été plus à son avantage si un second procès lui avait été offert ? Christian Ranucci[521] aurait-il été guillotiné au terme d'un second procès ? Et Guillaume Seznec ?

## *Le cas Seznec divise politiques et magistrats*

Le nom du condamné breton, emblème même de l'erreur judiciaire pour toute une région, s'impose dans les bureaux du ministère début 2001 alors que la France s'apprête à voir s'ouvrir les tout premiers procès en cour d'assises d'appel. Marylise Lebranchu est alors Place Vendôme. La ministre socialiste est maire sortante de Morlaix, dans le Finistère. Quatre-vingts ans plus tôt, elle aurait eu Guillaume Seznec parmi ses administrés. L'homme était maître de scierie dans la ville. C'est à Quimper, le 3 novembre 1924, qu'une cour d'assises l'a condamné au bagne à perpétuité après l'avoir reconnu coupable

519. Mis et Thiénot sont accusés d'avoir assassiné en 1946, dans l'Indre, un garde-chasse. Leurs aveux auraient été arrachés sous la torture. Ils sont condamnés aux travaux forcés puis libérés en 1954. Trois demandes de révision ont été rejetées par la Cour de cassation.

520. Gaston Dominici, accusé d'avoir tué trois membres d'une même famille anglaise, près de Lurs (Alpes-de-Haute-Provence) est condamné à mort en 1954 avant qu'une nouvelle enquête soit lancée sitôt le procès terminé. Il sera libéré en 1960. Une requête en révision est refusée en 1994.

521. Christian Ranucci est condamné à mort en 1976 pour l'assassinat de Maria Dolorès Rambla, âgée de huit ans. Trois requêtes en révision ont depuis été rejetées.

du meurtre de Pierre Quémeneur, conseiller général du Finistère [522].

En 2001, douze requêtes en révision du procès de Guillaume Seznec ont déjà été déposées. La dernière remonte à cinq ans auparavant. Denis Seznec, le petit-fils du condamné, poursuit inlassablement le combat pour réhabiliter son grand-père mais, en principe, l'affaire est définitivement close. Seule une intervention du garde des Sceaux peut changer le cours des choses. Élisabeth Guigou, que la famille Seznec rencontre alors, ne prend pas cette initiative.

C'est Marylise Lebranchu qui décide de se saisir du dossier. Son choix trouve des arguments dans le présent autant que dans l'histoire. « Quand il y a autant de doutes, autant de pressions sur une affaire et autant d'acharnement de la part d'une famille, explique-t-elle alors, il ne faut pas laisser les choses comme ça. L'incertitude qui plane sur le fait que cela n'a pas été jugé correctement n'est pas bonne, y compris pour la justice d'aujourd'hui [523]. »

Menée étape par étape, la procédure de révision de l'affaire Seznec amène à une décision définitive en décembre 2006. La famille du condamné breton attendait la réhabilitation de son aïeul, mais les magistrats de la chambre criminelle de la Cour de cassation, réunie en Cour de révision, votent le rejet de la demande d'annulation de la condamnation de la cour d'assises du Finistère. Dans la salle, des cris de surprise et quelques larmes accueillent la décision. Et Denis Seznec, sur le perron de la Cour de cassation, lance aux micros : « On savait que la justice était aveugle. Depuis l'affaire d'Outreau, elle est devenue sourde. Avec l'affaire Seznec, elle est devenue folle [524]. » Après cinq

522. Denis Seznec, *Seznec, le bagne*, Robert Laffont.
523. Antenne 2, 2 avril 2001.
524. Europe 1, 14 décembre 2006.

années de procédure de révision, la scène donne l'impression de creuser encore davantage le divorce entre l'opinion et la justice.

Le magistrat Bruno Cotte, alors président de la chambre criminelle de la Cour de cassation, laisse percevoir une pointe d'amertume face à cette incompréhension. S'exprimant pour la première fois sur ce dossier, il rappelle que « la famille de Guillaume Seznec n'ayant plus la possibilité juridique de le faire, Madame la Garde des Sceaux a formulé une nouvelle requête en révision. Cette initiative, qui s'inscrivait dans un cadre légal, ne m'a pas choqué. La commission de révision d'abord, la Cour de révision ensuite ont porté le plus grand intérêt à ce dossier et ont consacré beaucoup de temps à son instruction et à son examen. J'ai personnellement profondément regretté que la décision, très motivée, rendue par la chambre criminelle statuant comme Cour de révision, au terme d'un délibéré auquel participaient plus de trente conseillers de la chambre, n'ait pas été mieux comprise. La famille de la victime [525], lassée après tant d'années de procédure, n'avait, il est vrai, pas souhaité se faire représenter par un avocat ce qui, à l'audience, n'a pas permis un débat permettant la confrontation de points de vue opposés. La chambre criminelle ne pouvait expliquer sa décision ; elle ne pouvait, non plus, répliquer aux articles de presse qui, dès le lendemain de la décision, se sont montrés, pour certains, très critiques. Enfin, la chancellerie ne m'a, à l'époque, pas paru non plus très concernée par ce dossier [526]. »

Dominique Perben, alors ministre de la Justice, s'était en effet tenu à distance de la procédure initiée par sa prédécesseur. Tout juste s'était-il exprimé plusieurs mois auparavant lorsque, durant l'audience de révision, l'avocat général

525. La famille de Pierre Quémeneur.
526. Entretien de l'auteur avec Bruno Cotte, *op. cit.*

auprès de la Cour de cassation avait, à l'instar des défenseurs de la famille Seznec, réclamé la réhabilitation du condamné. Dominique Perben avait alors sobrement salué ces réquisitions : « Il y a une cinquantaine d'années, la justice avait du mal à se remettre en question. Il me semble qu'aujourd'hui, les choses sont différentes. Il y a des révisions qui ont été ordonnées et qui ont abouti. Je pense notamment à l'affaire Patrick Dils. C'est cela qu'il faut saluer : une évolution vers une plus grande transparence[527]. »

Avec le recul, Marylise Lebranchu estime que son initiative n'était pas superflue : « Je voulais rouvrir ce dossier mais sans que la dimension affective prenne le dessus. J'ai confié le dossier à une magistrate qui n'y croyait pas du tout. Au bout de six mois, elle m'a dit qu'il fallait le faire. Il ne s'agissait pas de revenir sur l'autorité de la chose jugée ou d'attaquer une décision de justice. Nous venions d'instituer l'appel en cours d'assises. On ne pouvait pas dire brutalement que pour ceux qui étaient passés avant la réforme, on ne pouvait plus rien faire[528]. »

## *Le séisme interminable de l'affaire d'Outreau*

À partir de l'été 2004, le changement de regard sur les erreurs judiciaires prend la forme d'une secousse violente et inédite. Après le scandale d'Outreau, rien ne sera jamais plus comme avant.

À la chancellerie, pourtant, l'affaire n'est pas particulièrement suivie dans les phases qui précèdent le procès. Ce dossier de pédophilie, instruit à Saint-Omer, dans le Pas-de-Calais, est analysé, d'une façon classique, par le parquet général de Douai qui livre plusieurs rapports au

527. *Grandes Erreurs judiciaires*, *op. cit.*
528. Entretien de l'auteur avec Marylise Lebranchu, *op. cit.*

ministère [529]. Seuls les moments de fortes médiatisations alertent le cabinet sur la tournure du dossier. C'est le cas lorsque les enquêteurs recherchent dans un jardin le corps d'une fillette. Cadavre introuvable puisqu'inventé par l'un des mis en examen.

En réalité, c'est le procès devant la cour d'assises de Saint-Omer qui fait éclater au grand jour les incohérences du dossier, la manipulation exercée par l'une des accusées et finalement l'innocence de plusieurs d'entre eux. Immédiatement, l'émotion provoquée par l'histoire de ces femmes et de ces hommes est considérable. Sept des dix-sept pédophiles présumés sont acquittés à l'issue du premier procès devant la cour d'assises du Pas-de-Calais, le 2 juillet 2004.

Sitôt le verdict rendu, le garde des Sceaux, Dominique Perben, dit sa « compassion » et ses « regrets » aux acquittés et affirme son souhait de « comprendre ce qui s'était passé [530] ». Le ministère demande à un groupe de travail [531] de se pencher sur les conditions du fiasco. Une série de recommandations techniques sera émise. Mais l'essentiel, à un moment où les Français semblent plus coupés que jamais de leur justice, est également de répondre à l'opinion publique et montrer que la justice peut reconnaître une erreur d'une ampleur pareille.

La volonté politique est d'accorder une série de gestes symboliques. Deux mois après le verdict, les avocats dont les clients ont été blanchis à Saint-Omer sont reçus par le

---

529. Lire le chapitre 9, les rapports du procureur de Douai copiés-collés jusqu'à la chancellerie.

530. Déclaration de Dominique Perben, France Inter, le 2 juillet 2004.

531. Dominique Perben demande à Jean-Olivier Viout, alors procureur général près la cour d'appel de Grenoble, de présider un groupe de travail « chargé d'analyser le traitement judiciaire de l'affaire d'Outreau ».

directeur de cabinet du ministre. Et le 27 septembre 2004, les sept acquittés du premier procès franchissent le porche de l'hôtel de Bourvallais et sont reçus par le ministre.

Du jamais vu ! « Même le capitaine Dreyfus n'a pas été reçu par le garde des Sceaux [532] », s'exclame l'avocat Éric Dupond-Moretti, interrogé Place Vendôme par la presse. Plus encore qu'à la suite de leur acquittement, la « boulangère » Roselyne Godard, son mari Christian, le chauffeur de taxi Pierre Martel, Odile Marécaux, Daniel Legrand père, Karine Duchochois et David Brunet deviennent ce jour-là l'incarnation de tous les dysfonctionnements judiciaires. Cette image est donnée au sein même du ministère puisqu'à l'issue du rendez-vous, les sept acquittés posent, sans le ministre, sur le perron menant au bureau du garde des Sceaux.

Ces épisodes marquent profondément la Place Vendôme. « Avec le président de la République, nous sommes extrêmement bousculés par cette affaire, confie aujourd'hui Dominique Perben. Et en commun accord avec lui, je décide de recevoir les acquittés et je prononce les excuses au nom de la justice. C'est un fait exceptionnel. L'institution avait compris qu'il y avait un fait d'une gravité exceptionnelle. J'ai eu le sentiment que les magistrats étaient plutôt reconnaissants à mon endroit d'avoir trouvé un moyen efficace sur le plan médiatique de racheter aux yeux de l'opinion l'image de la justice. On avait également voulu que la question des indemnisations soit réglée rapidement. À mes yeux, la rencontre avec eux était importante. Mais elle n'était pas forcément évidente pour moi. Dans un cas pareil, vous incarnez la justice et donc vous avez l'impression d'incarner celui par lequel le malheur s'est abattu sur eux [533]. »

---

532. Interview d'Éric Dupond-Moretti, RTL, 27 septembre 2004.

533. Entretien de l'auteur avec Dominique Perben, *op. cit.*

Dans les milieux judiciaires, les répercussions du scandale judiciaire sont vécues difficilement. À la chancellerie, tous ne sont pas favorables à ces excuses institutionnelles à grand spectacle. « Plusieurs d'entre nous s'interrogent, confie un magistrat alors en poste au ministère. Nous ne sommes pas tout à fait à l'aise. Certes, un acquittement vient d'être prononcé. La décision de la cour d'assises est incontestable. Mais l'affaire n'est pas close puisqu'un deuxième procès doit avoir lieu et que les procédures, qui sont alors encore confiées à des juges des enfants, peuvent éventuellement révéler des éléments nouveaux. Est-ce prudent pour le ministre d'intervenir aussi vite ? N'existe-t-il pas un risque de voir des rebondissements soudainement remettre en cause l'image donnée du dossier par le ministère ? Quel est le risque que l'institution prend dans une telle opération ? À ce moment-là, personne ne peut l'affirmer[534]. »

Outreau impose des confrontations entre de grands magistrats, rompus aux dossiers périlleux, et des politiques de renom, sensibles aux émotions de l'opinion.

Laurent Le Mesle, alors directeur de cabinet du garde des Sceaux, estime que les répercussions de l'affaire d'Outreau sur le ministère sont de l'ordre de la blessure grave : « C'est un traumatisme pour le magistrat et c'est un traumatisme pour le directeur de cabinet. Mais cela a permis de dire des choses et de faire avancer la justice. (...) Au plus haut niveau de l'État, Jacques Chirac était très impliqué. Je me souviens d'appels de sa part à mon bureau de directeur de cabinet, me demandant :

— Laurent, comment on peut expliquer une erreur comme celle-là ?

— Monsieur le Président, la justice est humaine.

— Oui, mais ce n'est pas une réponse suffisante…

---

534. Entretien avec l'auteur.

Jacques Chirac, comme Nicolas Sarkozy, sent l'état de l'opinion publique et réagit en fonction de cet élément avec des interrogations fortes et une demande de réponses. (...) Le personnel politique a peut-être été plus en avance sur l'écoute concrète de l'opinion publique alors que les magistrats ont pu avoir du mal à prendre en compte la gravité réelle de ce dossier et de ses conséquences. L'attitude adoptée par Dominique Perben et par Pascal Clément a peut-être permis cette prise de conscience et cela a sans doute aidé à faire évoluer la vision des magistrats sur ce point [535]. »

Le second procès de l'affaire d'Outreau, tout au long du mois de novembre 2005, devant la cour d'assises d'appel de Paris, est conclu par un acquittement général. Les six accusés qui avaient contesté le premier verdict sont tous blanchis. Une nouvelle fois, une onde de choc considérable suit la décision de justice. Comme son prédécesseur, sitôt le verdict rendu, Pascal Clément prononce dans la galerie Peyronnet une déclaration solennelle afin de présenter ses « excuses à tous les acquittés et à leurs familles » : « Ce sont les excuses de l'institution judiciaire que je représente. Il est important que je le dise, ici, publiquement. (...) Des vies ont été brisées, l'un des mis en examen s'est même suicidé en prison, des familles ont éclaté, des réputations ont été durablement mises à mal, des enfants ont été privés de leurs parents [536]. » Le même jour, trois enquêtes sont lancées, dont une de l'inspection générale des services judiciaires.

Les acquittés des deux procès sont reçus une semaine plus tard par le garde des Sceaux mais cette fois à l'hôtel Matignon et en présence du chef du gouvernement. « Ce drame que vous avez vécu représente l'exemple même d'une

535. Entretien de l'auteur avec Laurent Le Mesle, *op. cit.*
536. Déclaration de Pascal Clément, France Info 1er décembre 2005.

erreur inqualifiable qui marquera à jamais l'institution judiciaire [537] », leur déclare d'emblée le Premier ministre Dominique de Villepin, accompagné de Pascal Clément. Dans un geste très symbolique, le chef du gouvernement raccompagne sur le perron de Matignon les acquittés et pose au milieu d'eux pour une photo de famille. Les semaines suivantes, les acquittés sont entendus par la commission d'enquête parlementaire menée par les députés André Vallini et Philippe Houillon [538] et les pistes de la réforme sont lancées. Seules quelques-unes seront traduites dans la loi.

« J'ai beaucoup hésité à supprimer le juge d'instruction, affirme aujourd'hui Pascal Clément, mais je n'étais pas sûr de pouvoir résister à la pression médiatique qui souhaitait déjà l'indépendance du parquet. Nous étions en fin de mandature. On y est toujours moins légitimes [539]. » L'ancien garde des Sceaux défend les aménagements pourtant obtenus : « Les acquittés d'Outreau avaient été reçus à Matignon en ma présence, le 5 décembre 2005. Je leur avais promis une réforme. Plusieurs membres du gouvernement y étaient cependant hostiles. Durant plusieurs réunions inter-ministerielles, j'ai défendu la réforme. Dominique de Villepin dans son livre raconte que je trépigne sur ma chaise pour qu'on accorde "ma réforme [540]". En réalité, j'ai fait la réforme qui convenait. La preuve, c'est qu'il ne s'est rien fait depuis. Je n'ai retenu que les réformes réalistes. J'étais sûr qu'aucun garde des Sceaux ne pourrait revenir sur ces mesures. Dans les propositions

537. Dépêche AFP, 7 décembre 2005.

538. Élisabeth Fleury et Philippe Houillon, *Au cœur du délire judiciaire. Ce que la commission parlementaire sur Outreau a découvert*, Albin Michel.

539. Entretien de l'auteur avec Pascal Clément, *op. cit.*

540. Dominique de Villepin, *Hôtel de l'insomnie*, Plon.

des parlementaires, on trouvait des points qui étaient réellement impossibles à traduire immédiatement dans les faits. Ils voulaient aller plus loin mais ce n'était pas raisonnable. Il fallait créer les pôles de l'instruction avec la co-saisine des juges d'instruction dans les affaires complexes. Je l'ai fait. Il fallait aussi limiter la détention provisoire en la contrôlant davantage. Je l'ai fait. Il fallait encore, et je l'ai fait, le moyen de réclamer pour la défense des contre-expertises, des avocats pour les mineurs victimes et l'enregistrement des gardes à vue. Nicolas Sarkozy a obtenu en plus les auditions chez le juge d'instruction [541]... »

Plus radical dans sa volonté de réformer l'institution, le ministre de l'Intérieur, devenu président de la République, décide quant à lui dès janvier 2009 d'annoncer la suppression de la fonction de juge d'instruction et de réclamer immédiatement à la chancellerie les textes correspondant à cette révolution.

## *Une justice humaine*

Pendant ce temps-là, le courrier arrivant Place Vendôme ne change guère. Il demeure abondant. Et des histoires, à chaque fois différentes, ramènent encore des erreurs judiciaires et des demandes de réparation vers les bureaux du ministère.

En mars 2008, une initiative rarissime est ainsi déclenchée par la garde des Sceaux. Elle concerne Marc Machin, du nom de cet homme incarcéré en 2001 pour l'assassinat d'une mère de famille sous le pont de Neuilly. Marc Machin a été déclaré coupable et condamné à dix-huit ans de réclusion par une cour d'assises. Mais sept ans après le crime, un homme s'est présenté aux policiers et s'est accusé du meurtre. Est-ce une erreur judiciaire ? Le dossier en

541. Entretien de l'auteur avec Pascal Clément, *op. cit.*

possède toutes les apparences et, dès que les analyses génétiques appuient cette thèse, le doute devient considérable au point que Marc Machin peut, après plusieurs jours d'attente et de formalités, obtenir une suspension de peine et quitter sa prison.

Rachida Dati adresse alors à la Cour de cassation une requête en révision. La ministre estime qu'un « fait nouveau de nature à jeter le doute sur la culpabilité du condamné » est intervenu [542]. À la justice, désormais, d'entamer une lourde procédure de révision, sans doute pour plusieurs années.

C'est par ce biais que Patrick Dils avait pu entamer le chemin vers son acquittement. Il n'était alors que le sixième [543] condamné français à obtenir une telle mesure depuis 1945. Marc Machin deviendra-t-il le septième ? En tout cas, si cette erreur judiciaire se confirmait, elle relancerait de vieux débats sur le problème de la détention provisoire, de la culture de l'aveu et de l'intime conviction des jurés qui suffit à condamner un homme.

Comme d'autres avant elle, cette seule affaire serait un argument pour réclamer des réformes immédiates…

---

542. Dépêche Reuters, le 29 mars 2008.

543. La Cour de révision, cassant des verdicts définitifs et renvoyant des affaires devant de nouvelles cours d'assises, a conduit à blanchir Jean Dehays, condamné en 1949 à vingt ans de travaux forcés et acquitté en 1955, Jean-Marc Deveaux, condamné en 1963 à vingt ans de réclusion criminelle et acquitté en 1969, Roland Agret, condamné à quinze ans en 1973 et acquitté en 1985, Guy Meauvillain, condamné en 1975 à dix-huit ans et acquitté en 1985, Rida Daalouche, condamné à quatorze ans en 1994 et acquitté en 1999, et donc Patrick Dils, condamné en 1989 à la perpétuité et acquitté en 2002.

CHAPITRE 14

# La course aux lois

Si les gardes des Sceaux ne faisaient des réformes que pour voir des lois porter leurs noms, l'histoire serait injuste avec eux. La loi Guigou ou les lois Perben garantissent à leurs auteurs une identification facile. Mais, paradoxalement, il n'existe qu'une seule « loi Badinter ». Il s'agit d'un texte du 5 juillet 1985 sur… l'indemnisation des victimes d'accident de circulation. Cette loi, qui ne fut pas facile à imposer aux parlementaires, est à l'origine d'une protection renforcée des victimes d'accidents de la route et s'applique encore aujourd'hui devant les tribunaux de toute la France. Mais, assurément, d'autres réformes du garde des Sceaux de 1981 ont bien davantage marqué l'opinion !

Pour tous les ministres de la Justice, se lancer dans de nouvelles réformes relève de l'exercice imposé. L'une des seules exceptions, durant ces vingt-cinq dernières années, s'appelle Pascal Clément. À son arrivée au ministère, en juin 2005, il dit rêver d'une « pause législative », soulignant que les professionnels l'appellent de leurs vœux et que « la période des grandes réformes d'ensemble est, au moins pour un temps, terminée [544] ». Avant même les réformes imposées par le fiasco d'Outreau, le ministère produira

544. Discours de Pascal Clément au congrès de l'USM, le 15 octobre 2005.

pourtant une vingtaine de textes sur le secret professionnel des avocats, le jugement des irresponsables pénaux, le traitement des délinquants dangereux ou encore la récidive et le bracelet électronique. La liste fournit au président de l'Union syndicale des magistrats d'alors, Dominique Barella, ce bon mot face à son garde des Sceaux : « Vous êtes en quelque sorte le Monsieur Jourdain de la loi, vous la réformez sans le savoir [545] ! »

L'empilement des textes de droit pénal, civil ou encore commercial est-il si massif que plus personne, jusqu'au cœur de la machine, n'y comprend rien ? Les ministres sont bien en peine de rendre lisibles les lois à leurs concitoyens... À son arrivée, Michèle Alliot-Marie a bien l'espoir que les choses changent mais la tâche est lourde. « Il faudra bien arriver à faire comprendre à tous l'intérêt et le rôle de la loi, observe-t-elle. Cela passe par un changement de la façon d'écrire le droit. C'est un chantier considérable. Ce sera mon travail mais sans doute aussi celui de cinq ou six de mes successeurs : il faudrait réécrire toute une série de lois afin qu'elles deviennent compréhensibles pour chaque Français. Il faudra par la même occasion supprimer les aberrations de certains textes, simplifier certaines procédures. Je voudrais créer des rencontres entre ceux qui forment le corps judiciaire et les Français. Il faut qu'ils se connaissent, s'écoutent et se comprennent mutuellement. Aujourd'hui, ils vivent dans la méfiance. Je voudrais faire disparaître les murs, rendre ce ministère transparent et compréhensible par tous [546]. »

---

545. Discours de Dominique Barella au congrès de l'USM, le 15 octobre 2005.

546. Entretien de l'auteur avec Michèle Alliot-Marie, *op. cit.*

## *La machine produit des lois à la chaîne*

La chancellerie est conçue pour inventer de nouveaux textes, en étudier l'application et en ciseler la rédaction. Des dizaines de magistrats des directions criminelles et civiles ont ce rôle que les spécialistes désignent comme « l'activité normative du ministère ». La machine connaît ses pics d'activité aux débuts de chaque nouveau ministère.

Robert Badinter, en arrivant, affirme avoir songé au mot de Pierre Mendès-France selon lequel « on a cent jours pour agir » mais « optimiste, doubla le délai et pensa que l'état de grâce durerait bien jusqu'au terme de l'année 1981 [547] ». Lors des six premiers mois de son mandat, les réformes de premier plan s'enchaînent : l'historique abolition de la peine de mort puis la suppression des juridictions d'exception, des lois anti-casseurs, des quartiers de haute sécurité et du délit d'homosexualité. Pour les victimes, la loi de 1984 instaure le fonds de garantie, les référés-provisions ou encore les associations d'aide aux victimes. Le premier bureau des victimes est créé à la chancellerie...

Albin Chalandon, lui, donne son nom à la loi pénitentiaire votée en 1987 et à plusieurs lois sur la délinquance. « Sans vouloir procéder par de vastes fresques législatives, qui trop souvent restent de simples esquisses, j'ai fait voter neuf textes courts, simples, bien ciblés pour renforcer les moyens de poursuite, les sanctions et leur exécution [548] », synthétise-t-il en faisant le bilan de son action.

Le haut magistrat Pierre Arpaillange, lui, doit dès son arrivée ferrailler avec Matignon sur le sens à donner aux priorités judiciaires. « Peu après ma prise de fonctions, raconte-t-il, j'ai constitué une commission chargée de la réforme de la procédure pénale et de l'application des

547. Robert Badinter, *L'Abolition*, *op. cit.*

548. *Mon action pour la justice*, Albin Chalandon, document édité par le ministère de la Justice en mai 1988.

droits de l'homme présidée par Mme Delmas-Marty, professeur de droit. Le texte portant cette création a été transmis à Matignon pour signature du Premier ministre. Mais celui-ci estimait la poursuite de la réforme du code pénal plus urgente. (...) C'est donc avec quelques mois de retard que les travaux ont pu commencer. J'ai demandé à cette commission de réfléchir en priorité à une réforme de la détention provisoire. Le texte [549] permit d'une part de renforcer les droits des inculpés en limitant le nombre et la durée des détentions provisoires, d'autre part de généraliser l'obligation de faire comparaître l'inculpé détenu devant la chambre d'accusation [550]. »

## *Le code pénal métamorphosé*

Pierre Arpaillange donne aussi son nom à la loi sur le financement des partis politiques [551], votée en 1990. Mais son grand chantier est sa participation à la réforme du code pénal. « Robert Badinter, après son action brillante pour l'abolition de la peine de mort, a, avec les membres de la commission de la réforme, élaboré les trois premiers livres de ce texte qui a été déposé devant le Sénat en 1986, souligne-t-il. (...) J'ai moi-même présenté le Livre I au Parlement début 1989. La suite a été préparée et soumise au Parlement par mes successeurs. Chacun de nous consacra beaucoup de temps à ces travaux. Pour ma part, je passai alors mes soirées, jusqu'à une heure avancée, au Parlement, accompagné de quelques magistrats ou de membres de mon cabinet (...) Le nouveau code pénal entra en vigueur

549. Voté par le Parlement le 6 juillet 1989.

550. Lettre de Pierre Arpaillange à l'auteur, *op. cit.*

551. Lire le chapitre 8 et les conditions dans laquelle cette loi est adoptée sans que le garde des Sceaux en soit le plus fervent partisan.

le 1er septembre 1993. Il est évident que je n'oublie pas la personnalité essentielle de cette entreprise, François Mitterrand, qui a voulu ce code et a réussi, par sa ténacité et son autorité, à le faire voter entièrement pendant son second septennat. Être l'initiateur d'un code pénal qui a remplacé un des codes napoléoniens est assurément à retenir dans son bilan [552]. »

Michel Vauzelle, qui a laissé son nom à la loi de janvier 1993 protégeant le secret des sources des journalistes, a lui aussi gardé le souvenir des combats parlementaires à mener autour de la réforme des deux codes : « François Mitterrand m'a nommé *in extremis* à un an de l'échéance législative afin de parachever la réforme du code pénal et mener à bien une importante réforme du code de procédure pénale qui m'a demandé une énergie considérable, face aux deux chambres, pour trois lectures… Des éléments à l'époque paraissaient invraisemblables comme la présence de l'avocat à la première heure de garde à vue. On avait l'impression que ça allait être la révolution [553]. »

## *Vingt réformes en vingt ans*

Pour un garde des Sceaux, les discussions d'un texte en commission puis en séances devant l'Assemblée nationale et le Sénat ont la réputation d'être des marathons épuisants.

Pierre Méhaignerie confie que, quand il a vu la liste des réformes constitutionnelles et législatives, notamment celle du code pénal, il a « pris conscience du gigantesque travail à effectuer ». Il redoutait alors, lui qui n'était pas juriste, de devoir conduire tous ces textes à l'Assemblée nationale, « surtout face à Pierre Mazeaud à la commission des lois

552. Lettre de Pierre Arpaillange à l'auteur, *op. cit.*
553. Entretien de l'auteur avec Michel Vauzelle, *op.cit.*

qui n'était pas tendre par nature avec les centristes et pas tendre en général avec les ministres de la Justice [554] ».

Rachida Dati confirme que l'Assemblée nationale et le Sénat sont des enceintes où des coups sont à prendre. « J'ai eu une première expérience du débat parlementaire en étant conseillère de Nicolas Sarkozy au ministère de l'Intérieur, affirme-t-elle. Cette expérience m'a été très précieuse car le débat parlementaire est très exigeant. Il n'y a pas d'improvisation : il faut être au ministère pour préparer les textes, au Parlement pour les défendre et sur le terrain pour les expliquer. Au Parlement, je préfère de loin le travail en commission où l'on va au fond des choses alors que dans l'hémicycle, au prétexte d'un amendement, on en profite pour aborder d'autres questions. Cela devient souvent très politicien [555]. »

Avec vingt réformes en vingt ans pour la seule procédure pénale, les gardes des Sceaux se doivent de fréquenter avec assiduité le banc des ministres dans les deux chambres. La volonté de réformer le système est telle qu'elle fait figure de priorité permanente. Au milieu des années quatre-vingt-dix, elle a même le goût de l'urgence pour les deux camps politiques et devient un enjeu de premier ordre, engageant les débats judiciaires dans les tempêtes des campagnes électorales et des alternances politiques.

Ainsi, Jacques Toubon reçoit en octobre 1996 le rapport du professeur de droit Michèle-Laure Rassat. Ses « propositions de réforme du code de procédure pénale » insistent sur la présomption d'innocence, le respect du secret de l'instruction et les règles de la détention provisoire. Moins de deux ans s'écoulent avant que le chef de l'État, Jacques Chirac, ne lance la promesse d'une « vaste réforme de la Justice [556] » intégrant notamment un renforcement de la

554. Entretien de l'auteur avec Pierre Méhaignerie, *op.cit.*
555. Entretien de l'auteur avec Rachida Dati, *op. cit.*
556. TF1, 12 décembre 1996.

présomption d'innocence. « Il faut maintenant bâtir une bonne justice, une justice incontestée, une justice sereine et respectée [557] », promet alors le chef de l'État. Une commission de réflexion, présidée par Pierre Truche, est nommée afin de s'interroger sur « le respect du principe de présomption d'innocence dans le procès pénal et sur les rapports entre l'autorité judiciaire et le pouvoir politique ».

La dissolution de l'Assemblée nationale, en 1997, change gouvernement et garde des Sceaux. Mais la volonté de réforme est relayée par la nouvelle majorité. Dans sa déclaration de politique générale, Lionel Jospin, qui vient d'être nommé Premier ministre, annonce « le lancement de la réforme de la Justice ». Moins de trois ans plus tard, la loi d'Élisabeth Guigou « renforçant la protection de la présomption d'innocence et les droits des victimes » est adoptée avec une série de mesures phares comme l'instauration de l'appel en cours d'assises, le renforcement des droits des victimes, la réforme de la garde à vue, la création du statut de « témoin assisté », la création d'un juge de la liberté et de la détention, la limitation de la détention provisoire ou encore l'interdiction de publier l'image d'un suspect menotté...

« J'ai voulu tenir avec cette loi un équilibre entre les nécessités de l'enquête et l'efficacité des investigations, la présomption d'innocence à laquelle a droit toute personne mise en cause mais pas encore jugée, et la protection des victimes, qui a fait l'objet d'un chapitre entier de ce texte [558] », explique aujourd'hui la ministre de la Justice de Lionel Jospin. Mais « après avoir publiquement soutenu notre projet de loi, le président Chirac a fait volte-face et a décidé de mener une offensive politique sur le terrain sécuritaire. Cette loi, qui avait été soutenue par lui-même

557. Allocution radiotélévisée de Jacques Chirac, le 20 janvier 1997.

558. Entretien de l'auteur avec Élisabeth Guigou, *op.cit.*

et ses amis politiques, a été soudainement l'objet de toutes les attaques. On a été jusqu'à prétendre qu'elle empêchait de poursuivre d'odieux criminels ! L'affaire a été scandaleusement exploitée par la droite [559] ».

## *La réforme prise en otage*

Les enjeux politiques rendent en effet le combat sans merci. À cet instant, ils visent la loi sur la présomption d'innocence mais aussi l'autre grand chantier lancé par Élisabeth Guigou : la réforme du Conseil supérieur de la magistrature. Adopté par les parlementaires, le texte prévoyait notamment que les sages du quai Branly, dont la nomination changerait de mode, désignent les magistrats du parquet de la même façon que ceux du siège. La réforme, constitutionnelle, devait être avalisée par un congrès, réunissant les deux chambres à Versailles. La date du 24 janvier 2000 était retenue. Mais le rendez-vous n'aura jamais lieu.

Le congrès est annulé face à la pression de parlementaires de tous bords, décidés à ne pas voter le texte s'il n'est pas accompagné d'un autre sur le statut des magistrats et leur responsabilité. « On ne peut pas faire comme s'il n'y avait pas eu la démission de Dominique Strauss-Kahn », affirme alors un député qui réclame, à la lumière de la spectaculaire mise en examen du ministre de l'Économie d'alors, davantage de respect pour le principe de la présomption d'innocence et pour le secret de l'instruction [560].

« Cette réforme n'a pas eu lieu, dénonce aujourd'hui Élisabeth Guigou, car Jacques Chirac a annulé la convocation du congrès alors que la réforme constitutionnelle avait été

559. Entretien de l'auteur avec Élisabeth Guigou, *op.cit.*

560. « Élisabeth Guigou tente de sauvegarder sa réforme de la justice », *Le Monde*, 18 novembre 1999.

votée, en janvier 2000, dans les mêmes termes par l'Assemblée nationale et le Sénat, pourtant en majorité à droite. Le président Chirac a refusé cette réforme parce qu'elle apportait des garanties d'indépendance aux procureurs [561]. »

Arrivant à la Place Vendôme après cette série de bras de fer, Marylise Lebranchu ne lance pas de nouvelle réforme d'ensemble mais elle connaît, avec la loi pénitentiaire, un scénario quasiment identique, les députés de l'opposition menaçant de ne pas voter sa réforme après avoir pourtant montré leur intérêt durant les débats. « Les parlementaires ne sont pas en cause, relativise Marylise Lebranchu aujourd'hui, c'est le jeu de la politique. C'est même le mauvais côté de la politique, d'ailleurs. Les enjeux d'une campagne présidentielle sont bien plus puissants qu'un texte, fût-il sur une question importante comme la pénitentiaire [562]. » La loi en question n'aura plus d'occasion de revenir sur le devant de la scène avant sept années malgré l'organisation, entre-temps, des états généraux de la condition pénitentiaire.

En 2002, la période de cohabitation terminée et la droite redevenue pleinement majoritaire, Dominique Perben n'a pas le souci des dosages politiques connu par ses prédécesseurs. Les coudées franches devant le Parlement, il est l'initiateur de dizaines de textes dans les domaines civil et pénal. « Avec le directeur des affaires civiles et du Sceau, Marc Guillaume, je veux tout faire pour que la Place Vendôme retrouve son rôle législateur y compris dans le domaine économique et financier, qui, il faut le dire, avait d'une certaine façon été aspiré par Bercy. Je dis : “La chancellerie *is back.*” La chancellerie est de retour. C'est ici qu'on fait le droit. Nous avons mené la réforme du divorce, la réforme des successions, la réforme du droit de la famille,

561. Entretien de l'auteur avec Élisabeth Guigou, *op.cit.*
562. Entretien de l'auteur avec Marylise Lebranchu, *op.cit.*

la réforme du droit de sauvegarde des entreprises. Cela a été moins sous le feu des projecteurs mais c'est le volet législatif le plus dense que j'ai réalisé [563] », lance le garde des Sceaux du gouvernement Raffarin.

Dans le domaine pénal, la bataille est âpre. Les lois Perben 2 « portant adaptation de la justice aux évolutions de la criminalité » provoquent de très vifs débats. Le texte a pour objectif de lutter contre la délinquance et la criminalité organisée mais, outre la création de juridictions interrégionales spécialisées, le statut de repenti, le plaider-coupable et l'extension des pouvoirs d'enquête du parquet, il renforce sensiblement les moyens donnés aux officiers de police judiciaire pour l'infiltration des réseaux, les écoutes téléphoniques, les perquisitions et les gardes à vue. De grandes questions de principe sont en jeu.

Dominique Perben, accusé alors de mettre en place des lois « liberticides [564] », reconnaît aujourd'hui de vrais « cas de conscience » sur une partie des réformes. « Dans la législation pénale, expose-t-il, j'ai beaucoup travaillé en m'impliquant avec les services et le cabinet mais aussi avec de grands policiers ou de grands juges d'instruction qui venaient discrètement à la chancellerie à 7 heures et demie le matin. Je voulais avoir, de façon informelle, leurs avis et leurs expériences. Mon souci était de proposer des choses qui fonctionnent de façon très concrète. Par exemple, j'ai beaucoup hésité à introduire dans la loi Perben 2 le volet prévoyant la sonorisation de lieux suspects par du matériel d'écoute. Des magistrats me disaient que cela ne servait à rien. D'autres pensaient qu'il ne fallait pas le mettre dans la loi, que ce serait politiquement trop compliqué, qu'ils savaient que cela existait et qu'ils couvraient les policiers dans leurs procédures. Au bout du compte, nous avons

---

563. Entretien de l'auteur avec Dominique Perben, *op.cit.*

564. « Justice : la philosophie liberticide de la loi Perben fustigée », *L'Humanité*, 1er octobre 2003.

conclu qu'il fallait clarifier les choses et placer la sonorisation sous le contrôle du juge. Le débat a été vif, j'ai eu des passes d'armes difficiles avec Robert Badinter là-dessus mais cette question était à mes yeux un vrai cas de conscience. J'ai le souvenir de l'avoir évoquée avec mes collègues européens, notamment avec le ministre de l'Intérieur britannique David Blunkett. Lors de notre échange, je l'interroge en anglais. Il semble ne pas comprendre. Je répète ma question. En fait, il s'étonne : "Comment ? Vraiment, cela n'est pas déjà autorisé chez vous ?" Il éclate de rire. Pour lui, cela n'avait aucun sens de ne pas utiliser ces pratiques face à la criminalité transnationale ou au terrorisme [565]. »

Pour Pascal Clément, les réformes les plus urgentes sont destinées à mieux lutter contre les récidivistes. Il met notamment en avant le bracelet électronique mobile et le fichier des délinquants sexuels (FIJAIS). Plusieurs textes fondent par ailleurs les dispositifs Alerte enlèvement, la réforme des droits des successions ou encore celles des tutelles…

Rachida Dati, interrogée sur le sens des réformes entreprises alors qu'elle est encore dans le fauteuil ministériel, répond d'abord sur un registre affectif : la recherche de l'idéal ! « Je ne serai pas garde des Sceaux à vie, lance-t-elle alors. Je sais que si des choses sont à faire, il faut les faire maintenant. Je souhaite que la justice fonctionne bien et que l'on dise enfin que les personnes qui y travaillent sont des gens extraordinaires au service de la protection des Français. J'aimerais que chacun puisse dire un jour : la justice nous protège. Grâce à elle, nous sommes dans un État de droit [566]. » Dans le détail, elle tient immédiatement à souligner que « peine plancher, carte judiciaire, rétention

---

565. Entretien de l'auteur avec Dominique Perben, *op.cit.*
566. Entretien de l'auteur avec Rachida Dati, *op. cit.*

de sûreté, contrôleur général des prisons, réforme du ministère… tous les engagements du président de la République ont été tenus à ce jour [567]. » Durant son ministère, déplore-t-elle, « on a souvent occulté les réformes sans précédent qui ont été menées autour de trois objectifs : protéger les Français, sanctionner les délinquants violents et récidivistes et rapprocher les Français de leur justice [568]. »

La volonté de supprimer du juge d'instruction, ardemment portée par Nicolas Sarkozy, s'ajoutera à la liste. La réforme de la procédure pénale formera le grand chantier et les grands débats de l'année 2010…

## *L'influence des faits divers*

Pour les gardes des Sceaux, posséder une fabrique de loi efficace, s'accorder les faveurs des parlementaires et convaincre le Conseil des ministres n'est pas tout. Pour voir ses réformes passer, échouer ou faire scandale, il faut encore compter avec la réalité des faits divers. Elle est souvent brutale. Le choc de l'opinion face aux crimes surpasse en effet tout débat sur la conception d'une réforme.

Robert Badinter, en 1983, voit ainsi un triple meurtre arrêter net la mise en place des tribunaux de l'application des peines qu'il souhaitait instaurer. À l'époque, le garde des Sceaux était encore celui qui devait décider des libérations conditionnelles. Sa réforme, proposée en juillet 1983 au Conseil des ministres, est rendue impossible par l'émotion considérable provoquée par la « tuerie d'Avignon », le même été. Un détenu en permission avait tué trois touristes. Dès lors, la réforme est politiquement vouée à l'échec. Elle n'est même plus évoquée par le Premier ministre.

567. Entretien de l'auteur avec Rachida Dati, *op. cit.*

568. Émission *À vous de juger*, Arlette Chabot, France 2, le 16 octobre 2008.

Déjà, au tout début de son ministère, cette problématique s'était imposée aux yeux du garde des Sceaux de François Mitterrand. L'enjeu n'était rien de moins que de faire accepter à l'opinion le bien-fondé de l'abolition de la peine capitale. Robert Badinter avait alors préparé son équipe à la confrontation à l'opinion publique : « Pour dissiper toute illusion, lors de notre première réunion [du cabinet ministériel], je leur annonçai que nous serions bientôt le ministère le plus impopulaire du gouvernement. Je pensais en effet que l'abolition de la peine de mort, priorité absolue à mes yeux, serait ressentie par l'opinion comme un outrage. Mgr Lustiger, avec qui j'entretenais des rapports d'amitié, m'éclaira à ce sujet : "Ne vous illusionnez pas : lorsqu'un crime atroce sera commis, le désir de vengeance, le vœu du talion se lèvera dans l'opinion. Et comme on ne pourra plus mettre à mort le criminel, cette fureur frustrée se tournera contre vous." Il me serait donné de mesurer l'exactitude de cette analyse [569]. »

Pierre Méhaignerie se souvient de mises en demeure similaires adressées par l'opinion publique après le choc provoqué par le viol et le meurtre d'une fillette de huit ans [570] par un multirécidiviste à Perpignan. D'autres faits divers terrifiants devaient marquer son ministère. « La pression pour revenir à la peine de mort existait, à la suite de plusieurs faits divers très graves, concernant des enfants et qui avaient beaucoup ému l'opinion publique, se rappelle le garde des Sceaux centriste. Le débat sur la perpétuité

569. Robert Badinter, *L'Abolition*, *op.cit.*

570. Karine, 8 ans, est violée et tuée en 1993 dans les Pyrénées-Orientales par un multirécidiviste, Patrick Tissier, déjà condamné deux fois par des cours d'assises au moment de son crime. En janvier 1998, pour sa troisième comparution devant des jurés, la cour d'assises de Perpignan l'a condamné à la réclusion criminelle à perpétuité assortie d'une peine de sûreté de 30 ans.

réelle a donc débuté après ces trois ou quatre affaires douloureuses. Face au problème de la récidive, j'avais la volonté de ne pas rouvrir le débat sur la peine de mort mais de protéger la société face à des cas qui pouvaient se reproduire à tout moment. Des rencontres m'ont convaincu qu'il y avait une issue pour envisager des solutions face à ce type de criminalité. J'avais été impressionné par la prison de Casabianda en Corse. Une sorte de prison-hôpital, avec la possibilité de recevoir sa famille [571]. »

L'impact des drames et les polémiques qu'ils provoquent sont particulièrement forts à l'égard de la loi sur la présomption d'innocence d'Élisabeth Guigou en 2001, après la libération du « chinois » Jean-Claude Bonnal. Dix mois après sa sortie de prison, cet homme est arrêté dans deux affaires meurtrières. Six morts en dix jours, dont deux policiers [572]. Les syndicats des forces de l'ordre manifestent massivement, estimant que Jean-Claude Bonnal a été libéré en anticipation de la loi Guigou qui allait réduire les possibilités de détention provisoire. À l'Assemblée nationale, le Premier ministre Lionel Jospin parle de « dramatique erreur d'appréciation [573] » du magistrat.

La crise passée, Élisabeth Guigou estime que « la loi du 15 juin 2000 n'avait rien à voir avec cette affaire pour deux raisons : elle n'est entrée en vigueur, pour les dispositions concernant la détention provisoire, que le 1er janvier 2001 alors que Bonnal a été libéré en décembre 2000. Mais même si ma loi avait été en application à ce moment-là,

571. Entretien de l'auteur avec Pierre Méhaignerie, *op.cit.*

572. Le « chinois » est impliqué dans deux affaires criminelles successives en région parisienne : le quadruple meurtre d'Athis-Mons, le 6 octobre 2001 et le cambriolage du Plessis-Trévise, le 16 octobre 2001, où deux policiers sont tués. Il est arrêté le 19 octobre 2001.

573. « Affaire Bonnal : Jospin déplore une "erreur" », *Le Figaro*, 25 octobre 2001.

Bonnal n'aurait pu être maintenu en détention provisoire[574] »... Quant à l'influence des faits divers sur les réformes pénales, Élisabeth Guigou ne formule aujourd'hui que ce bref commentaire : « Dans des contextes d'émotion extrême, quand le discours de la raison et de la complexité ne passe plus, le rôle des responsables politiques est de tenir bon le gouvernail face aux bourrasques[575]. » Et des bourrasques, il y en aura d'autres.

La spectaculaire « affaire Papy Voise », par exemple... Marylise Lebranchu, dans les derniers jours de la campagne présidentielle de 2002, est encore ministre de la Justice quand survient cette affaire résumée par le nom de ce grand-père d'Orléans battu par deux jeunes masqués avant que sa maison ne soit incendiée. Son visage, tuméfié, apparaît alors dans les journaux télévisés qui avaient, lors des semaines précédentes, traité à de multiples reprises la problématique de la sécurité comme thème de campagne des candidats. Le fait divers d'Orléans est abondamment couvert par la presse lors du week-end du premier tour de la présidentielle, le 21 avril 2002.

La chancellerie réagit-elle face à ce que la gauche considère déjà comme un argument de campagne pour les idées sécuritaires ? « Si l'on n'avait pas respecté l'indépendance de la justice, affirme Marylise Lebranchu, nous aurions pu être tentés de faire des déclarations fracassantes et de lancer des hypothèses sur ce fait divers... Il n'y a jamais de justification à la violence sauf qu'il y a parfois des explications. On ne les a pas données[576]. (...) Lionel Jospin sait

574. Élisabeth Guigou, « Ma loi n'a pas désarmé la police », *Le Figaro*, le 31 mars 2003.

575. Entretien de l'auteur avec Élisabeth Guigou, *op. cit.*

576. Après le choc électoral du 21 avril 2002 qui conduit à l'élimination de Lionel Jospin dès le premier tour de la présidentielle et à la présence au second tour de Jean-Marie Le Pen, plusieurs débats portent sur le traitement médiatique de ce fait divers. Il apparaît alors, comme des rumeurs le livraient à

qu'on sait mais qu'il est hors de question de dire quoi que ce soit. Il était impossible de dire quoi que ce soit sur un homme qui était une victime. Si on déroge à la règle pour un intérêt électoral, c'est fini… Il fallait rester fidèle aux principes de l'indépendance de la justice et de la non-intervention dans les affaires [577]. » Marylise Lebranchu conclut le récit de cet épisode par une formule choc, surtout au regard du traumatisme provoqué par le 21 avril 2002 : « Quand on a un principe, dit-elle, il faut aller jusqu'au bout, y compris jusqu'à perdre une élection [578]. »

Depuis le milieu des années quatre-vingt-dix, ce sont les affaires impliquant des délinquants sexuels et des récidivistes qui, se succédant régulièrement, sont au centre du débat politique puis des réformes pénales. À chaque fois, des événements criminels faisant polémique viennent souligner des lacunes législatives et leurs conséquences dramatiques.

En 2002, c'est le cas d'un récidiviste, agresseur de quatre jeunes femmes alors qu'il était placé sous contrôle judiciaire, qui ouvre un débat sur la question du suivi des délinquants après leur sortie de prison. Des réponses sont exigées par Nicolas Sarkozy, alors ministre de l'Intérieur. L'affaire est régulièrement citée lors des débats portant sur le bracelet électronique mobile. Trois ans plus tard, surgit de la même façon le cas du « violeur des parkings », auteur de trois nouveaux viols à sa sortie de prison en mai 2005.

En 2007, la mise en cause d'un multi-récidiviste, agresseur d'un petit garçon à Roubaix, pose pour sa part la question des remises de peines automatiques des délinquants dangereux. Condamné à vingt-sept ans de détention, libéré après dix-huit années, l'homme avait lui-même

---

l'époque, que des interrogations existent sur les raisons de l'agression. Dans son livre *Le Cauchemar médiatique* (Denoël), Daniel Schneidermann relaie ces questions : « L'agression s'est-elle bien déroulée comme l'a raconté le gentil vieillard ? »

577. Entretien de l'auteur avec Marylise Lebranchu, *op.cit.*

578. *Ibid.*

prévenu qu'il recommencerait dès sa sortie de prison et n'avait pas menti.

« Tout le monde savait que cet individu était dangereux, et pourtant cet homme a pu sortir, a pu mentir, donner une fausse adresse, disparaître, kidnapper un enfant et lui faire subir un traitement indigne. Cette situation n'est pas acceptable [579] », s'insurge alors Nicolas Sarkozy devenu chef de l'État, annonçant lui-même une réforme concernant les récidivistes. Le texte deviendra celui de la loi de rétention de sûreté. L'exigence est alors de maintenir enfermés les délinquants présumés dangereux après qu'ils ont purgé leurs peines.

Dans ce débat, la volonté de protéger la société à tout prix est centrale. Les discussions occultent même la question des conditions de détention qui étaient pourtant au centre de l'actualité quelques années auparavant…

579. Discours de Nicolas Sarkozy, le 20 août 2007

CHAPITRE 15

# Cellules

Quand ils en parlent, une petite grimace se forme sur leurs visages. Ce sont de mauvais souvenirs de ministres. Une découverte toujours déplaisante. Les mots qui viennent pour les décrire sont rudes : la première visite en prison, dit un garde des Sceaux, l'a « horrifié ». Un autre parle de « lieux d'épouvante ». Et pour les ministres issus de sphères totalement étrangères à l'univers de la justice, la confrontation avec la détention a même été démultipliée.

Venu du monde industriel, Albin Chalandon reconnaît ainsi que la révélation à ses yeux des conditions de vie dans la pénitentiaire l'a saisi à la gorge. « J'ai visité beaucoup de prisons pour y apprendre ce que j'ignorais, raconte-t-il. J'ai été horrifié. Le principe de cet enfermement allait de l'isolement total à l'entassement des individus dans une cellule comme du bétail dans un wagon de marchandises. Les deux situations contraires interpellaient de la même façon le pouvoir politique lui-même car elles n'étaient pas admissibles au niveau des droits de l'homme. Je l'ai dit au Parlement, quitte à me faire mal entendre et mal voir [580]. »

580. Entretien de l'auteur avec Albin Chalandon, *op.cit.*

## *Le grand choc pour les gardes des Sceaux*

Élisabeth Guigou, elle aussi étrangère jusque-là aux problématiques de la prison, se remémore dans des termes tout aussi saisissants sa découverte de l'enfermement. « Ma première visite, c'était à la maison d'arrêt d'Avignon, après avoir été élue en 1997, dit-elle. C'était un lieu d'épouvante. Situé en centre-ville, l'établissement n'existe plus aujourd'hui. La prison était insalubre, humide, sombre et semblait un lieu d'emprisonnement du Moyen Âge. Dans les cuisines, on m'avait prévenu qu'il ne fallait pas ouvrir les placards car le risque était qu'un rat nous saute au visage ! J'avais visité une cellule collective, un dortoir, dans laquelle vingt-six détenus étaient hébergés sur des lits superposés. Avignon a été l'un des premiers établissements dont j'ai demandé la fermeture [581]. »

Marylise Lebranchu qui, étudiante, avait réalisé son mémoire de maîtrise en travaillant avec une jeune femme en semi-liberté, reconnaît elle aussi que « le plus grand choc est la visite des établissements pénitentiaires [582] ». Les connaissant peu à son arrivée, Dominique Perben, lui, « s'était fixé une règle : visiter un établissement par mois » : « Cela me permettait d'être toujours conscient de la réalité humaine qu'il y avait derrière tout cela [583] », assure-t-il.

La vie pénitentiaire offre un tel amas d'émotions, de crises et de débats qu'elle secoue de façon tout aussi violente les ministres de la Justice qui avaient eu, par le passé, à connaître la réalité pénitentiaire. Robert Badinter a raconté à de nombreuses reprises comment sa propre vision de la vie carcérale avait forgé sa volonté de réformer la condition des détenus. Les hommes de droit savent mieux que quiconque la gravité des situations. Mais,

581. Entretien de l'auteur avec Élisabeth Guigou, *op.cit.*
582. Entretien de l'auteur avec Marylise Lebranchu, *op.cit.*
583. Entretien de l'auteur avec Dominique Perben, *op.cit.*

comme résigné à voir les prisons françaises incapables d'appliquer les lois de la République, Pierre Arpaillange admet l'impuissance des politiques face à l'ampleur de la tâche. Exemple ? « L'encellulement individuel des détenus est prévu par une loi de 1875 ainsi que par les règles pénitentiaires européennes, qui nous y obligent, rappelle Pierre Arpaillange. Mais ces règles n'ont jamais été appliquées [584]. »

Rachida Dati confirme le malaise ressenti en détention par les professionnels dont elle fit partie. « Comme magistrat, dit-elle, j'avais souvent tenu des audiences à Fleury-Mérogis. La prison est toujours un choc. On ne s'habitue ni aux conditions de détention, ni au fait de voir des personnes incarcérées, ni à la misère humaine. Dans le même temps, on ne s'habitue pas non plus à la monstruosité des actes commis par certains. D'une certaine manière, lorsqu'on a à conduire ce ministère, il faut refuser de s'habituer, de se fermer à toutes les difficultés et à tous les drames que l'on rencontre [585]. »

## *Une prison près de chez soi*

Pour les gardes des Sceaux, le défi de la condition pénitentiaire est chiffré. À l'échelle des quatre décennies – et avec des fluctuations selon les politiques pénales menées –, les statistiques sont claires. Les détenus étaient au nombre de 29 549 en 1971, 54 811 en 1992 et 63 750 en 2008…

Robert Badinter, dès 1981, impose une série de réformes pénitentiaires importantes. Les quartiers de haute sécurité (QHS) sont supprimés, les parloirs sans séparation généralisés et la télévision autorisée dans les cellules. « Beaucoup a été fait dans le domaine de la santé, beaucoup a été fait

584. Lettre de Pierre Arpaillange à l'auteur, *op.cit.*
585. Entretien de l'auteur avec Rachida Dati, *op. cit.*

dans le domaine de la formation professionnelle, beaucoup a été fait dans le domaine de l'enseignement, nous avons fait beaucoup en terme d'humanisation » détaille dès 1985 Robert Badinter. « Mais le problème, c'est la surpopulation. Quand je suis arrivé, j'ai trouvé vingt-neuf mille places pour quarante et un mille détenus. J'ai construit avec les moyens que nous avions. J'ai construit beaucoup plus que je m'attendais à le faire jamais. Avant nous, en moyenne, deux cent trente nouvelles places étaient construites par an. Nous en avons réalisé quatre cent cinquante par an. (...) Nous aurions pu faire plus. C'est un problème de budget. C'est aussi un problème de résistance des municipalités. Toutes couleurs politiques confondues, elles expriment de la même façon leur refus. Les maires et les populations résistent. Ils expliquent que la prison sera désignée par le nom de la commune et que cela va faire baisser le prix des terrains [586]. »

## *L'effet des alternances sur les constructions de prison*

Dès sa victoire aux législatives de 1986, la droite affiche fortement des ambitions d'amplifier les constructions. Elles correspondent, selon Albin Chalandon, à une volonté d'appliquer fermement les sanctions pénales prononcées. Le garde des Sceaux de la première cohabitation Mitterrand-Chirac parvient, en juin 1987, à faire passer une loi pénitentiaire mais son nom reste surtout associé au « programme 13 000 », prévoyant la construction de vingt-cinq établissements confiés en partie au secteur privé…

À l'époque, souligne-t-il, « personne, pour des raisons souvent opposées, ne voulait admettre la nécessité de procéder à une construction massive de prisons, non seulement

586. Interview de Robert Badinter, *Face à la trois*, 4 octobre 1985, FR3.

pour disposer du nombre de places suffisant, mais pour permettre d'assurer à chacun une vie décente qui sauvegarde sa dignité et prépare son avenir [587] ». Aujourd'hui, Albin Chalandon explique qu'il avait chiffré les besoins de façon conséquente : « J'ai évalué le besoin à court et à moyen terme à cinquante mille places. L'arbitrage de Chirac l'a réduit à vingt-cinq mille face au ministère du Budget qui s'en tenait à zéro. Il m'a finalement autorisé à en lancer immédiatement quinze mille. Comme toujours, les discussions avec la direction du Budget n'aboutissaient à rien et je me trouvais contraint à ne rien faire ou à démissionner [588]. »

L'option choisie est inédite. Pour agir, Albin Chalandon décide d'appliquer des recettes déjà expérimentées au ministère de l'Équipement : « Je m'étais exactement trouvé devant le même problème pour les autoroutes dix-huit ans auparavant. Il n'y en avait pratiquement pas en France : environ 300 kilomètres alors que la carte routière recommandait d'en construire 14 000 kilomètres. Au rythme budgétaire annuel, il fallait compter plus de deux siècles à la réalisation de ce programme. Pour un ministre digne de ce nom, il convenait de trouver une autre solution qui permette de se passer de l'argent public, d'où la privatisation : Des sociétés assuraient la construction en la finançant, en l'exploitant avec leur propre personnel, et en demandant à l'État de financer seulement les servitudes qu'il imposait. Il a suffi de deux ou trois décennies pour réaliser la carte autoroutière et nous avons aujourd'hui l'un des plus beaux réseaux routiers si ce n'est le meilleur. J'ai appliqué absolument la même méthode dans le secteur pénitentiaire. [589] »

---

587. Entretien de l'auteur avec Albin Chalandon, *op.cit.*
588. *Ibid.*
589. Entretien de l'auteur avec Albin Chalandon, *op.cit.*

Avec la gauche de retour au pouvoir en 1988, le successeur d'Albin Chalandon, Pierre Arpaillange, a pour mission de reprendre en main le programme des constructions pénitentiaires et de se démarquer des choix de son prédécesseur. Pas facile : « Les terrains étaient achetés, les architectes et les entreprises de construction désignés, énumère Pierre Arpaillange. Des contrats avaient été signés entre les entreprises et l'État, avec des sommes importantes à payer par l'État en cas de dédit. Je me suis mis à la tâche. Je n'avais pas encore les crédits pour les constructions, ni pour l'aménagement, ni le recrutement des surveillants et du personnel. Chaque année, je devais insister auprès du Budget où je ne rencontrais pas beaucoup d'enthousiasme, pas plus qu'à Matignon. Je pus tout de même prendre deux mesures : supprimer deux mille places, soit quatre établissements. Ce sont treize mille places au lieu de quinze mille que j'avais à construire. La gauche parlementaire ne cessait de répéter qu'elle n'était pas là pour construire des prisons. Le ministère du Budget pensait qu'il était logique de diminuer les crédits nécessaires et les postes à pourvoir. Heureusement, j'avais un service compétent pour m'épauler. Enfin, légère consolation, si je n'ai pas pu choisir les lieux, ni les méthodes, la situation des prisons était dans un état tel que treize mille places seraient tout de même une amélioration intéressante [590] (...) »

## *Comment un garde des Sceaux a failli être pris en otage*

Les ministres – et c'est leur rôle – fréquentent régulièrement les établissements pénitentiaires. Leurs visites sont souvent très rapides et très organisées mais elles offrent des contacts directs. Les échanges sont parfois des ironies de

590. Lettre de Pierre Arpaillange à l'auteur, *op. cit.*

l'histoire. Ainsi, dans une cellule de la maison d'arrêt de la Santé, Hélène Dorlhac de Borne, secrétaire d'État à la condition pénitentiaire entre 1974 et 1976 se fait-elle photographier aux côtés d'un François Besse lumineux, ignorant que celui-ci sera plus tard nommé « le ıoi de l'évasion [591] ».

Les échanges sont parfois plus tendus. Michel Vauzelle se souvient qu'« à Arles, une imprudence de [sa] part mais surtout de [ses] services de sécurité a provoqué des tensions. (...) Je me suis retrouvé seul dans un atelier avec deux personnes. Il y avait là des détenus condamnés à de longues peines qui avaient à leur disposition scies, couteaux, instruments divers, chignoles, vilebrequin. J'ai commencé à parler gentiment avec eux. Et tout à coup, j'ai senti que la conversation prenait un tour rude. Je me suis dit qu'il était tout à fait possible que l'un d'eux prenne une scie, me la mette sous la gorge et nous fasse sortir ensemble de prison. Cela aurait fait rire toute la France de penser que le garde des Sceaux avait visité un atelier où on pouvait s'emparer de lui. Sentant la tension, j'ai fait signe qu'il valait mieux qu'on s'en aille avant que cela ne tourne mal. Ensuite, j'ai dit au directeur de la prison et aux gens de la chancellerie que ce n'était pas très sérieux d'emmener un ministre de la Justice comme ça dans un tel atelier. Il n'y a pas eu d'incident. Mais cela aurait pu être très grave [592] ».

Après les passes d'armes entre la droite et la gauche sur le terrain pénitentiaire jusqu'à la fin des années quatre-vingt-dix [593], le choc connu par chaque garde des Sceaux lors de sa découverte de la prison gagne brusquement

591. Mathieu Delahousse, *François Besse, la métamorphose d'un lieutenant de Mesrine*, Flammarion.

592. Entretien de l'auteur avec Michel Vauzelle, *op.cit.*

593. Cette période est marquée par une loi, à l'initiative de Pierre Méhaignerie, qui confie l'organisation des soins en milieu pénitentiaire aux hôpitaux publics.

l'ensemble de l'opinion publique. La prise de conscience survient brutalement, en l'an 2000, quand le docteur Véronique Vasseur publie un livre de témoignage sur son expérience, *Médecin-chef à la prison de la Santé*. La description de la prison, depuis ses coulisses quotidiennes, choque l'opinion. Gauche et droite sont renvoyées dos à dos. Deux rapports parlementaires, lancés dans la foulée de l'ouvrage, soulignent la surpopulation pénale, les atteintes aux droits de l'homme ou encore les difficultés rencontrées par les agents de l'administration pénitentiaire. « Tout reste à faire », soulignent les députés et les sénateurs qui ont travaillé sur le sujet.

Élisabeth Guigou, garde des Sceaux à cette période, assure que son ministère avait, avant même la très forte médiatisation des débats sur la condition pénitentiaire, engagé une rénovation des établissements : « Je n'ai pas attendu le livre du Dr Vasseur en 2000 pour prendre des décisions. Ce livre a eu le mérite d'alerter l'opinion sur l'état indigne de nos prisons. La pire était la prison Saint-Paul à Lyon. Dès 1999, les travaux étaient lancés. J'ai lancé la construction de sept nouveaux établissements dont le premier a été inauguré en 2003 par mon successeur, Dominique Perben, à Toulouse-Seysses. Je me suis impliquée sur ces projets avec mon équipe. Nous avons exigé des cellules individuelles avec un coin toilette abrité des regards, des cellules pour handicapés, des espaces pour le travail et le sport et la proximité des villes afin que les établissements ne soient pas trop lointains pour les familles. La rénovation de sept grandes maisons d'arrêt a également été lancée[594]. »

De fait, la médiatisation de la cause pénitentiaire est un appel aux gardes des Sceaux. En 2000, le Dr Vasseur terminait précisément son livre alarmant sur l'obtention d'un

594. Entretien de l'auteur avec Élisabeth Guigou, *op.cit.*

rendez-vous place Vendôme et l'annonce d'un premier programme de rénovation. « Merci beaucoup, Madame la ministre, mais faites vite, écrivait le médecin-chef de la Santé… Il reste tant à faire[595]. »

## *À la poursuite de la loi pénitentiaire*

Les espoirs seront déçus. Tandis que les projecteurs sont braqués sur les prisons, Marylise Lebranchu a pour mission d'élaborer une loi pénitentiaire, très attendue. Le texte, déplore-t-elle n'aboutira jamais, victime de la campagne présidentielle : « Cela faisait pourtant partie de ma feuille de route. En novembre 2000, on inaugure l'École nationale de l'administration pénitentiaire (ENAP) à Agen. Lionel Jospin y fait un discours important sur le fait que la construction des prisons est nécessaire, que les budgets doivent être accordés, notamment 10 milliards de francs supplémentaires pour la réhabilitation, mais qu'une loi pénitentiaire pour l'accompagner est indispensable. L'idée est qu'il ne faut pas se faire piéger par les murs sans penser au sens de la peine. À compter de cet instant, la relation avec les personnels change. La réforme pénitentiaire est sur les rails[596]. »

Le texte, selon la ministre de la Justice de Lionel Jospin, est équilibré : « *Le Figaro* dit que c'est trop laxiste. *Libération* dit que c'est sécuritaire ! Nous en sommes ravis : si les commentaires sont ceux-là, c'est que nous sommes bons ! La rupture vient en réalité du discours du président de la République le 14 juillet 2001. Il casse cette dynamique. En présentant l'autorité de l'État supposée menacée à ce point par l'insécurité, et en orientant résolument sa politique vers

595. Véronique Vasseur, *Médecin-chef à la prison de la Santé*, Le Cherche-Midi.

596. Entretien de l'auteur avec Marylise Lebranchu, *op.cit.*

la sécurité, il crée les conditions d'un basculement. La loi est écrite, préparée, mais nous n'avons plus le consensus parlementaire, notamment des sénateurs. Quand je réunis les sénateurs RPR, ils me disent : "On ne pourra pas te suivre. On ne fera pas le cadeau d'une loi pénitentiaire à Jospin." C'est donc terminé. Lionel Jospin choisit de ne pas la présenter au Conseil des ministres : on n'a plus la fenêtre de tir pour faire passer le texte[597]. » Marylise Lebranchu, lors de la passation de pouvoir avec Dominique Perben, évoquera d'ailleurs exclusivement l'avenir de la loi pénitentiaire.

Le texte reste dans les cartons. Et si la priorité pénitentiaire demeure d'actualité, elle suit d'autres priorités… Dès son arrivée, en 2002, Dominique Perben est appuyé par un secrétaire d'État aux programmes immobiliers de la justice, Pierre Bédier. La chancellerie annonce une nouvelle série de constructions. Treize mille deux cents places, soit vingt-huit nouveaux établissements… « J'ai introduit le PPP, partenariat public-privé, sur la construction et la gestion, remarque le premier garde des Sceaux du second mandat de Jacques Chirac. La surveillance reste bien entendu publique. C'est grâce à cela que l'on a obtenu les treize mille places. Sinon, nous ne les aurions jamais eues[598]. »

L'actualité immédiate impose aussi de nouvelles réactions sur le terrain de la sécurité. Évasion d'Antonio Ferrara par un commando armé à Fresnes en 2003, scénario similaire à Borgo, en Corse, cinq jours auparavant, et la même année, une mutinerie à la centrale de Clairvaux… « Nous avions eu toute une série de pépins[599] », résume Dominique Perben, présent à l'aube au pied des murs de la prison de Fresnes, quelques heures après l'évasion de

597. Entretien de l'auteur avec Marylise Lebranchu, *op.cit.*
598. Entretien de l'auteur avec Dominique Perben, *op.cit.*
599. *Ibid.*

Ferrara. « Les équipes pénitentiaires avaient peur, affirme-t-il. Nous avons remotivé les troupes. J'avais notamment mis en place les ERIS, les équipes régionales d'intervention et de sécurité [600]. »

Le climat découlant de ces mesures de sécurité n'est pas réellement propice au dialogue. Celui-ci semble même se rompre en 2003 quand l'Observatoire international des prisons (OIP) publie un rapport annuel dénonçant ces « dirigeants qui, au mépris du respect dû à la personne humaine, entassent en pleine connaissance de cause des personnes vulnérables dans des lieux où les conditions de vie sont indécentes ». La réaction du ministre Dominique Perben est vive : « Je récuse les attaques excessives et grotesques de cette association militante qui est contre la prison. (...) Ils sont hostiles à la prison et, en même temps, ils me reprochent d'en construire de nouvelles, alors qu'ils expliquent, à juste titre, que plus de la moitié des prisons françaises date du XIX^e^ siècle [601]. »

L'OIP est pourtant l'une des associations posant les bases des états généraux de la condition pénitentiaire. Un manifeste issu de ses travaux est rédigé en 2006, juste avant l'élection présidentielle, et une déclaration solennelle destinée à susciter l'engagement des candidats est diffusée. Le document est considéré comme une pièce de référence. Et il est cité comme tel par la première garde des Sceaux de Nicolas Sarkozy.

En lançant le comité d'orientation de la loi pénitentiaire, en 2007, Rachida Dati affirme en effet qu'elle souhaite « passer au-dessus des différences politiques » : « Les enquêtes parlementaires en 2000, comme les états généraux de la condition pénitentiaire l'année dernière se sont accordés pour dénoncer la situation des prisons en France. Il est

600. *Ibid.*

601. Interview de Dominique Perben par Jean-Michel Aphatie, RTL, le 19 octobre 2003.

temps aujourd'hui d'apporter des réponses pragmatiques à ces interrogations. (...) Ne doutez pas, pour ce qui me concerne, de ma totale détermination à avancer sur ce sujet et à doter enfin notre pays d'une loi fondatrice, après celles du 22 juin 1987 et du 9 septembre 2002[602]. » Avant la bataille de la loi pénitentiaire, Rachida Dati souligne d'autres avancées : « Nous avons institué un contrôleur général indépendant des lieux privatifs de liberté. Il veille à la dignité des conditions de détention. Cette réforme est courageuse, car elle impose une grande exigence et une grande transparence à notre administration ; elle était attendue de longue date, et il faut remarquer que ce n'est pas la gauche qui l'a faite[603]. » Le texte sur la loi pénitentiaire est finalement discuté en mars 2009 au Sénat alors que le départ de la première garde des Sceaux de Nicolas Sarkozy est déjà annoncé. La loi doit, en principe, être adoptée à l'automne 2009.

Avant celle-ci, Rachida Dati doit surtout défendre la loi sur les criminels dangereux voulue par Nicolas Sarkozy. Conception jamais envisagée jusque-là dans le droit français, il s'agit de « la prison après la prison » pour les délinquants dont la récidive paraît « inéluctable ». Le texte de la rétention de sûreté prévoit l'enfermement, à leur sortie de prison, de criminels condamnés à plus de quinze ans de réclusion et considérés encore dangereux. Une seule condition : la cour d'assises doit avoir « expressément prévu » lors de son verdict que la personne pourra « faire l'objet à la fin de sa peine d'un réexamen de sa situation en vue d'une éventuelle rétention de sûreté ».

Rachida Dati défend le concept même de la loi : « La rétention de sûreté existe depuis longtemps dans d'autres pays. Je pense à l'Allemagne, aux Pays-Bas ou à la Belgique. (...) Cela fait des années que des rapports

---

602. Discours de Rachida Dati, le 11 juillet 2007.
603. Entretien de l'auteur avec Rachida Dati, *op. cit.*

évoquent le problème de la récidive après la prison. Des hauts magistrats, des parlementaires de gauche comme de droite ont fait des propositions sur les criminels dangereux. Les accusations de la gauche sont caricaturales. Nous parlons de remettre en liberté des psychopathes qui constituent une menace pour la société. Il faut que chacun prenne ses responsabilités [604]. »

## *Le secteur des mille problèmes*

La pénitentiaire ? « C'est un domaine où les affrontements idéologiques existent [605] », observe froidement Dominique Matagrain, ancien secrétaire général de l'APM, ancien conseiller d'Albin Chalandon et de Jacques Toubon et précisément engagé lui-même dans ces affrontements. « Après ma nomination, confie Marylise Lebranchu, ma première sortie a eu lieu le lendemain midi à Europe 1 pour un déjeuner-débat sur la justice prévu de longue date. Simone Veil était là. Elle m'avait dit : "Vous verrez, la pénitentiaire, cela va vous prendre et vous n'en sortirez pas indemne." Elle avait raison. Elle-même dit qu'elle n'en est jamais sortie [606]. »

De fait, plus encore que de la justice, on ne finit pas de débattre de la prison… Comment peut-elle réinsérer ? Quelles solutions apporter à la surpopulation ? L'isolement peut-il se justifier ? Comment l'incarcération des mineurs doit-elle s'envisager ?

Pêle-mêle, les gardes des Sceaux ont été marqués par des incidents différents.

604. Interview de Rachida Dati dans *Le Monde*, le 28 février 2008.

605. Entretien dans le livre *Les Juges parlent* de Laurent Greilsamer et Daniel Schneidermann, paru chez Fayard.

606. Entretien de l'auteur avec Marylise Lebranchu, *op.cit*.

Pierre Méhaignerie se souvient d'avoir été la cible de reproches de la part de la droite parlementaire sur ce thème de l'enfermement. Une partie de ses alliés politiques n'acceptait pas qu'il soit favorable aux alternatives à l'incarcération. « J'estime que la détention n'est pas la solution à tout, répète aujourd'hui l'ancien garde des Sceaux. J'avais en revanche beaucoup d'admiration pour le travail de l'amiral de la Perrière et l'association JET qui s'occupait de mineurs délinquants. Sur la base d'une discipline forte, du travail et de la considération pour les jeunes. Si j'étais resté plus longtemps au ministère de la Justice, j'aurais poursuivi dans cette voie [607]. »

Albin Chalandon fournit exactement la même référence à l'association JET conçue et créée par l'amiral de la Perrière, ancien chef d'état-major de la Marine, mais « évidemment cela coûtait cher et cela peut expliquer la raison pour laquelle le ministère de la Défense y a mis fin. La cause invoquée est la pénurie des volontaires à s'y engager. Je l'ai fortement déploré [608] ».

L'association créée par l'ancien chef d'état-major refera parler d'elle lors de la campagne présidentielle de 2007 quand Ségolène Royal se prononcera en faveur d'un encadrement militaire pour les mineurs délinquants…

## *Humainement raison, politiquement tort*

Un terrain d'affrontements idéologiques ? Dans les débats autour de l'incarcération, Pierre Arpaillange cite pour sa part les polémiques politiques entourant les prisonniers d'Action directe. « Très vite après ma nomination de ministre, un membre de mon cabinet chargé des problèmes pénitentiaires a reçu des avocats de terroristes inculpés,

607. Entretien de l'auteur avec Pierre Méhaingherie, *op.cit.*
608. Entretien de l'auteur avec Albin Chalandon, *op.cit.*

raconte-t-il. J'apprends que le juge antiterroriste prévoit systématiquement un isolement total de l'inculpé pour une durée non limitée. Mon collaborateur m'indique qu'il est urgent et équitable, dans un but humanitaire, de remettre en application les règles antérieures qui limitaient la durée de l'isolement à trois mois renouvelables. La nouvelle se répand comme une traînée de poudre. Lorsque j'arrive à l'Assemblée nationale pour un débat sur un projet législatif, l'effervescence sur les bancs de la droite est à son comble. Je suis évidemment mis en cause par mes contradicteurs de droite : je suis un suppôt du terrorisme. L'action que j'ai menée jusqu'ici contre les terroristes est totalement oubliée… Dès que je rejoins la Place Vendôme, j'appelle M. Rocard qui m'enjoint l'ordre de revenir sur la décision prise et de ne rien changer au régime qui existait jusque-là, ce qui fut évidemment exécuté sur-le-champ. (...) Le président de la République a tiré lui-même la conclusion de cet épisode : "Arpaillange a humainement raison, mais politiquement tort." À partir de là, le calme est revenu [609]. »

Le clivage gauche droite peut-il être dépassé par les problèmes de société posés par la prison et la délinquance ? La question est successivement posée à Jacques Toubon et à Élisabeth Guigou qui s'étaient suivis Place Vendôme et qui – actualité oblige – avaient dû se pencher sur plusieurs chantiers identiques comme les lois contre la délinquance sexuelle et celles concernant la délinquance des mineurs.

Pour les mineurs délinquants, Jacques Toubon avait créé à partir de 1996 les unités à encadrement renforcé (UER). Pour permettre leur réalisation, il avait modifié les conditions de nominations, trop influencées selon lui par les syndicats. « Je prévois les nominations des éducateurs par mutation afin de changer le système mis en place en accord avec les syndicats de la Protection judiciaire de la jeunesse

609. Lettre de Pierre Arpaillange à l'auteur, *op. cit.*

et les commissions paritaires, affirme-t-il. À son arrivée, Élisabeth Guigou donne un coup d'arrêt aux nominations puis, avec ses centres éducatifs renforcés, reprend en réalité le dossier[610]. »

Élisabeth Guigou, pour sa part, affirme avoir misé sur l'adhésion aux réformes des personnels de la Protection judiciaire de la jeunesse : « J'ai trouvé dans les projets de mes prédécesseurs pour les mineurs délinquants des unités à encadrement renforcé. C'était une bonne idée sur le principe. Le problème c'est qu'il y en avait très peu et que celles qui existaient fonctionnaient mal ou pas du tout. J'ai donc décidé, après une concertation approfondie avec les personnels, de créer des centres éducatifs renforcés (CER). Il y en avait soixante quand j'ai quitté la chancellerie. Nous avons aussi créé des centres de placement immédiat pour sortir les mineurs des quartiers où ils avaient commis leurs délits, et pour mener rapidement l'évaluation de la personnalité et du parcours de l'adolescent afin de faciliter son placement dans une structure adaptée. Nous avons recruté trois mille éducateurs de plus : leur nombre est passé de mille en 1996 à quatre mille en 2002. Cet effort n'a pas été poursuivi : dans le budget 2008, six ans après, ils ne sont encore que quatre mille cent trente-deux[611]... »

Autre problématique que les deux ministres doivent gérer en fonction de leurs visions politiques : le suivi des délinquants sexuels et, donc, la prévention de la récidive. Jacques Toubon, garde des Sceaux en 1995, parle d'« urgence. » Selon lui, la gauche « a fait finalement voter le texte que j'avais établi en enlevant l'obligation de suivi au profit du suivi socio-judiciaire[612] dont on se rendra compte

610. Entretien de l'auteur avec Jacques Toubon, *op.cit.*

611. Entretien de l'auteur avec Élisabeth Guigou, *op.cit.*

612. Le suivi socio-judiciaire, instauré par une loi du 17 juin 1998, est une peine imposée aux personnes condamnées pour une infraction sexuelle en complément ou à la place de la peine de prison. L'objectif est de prévenir la récidive des délinquants

plus tard de l'insuffisance. C'est là un vrai regret. Dix ans ont été perdus [613] ».

Élisabeth Guigou réplique que les obstacles à ce projet étaient trop forts au sein même de la machine judiciaire et médicale : « Le gouvernement précédent avait mis en chantier un projet de loi sur la délinquance sexuelle. C'était un objectif que j'approuvais. Mais le projet de loi était bloqué. Les médecins qui intervenaient en prison, notamment les psychiatres, s'opposaient à un texte qui confondait la peine et le soin. J'ai donc tout remis à plat, durant l'été 1997, avec l'ensemble des professionnels concernés par ce projet et j'ai pu faire voter la loi du 17 juin 1998, première loi destinée à empêcher la récidive des délinquants sexuels : des soins dès le début de la détention, un suivi médical, social et judiciaire à la sortie ; la création du premier fichier d'empreintes génétiques des délinquants sexuels ; l'audition des enfants victimes dans une structure médicale avec enregistrement par des officiers de police judiciaire pour qu'ils n'aient pas à répéter leur récit et à revivre plusieurs fois leur traumatisme ; des adultes autres que les parents (les auteurs des sévices dans 80 % des cas) pour représenter l'enfant, etc. [614]... »

Ces deux exemples illustrent l'impossible union sacrée entre la gauche et la droite, y compris face à des enjeux de société majeurs. Jacques Toubon en convient : « C'est tout de même difficile de dire que la gauche et la droite puissent être unies dans les réformes judiciaires : il y a une pression

---

sexuels, notamment en les « incitant » fortement à suivre un traitement. Le suivi socio-judiciaire est prononcé par le tribunal et implique que le condamné devra se soumettre à un suivi judiciaire, social et éventuellement médical. S'il ne se conforme pas à ses obligations, le condamné devra exécuter une peine de prison supplémentaire.

613. Entretien de l'auteur avec Jacques Toubon, *op.cit.*

614. Entretien de l'auteur avec Élisabeth Guigou, *op.cit.*

des nécessités, une pression sociale sur la justice mais aussi les accointances des uns et des autres. (...) En 1984, j'avais rédigé un livre [615] en plein badinterisme alors que ma famille politique était en plein anti-badinterisme. Ce livre se terminait par un appel à la trêve, estimant que la politique judiciaire, en particulier pénale, doit être au-delà des clivages partisans. Finalement, vingt ans après, d'expérience et de conviction, je n'ai pas changé. Je pense qu'il faut être à l'écoute des Français sans se laisser aller à céder aux sirènes du populisme et à compromettre les grands principes. Face à la délinquance et à la criminalité, la tentation du dent contre dent est forte. Le rôle du politique est d'y résister [616]. »

Résister ? Faisant référence aux faits divers ayant suscité de très nombreux débats en 2002, Élisabeth Guigou insiste : « Dans des contextes d'émotion extrême, quand le discours de la raison et de la complexité ne passe plus, le rôle des responsables politiques est de tenir bon le gouvernail face aux bourrasques. On sent particulièrement cet aspect Place Vendôme. Quand vous travaillez au ministère des Finances, vous avez des crises, évidemment, mais elles ne portent pas sur des tragédies humaines [617]. »

La Place Vendôme est décidément un ministère à part. Même la géographie gouvernementale semble en témoigner…

---

615. Jacques Toubon, *Pour en finir avec la peur*, Robert Laffont.

616. Entretien de l'auteur avec Jacques Toubon, *op.cit.*

617. Entretien de l'auteur avec Élisabeth Guigou, *op.cit.*

## Chapitre 16

# Le ministère de la Justice face à tous les autres

On surnomme son voisin « le premier flic de France », mais jamais personne n'a songé à nommer le ministre de la Justice, « premier juge de France ». Un tel titre est réservé au premier président de la Cour de cassation. Le ministre de la Justice n'est pas non plus le « premier procureur de France » quoique cette appellation s'approche davantage d'une réalité. « Je suis chef des procureurs [618] », n'avait-elle pas ouvertement annoncé Rachida Dati après s'être installée aux commandes de la Place Vendôme ?

Entre les ministres de l'Intérieur et ceux de la Justice, le rapport de force est permanent. Deux ministères régaliens. Deux portefeuilles très politiques qui donnent le rang de ministre d'État. Mais la Place Vendôme et la place Beauvau cumulent les différences. Périmètre des compétences, informations en cours et champs des réformes touchant les acteurs des procédures pénales que sont à la fois les magistrats et les officiers de police judiciaire… tout compte. Y compris la personnalité des deux membres du gouvernement choisis pour ces postes.

Gaston Deferre, Pierre Joxe, Charles Pasqua, Philippe Marchand, Paul Quilès, Jean-Louis Debré, Jean-Pierre Chevènement, Daniel Vaillant, Nicolas Sarkozy,

618. *Dimanche* +, Canal+, 3 septembre 2007.

Dominique de Villepin, François Baroin, Michèle Alliot-Marie puis Brice Hortefeux… la liste des ministres de l'Intérieur donne la mesure de leur puissance politique [619]. Parmi les locataires récents de la place Beauvau, un est devenu président du Conseil constitutionnel (Jean-Louis Debré), plusieurs sont redevenus ministres, un est devenu Premier ministre (Dominique de Villepin), un seul est devenu président de la République (Nicolas Sarkozy) et une seule est devenue… ministre de la Justice (Michèle Alliot-Marie).

Auparavant, durant la V^e^ République, personne n'avait réalisé ce doublé. Sous la IV^e^, un ministre d'État nommé François Mitterrand était en revanche passé, entre d'autres portefeuilles, de Beauvau à Vendôme [620]… Le doublé fait donc figure de parcours réservé aux hommes d'État.

Une sorte de permanence républicaine plutôt flatteuse dans laquelle Michèle Alliot-Marie se voit volontiers. « La Défense, l'Intérieur, la Justice, énumère-t-elle… J'ai la chance de voir l'application concrète de ce qui me guide en politique. Servir mon pays, vaincre les conservatismes paralysants, faire bouger pour améliorer la vie des Français, participer à l'action pour l'influence de la France. Dans une vie politique, on fait tant de choses qu'on perd parfois de vue l'essentiel. Ces ministères régaliens m'obligent à ne pas l'oublier. Aujourd'hui encore c'est ce même principe de servir la France qui me guide dans mon action politique [621]. »

La ministre aux trois fonctions régaliennes avance cependant prudemment sur les oppositions qui divisent ceux qui

---

619. Jean-Michel Décugis, Christophe Labbé, Olivia Recasens, *Place Beauvau : la face cachée de la police*, Robert Laffont.

620. François Mitterrand est ministre de l'Intérieur entre juin 1954 et février 1955 et ministre de la Justice entre février 1956 et mars 1957.

621. Entretien de l'auteur avec Michèle Alliot-Marie, *op. cit.*

sont chargés d'assurer la sécurité et ceux qui sont chargés de rendre la Justice. « Je ne ressens pas de résistances entre l'Intérieur et la Justice, diagnostique Michèle Alliot-Marie, mais davantage la crainte que l'autre maison vous juge mal : les policiers dénoncent le fait que des délinquants qu'ils ont interpellés ressortent sans qu'aucune suite judiciaire ne soit prononcée, les magistrats rétorquent que les procédures qui leur arrivent ne sont pas suffisantes pour aboutir à des réponses pénales. C'est un type d'échange fréquent... J'ai entendu ce que m'en disaient les policiers, j'écoute ce que m'en disent les magistrats : mon passage direct de l'Intérieur à la Justice me permet sans doute de mieux connaître les problématiques des uns et des autres [622]. »

Au mieux, le ministère des policiers et celui juges donnent pourtant l'impression de se regarder en chiens de faïence. Entre 2002 et 2007, les enjeux de la campagne présidentielle sont même à l'origine de l'une des périodes de confrontation les plus fortes entre les deux maroquins. Tandis que Nicolas Sarkozy se prépare à devenir le candidat de l'UMP pour la magistrature suprême et qu'il développe activement ses volontés de réforme sur le terrain de la sécurité et du droit, l'existence des deux derniers gardes des Sceaux de Jacques Chirac va s'en voir bouleversée.

## *La cohabitation avec le ministre de l'Intérieur*

Dominique Perben, qui initialement aurait justement aimé être nommé place Beauvau [623], admet aujourd'hui que « face à Nicolas Sarkozy, [sa] position n'est pas facile ». « Je comprends alors bien sa stratégie, raconte-t-il.

622. Entretien de l'auteur avec Michèle Alliot-Marie, *op. cit.*
623. Lire le chapitre 3 où Dominique Perben raconte qu'il s'était préparé afin de devenir ministre de l'intérieur.

Je ne suis pas hostile à ce qu'il devienne président de la République et j'aurais l'occasion de le montrer de façon explicite dans les mois suivants. Mais dans le même temps, je vois bien qu'il se met en situation de conflit larvé avec le président de la République. Pour le garde des Sceaux que je suis, c'est un peu compliqué. Mais je ne veux pas être en bataille permanente avec le ministère de l'Intérieur. (...) Je fais tout pour que les relations entre la maison Intérieur et la maison chancellerie soient meilleures. Certes, Nicolas Sarkozy met en cause la justice comme une institution qui ne fonctionne pas. Il ne me vise pas personnellement. Mais je fais en sorte que les mises en cause de la justice ne prennent pas mauvaise tournure [624]. »

Durant le ministère de Dominique Perben, les passes d'armes avec Nicolas Sarkozy portent notamment sur la réforme de l'ordonnance de 1945 sur la délinquance des mineurs et sur l'instauration des peines plancher dans le droit français. Le ministre de l'Intérieur est favorable à une automaticité de la sanction en cas de récidive. Au Parlement, le débat éclate en 2004 quand l'un de ses proches, le député UMP des Alpes-Maritimes, Christian Estrosi, dépose une proposition de loi tendant à instaurer ces peines minimales en cas de récidive. Les débats au Parlement sont vifs et les peines planchers finalement exclues de cette loi. Elles le sont aussi du texte, présenté un an plus tard, sur la prévention de la délinquance. Entre la Justice et l'Intérieur, le débat porte sur le principe de l'individualisation des peines : « La justice n'est pas un questionnaire à choix multiples. Attention de ne pas s'enfermer dans un catalogue de peines [625] », ironise même le garde des Sceaux quand on l'interroge, en 2003, sur les peines plancher voulues par son collègue de la place Beauvau.

---

624. Entretien de l'auteur avec Dominique Perben, *op.cit.*
625. Déclaration de Dominique Perben, 4 décembre 2003.

Jusqu'au bout, sur ce point, la Place Vendôme ne cède pas. Dominique Perben revendique cette victoire sur Nicolas Sarkozy : « Sur les peines plancher, c'est le ministère de la Justice qui l'emporte et non celui de l'Intérieur. À l'époque, j'explique que le texte – il est alors sous une forme très dure – soulèvera des questions d'applications extrêmement difficiles. Je refuse cette formule qui n'a rien à voir avec le texte qui est passé ensuite, après la présidentielle de 2007 : celui-là, je pense que j'aurais pu l'accepter en 2002 puisqu'on laisse au magistrat sa liberté [626]. »

Faut-il accepter ces peines « à l'américaine » pour les délinquants d'habitude ? Des exemples de mineurs passés quarante fois devant les juges sont alors montés en épingle. Et entre l'Intérieur et la Justice, le bras de fer est extrêmement tendu. Excédé, le garde des Sceaux menace même de partir. « J'en ai parlé au Premier ministre et au président de la République et j'ai mis ma démission dans la balance, révèle Dominique Perben. J'ai précisément dit au Premier ministre : "Si tu veux faire les peines plancher, tu les feras avec un autre garde des Sceaux." C'était un soir, au téléphone, avec Jean-Pierre Raffarin. Plus tard, j'ai dit au Président : "Jacques Chirac ne peut pas faire cela. Ce n'est pas votre politique [627]." »

Pascal Clément, nommé en juin 2005, est dans une situation plus inconfortable encore. « Il tente un délicat exercice d'équilibre pour concilier solidarité gouvernementale et défense des magistrats [628] », synthétise en une phrase une dépêche de l'agence France Presse. Le nouveau garde des Sceaux n'est installé Place Vendôme que depuis trois semaines quand Nicolas Sarkozy, devant des gendarmes réunis Place Beauvau, évoque l'assassinat de Nelly Crémel par un criminel récidiviste alors en liberté conditionnelle.

626. Entretien de l'auteur avec Dominique Perben, *op.cit.*
627. *Ibid.*
628. Dépêche AFP de Jean-Louis Pany, le 22 septembre 2006.

Le ministre de l'Intérieur affirme que le juge qui a « osé remettre un monstre pareil en liberté conditionnelle (...) doit payer pour sa faute ». Devant le tollé judiciaire provoqué par cette phrase, le ministre de la Justice publie un communiqué contredisant prudemment son collègue de l'Intérieur. Il souligne que « la loi, toute la loi a été respectée » dans la procédure ayant conduit à l'élargissement du récidiviste. L'année suivante, après les mises en cause des magistrats du tribunal de Bobigny, le garde des Sceaux doit encore sortir de son silence et se joindre à l'émotion du monde judiciaire, qu'ont alors déjà exprimé les deux plus hauts magistrats de France, Guy Canivet et Jean-Louis Nadal, devenus porte-parole d'un jour de la « vraie magistrature ».

Situation inconfortable ? Mission d'équilibriste ? Pascal Clément, aujourd'hui, réplique en trois phrases : « J'ai toujours considéré que Nicolas Sarkozy était le meilleur candidat pour l'élection présidentielle. Mais mon rôle de garde des Sceaux était de dire que tout n'était pas possible. C'était mon métier [629]. » Comme président de la commission des lois de l'Assemblée nationale, Pascal Clément était déjà apparu en démineur de textes délicats : « J'ai fait la loi sur la récidive que j'avais préparée au sein de la mission contre la récidive que j'avais créée, explique-t-il. Pourquoi ? C'était la réponse à Nicolas Sarkozy ! Quand lui et Christian Estrosi, membre de la commission des lois, se lancent dans l'opération des peines plancher, j'ai réagi immédiatement en créant cette commission. En faisant la mission d'information, nous confirmons que l'individualisation des peines est un principe de notre Constitution. En revanche, je limite le sursis avec mise à l'épreuve et je lance le bracelet électronique mobile [630]. »

---

629. Entretien de l'auteur avec Pascal Clément, *op.cit.*
630. *Ibid.*

### *Nicolas Sarkozy négocie une loi dans un autocar*

Les batailles se nichent effectivement autant dans les grands principes judiciaires que dans les détails des lois. Lors de l'élaboration de la réforme de la justice en 2006, après l'affaire d'Outreau, il est par exemple prévu que les gardes à vue, chez les policiers et les gendarmes, seront filmées. Les policiers, insatisfaits, font savoir qu'il faut imposer la pareille aux juges d'instruction. Nicolas Sarkozy appuie la revendication de ses troupes. Et le débat police-justice éclate sur la place publique.

Le différend entre les deux ministres est finalement réglé par le Premier ministre dans… un autocar. Le véhicule emmène les membres du gouvernement en séminaire de rentrée à Troyes, en août 2006. Pascal Clément raconte : « Dominique de Villepin nous a réunis à l'avant de l'autocar. Nous avons évoqué le problème tous les trois. Nicolas a lancé : “Si Pascal m'impose l'enregistrement des gardes à vue, je veux la même chose chez le juge d'instruction !” J'ai dit “banco”. À mon retour au ministère, mon cabinet m'a prévenu que cela allait souffler. Et les juges d'instruction, il est vrai, n'ont pas apprécié du tout. C'est pourtant une très bonne mesure[631]. »

Nicolas Sarkozy n'a pas oublié ses projets judiciaires quand il accède à la présidence de la République en mai 2007. Les peines plancher reviennent immédiatement sur la scène politique. La réforme est prioritaire. Le projet de loi est présenté dès le mois de juin par Rachida Dati. Le texte vise, d'une part, à instaurer des peines minimales d'emprisonnement pour les récidivistes et, d'autre part, à élargir les cas dans lesquels les mineurs de plus de seize ans ne bénéficient plus de l'atténuation de responsabilité pénale. Les peines ne sont cependant pas totalement

631. Entretien de l'auteur avec Pascal Clément, *op.cit.*

automatiques puisque le magistrat garde sa liberté d'appréciation à condition de motiver les raisons de son choix. Le texte est adopté en quelques semaines. Effet de la rupture, les Directions du ministère font la promotion d'un texte qu'elles avaient, sous les deux prédécesseurs de Rachida Dati, continuellement et méthodiquement combattu.

Rachida Dati est-elle la première garde des Sceaux à avoir aboli les résistances de la Place Vendôme qui pouvaient s'exprimer face à la Place Beauvau sous les ministères de Dominique Perben ou de Pascal Clément ? La question est posée à la première garde des Sceaux de Nicolas Sarkozy. « Le rôle du ministère de la Justice a sans doute évolué, admet-elle. Mais surtout, il y a eu un changement politique majeur. Quand mes prédécesseurs affichaient des résistances face à des réformes proposées par le ministre de l'Intérieur, ils défendaient une conception voulue par le Président et le Premier ministre de l'époque. Ce n'était pas toujours leur conception. Aujourd'hui, nous avons un Président et un gouvernement qui ont reçu de la part des Français un mandat clair sur ce sujet. L'ensemble du gouvernement travaille dans la même direction [632]. » Sur les différences, encore, Rachida Dati, interrogée dans son bureau ministériel, ajoute : « C'est peut-être le propre de cette maison. La notion du temps est très différente de celle du ministère de l'Intérieur, par exemple. Ici, on n'est pas dans la culture de l'urgence. À l'Intérieur, la police et la préfectorale sont des corps différents mais qui fonctionnent de la même manière. La Justice, pour sa part, est composée de plusieurs administrations différentes, de plusieurs corps différents et de plusieurs services différents. Dites-moi ce qu'il y a de commun entre un surveillant de l'administration pénitentiaire, un éducateur de la Protection judiciaire de la jeunesse, un greffier et un magistrat [633] ! »

632. Entretien de l'auteur avec Rachida Dati, *op. cit.*
633. *Ibid.*

## *La police judiciaire dépend plus de la police que du judiciaire*

S'il existe un domaine où les choses sont plus simples à l'Intérieur qu'à la Justice, le suivi des affaires en cours en est la caricature. Tout est une histoire de quart d'heure mais le décalage de temps est symbolique : « L'Intérieur et la Justice sont les deux ministères des affaires sensibles, sourit Pascal Clément. Les deux reçoivent des informations, souvent les mêmes, mais il y a toujours une bataille entre les deux. Quand une information importante est à communiquer, la police appelle à 8 heures. Le procureur appelle à 8 heures 15. Le policier a appelé sa hiérarchie administrative puis le parquet. Le temps de remonter la chaîne hiérarchique de la justice, cela prend un peu de temps. On a donc toujours un quart d'heure de retard ce qui est un peu agaçant[634]. »

Le retard de la Place Vendôme sur Beauvau peut aussi se compter en jours, voire en semaines. Un ancien garde des Sceaux, préférant ne pas être cité nommément au sujet de cette anecdote, rapporte que durant sa présence au gouvernement, un petit jeu s'était institué avec son collègue de l'Intérieur. Celui-ci, facétieux, prenait plaisir à lui soumettre, comme un joueur de poker, les dernières nouvelles des enquêtes en cours. À chaque fois, le garde des Sceaux devait reconnaître qu'il n'avait aucune carte en main, l'information ne lui ayant pas encore été remontée de ses services. « Ah bon, tu n'as pas ça ? », faisait mine de s'étonner le ministre de l'Intérieur. « Et ça, tu n'as pas non plus ? » Définitivement, les deux ministres n'étaient pas à égalité.

Quand en juin 2009, Michèle Alliot-Marie consent finalement à quitter la place Beauvau pour la place Vendôme, l'une des premières choses dont elle s'assure est d'ailleurs

634. Entretien de l'auteur avec Pascal Clément, *op. cit.*

de rester connectée à l'information venue des forces de l'ordre et vraisemblablement aussi des services de police judiciaire. Une petite révolution s'opère : « Quand je suis arrivée ici, raconte-t-elle, j'ai chargé un membre de mon cabinet des relations avec le ministère de l'Intérieur. Et j'ai demandé à Brice Hortefeux – qui l'a accepté – d'avoir communication des éléments les plus importants qui remontent des forces de police et de gendarmerie et qui auront des conséquences pour la Justice. À l'Intérieur, j'avais toutes les deux heures la liste de tout ce qui se passait. Ici, j'ai, le soir ou le matin, la liste des événements les plus importants qui sont susceptibles d'avoir des suites judiciaire[635]. »

Le même cloisennement se vérifie-t-il dans la haute hiérarchie des corps de la police et de la magistrature ? Jean-Pierre Dintilhac, procureur de la République de Paris entre 1998 et 2002, assure qu'il n'a pas eu, dans ce fauteuil, « le sentiment d'être véritablement le patron de la police judiciaire » : « À ce poste, malgré l'importance des responsabilités que l'on a, et quoi que disent les textes, il y a de l'autre côté du boulevard du Palais le préfet de police, qui est le vrai et tout-puissant patron de la police en charge de la sécurité publique mais aussi, très largement, de la police judiciaire. (...) Il serait intéressant qu'un travail de recherche analyse un jour la manière dont certaines affaires ont pu être évoquées médiatiquement puis traitées concrètement, au regard de la personnalité et du poids politique respectif du locataire de la Place Beauvau et de celui de la Place Vendôme. Dès lors que, dans un gouvernement, on nomme un poids lourd au ministère de l'Intérieur et qu'on choisit pour le ministère de la Justice une personnalité moins en vue, les relations vont évidemment s'en ressentir[636]. »

---

635. Entretien de l'auteur avec Michèle Alliot-Marie, *op. cit.*
636. Jean-Pierre Dintilhac avec Yves Bordenave, *Rendez-nous la Justice*, Éditions Jacob-Duvernet.

Le premier magistrat du parquet de France, Jean-Louis Nadal, est sur une ligne similaire. « Faut-il rappeler ici que les magistrats du parquet ont pour mission essentielle de diriger la police judiciaire qui est placée, en France, sous la direction et le contrôle de magistrats, garants des libertés individuelles ? C'est une donnée fondamentale que nous envient beaucoup d'États fonctionnant selon des règles différentes. Pourtant, l'écart semble bien grand entre les principes juridiques et la réalité vécue sur le terrain. Où est l'indépendance non seulement du parquet, même dans les limites que je viens de rappeler, mais aussi de la juridiction d'instruction et de jugement, si l'arbitre des moyens alloués aux services d'enquête ne relève pas de la même autorité ? N'est-il pas évident de proposer que la police judiciaire soit, au moins pour partie, rattachée à la Justice [637] ? »

L'hypothèse de placer la police judiciaire sous la direction de la Place Vendôme a pourtant été évoquée à plusieurs reprises, notamment en 1995 après la polémique provoquée par deux tempêtes tournant autour du juge Halphen, alors chargé de l'enquête sur les HLM de Paris et ceux des Hauts-de-Seine. Le scandale éclabousse la police judiciaire puisque le directeur central de la police judiciaire doit alors démissionner, mis en cause dans la sombre affaire Schuller-Maréchal [638]. Puis c'est le directeur de la police judiciaire parisienne, Olivier Foll, qui est ensuite sanctionné par la chambre d'accusation de Paris. Les policiers qui étaient sous ses ordres avaient refusé d'assister le juge Halphen lors d'une perquisition au domicile de Jean et Xavière Tiberi.

Valéry Turcey, alors président de l'Union syndicale des magistrats, se souvient que les antagonismes entre les deux

637. Discours de Jean-Louis Nadal lors de l'audience de rentrée de la Cour de cassation le 8 janvier 2007.

638. L'affaire Schuller-Maréchal débute quand le beau-père du juge Halphen est l'objet d'une machination.

ministères étaient à l'époque clairement visibles. « Après la démission de Jacques Franquet[639], raconte-t-il, j'ai tenté de convaincre quelques hauts fonctionnaires proches du gouvernement qu'il était encore temps de rattraper les bévues commises en nommant un magistrat à la direction centrale de la police judiciaire. Reçu fort courtoisement, je me suis heurté à un refus poli de la part de mes interlocuteurs. "Le ministère de l'Intérieur n'acceptera jamais", m'a dit l'un d'entre eux avant d'ajouter, après un temps de réflexion : "D'ailleurs, les policiers ne le supporteraient pas." Voilà. Ma démarche, à laquelle le garde des Sceaux[640] était favorable n'a donc pas été couronnée de succès. Tant il est vrai qu'en France, la police judiciaire est parfois plus proche du politique que du judiciaire[641]. »

## *Un terrain miné*

À bien y regarder, tous les locataires de la Place Vendôme ont gardé en mémoire des situations inextricables face à la Place Beauvau.

Pour Albin Chalandon, elles furent l'occasion d'un bref différend avec son directeur de cabinet, Paul-André Sadon, tenté de gérer les dossiers d'action publique sans consulter son ministre. « Il avait les défauts de ses qualités, c'est-à-dire un caractère autoritaire qui l'amenait parfois à prendre des décisions sans me consulter, notamment dans le domaine de l'action publique, raconte aujourd'hui Albin

---

639. Jacques Franquet, directeur central de la police judiciaire démissionnaire en février 1995 à la suite de l'affaire Schuller-Maréchal. Il lui est reproché d'être entré en contact avec Didier Schuller sur initiative de ce dernier, avant que la machination ne se mette en place autour d'Éric Halphen.

640. Il s'agissait alors de Pierre Méhaignerie.

641. Valéry Turcey, *Le Prince et ses Juges*, Plon.

Chalandon. Ainsi, un beau jour, une bavure est survenue à Marseille, un policier a tué un civil[642]. Sadon a donné l'instruction au parquet général d'Aix, sans me prévenir – j'étais dans le nord de la France –, d'ouvrir une enquête pour "recherche des causes de la mort", ce qui en d'autres termes laissait entendre que l'on ne connaissait pas l'auteur du meurtre. Tollé dans les médias qui ont interprété cette décision comme une provocation, alors que l'affaire faisait la une des journaux du soir. J'ai alors reconnu publiquement l'erreur et donné l'instruction d'ouvrir l'enquête "pour homicide involontaire" : c'était reconnaître la responsabilité du policier dans la mort de ce civil[643]. »

Bruno Cotte, alors directeur des affaires criminelles et des grâces, évoquant le même dossier, explique que cette bavure – policière – changea le mode de fonctionnement en cours au ministère. « Après une affaire à fort retentissement médiatique où les propositions de la Direction des affaires criminelles n'ont pas été suivies par le cabinet du ministre, expose-t-il sobrement, ce dernier s'est rendu compte qu'il pouvait parfois ne pas être inutile de recueillir "en direct" l'avis du directeur des affaires criminelles[644]... » Voilà une petite phrase qui condense l'état d'esprit des magistrats « techniciens » face aux ministres « politiques ».

Pierre Méhaignerie, en 1993, affronte la Place Beauvau et son ministre Charles Pasqua sur la question des contrôles d'identité « préventifs », c'est-à-dire effectués par les policiers sans qu'ils aient besoin d'une justification pour le faire. « Charles Pasqua a toujours pris garde à ne pas agresser la Justice, commente aujourd'hui Pierre Méhaignerie. Des points de friction existaient forcément et

---

642. Christian Dovero est tué à Marseille en février 1988 par un policier qui l'avait confondu avec un voleur de voitures.

643. Entretien de l'auteur avec Albin Chalandon, *op. cit.*

644. Entretien de l'auteur avec Bruno Cotte, *op. cit.*

étaient liés à la défense des policiers qui ont un travail difficile notamment quand il arrive qu'ils soient injuriés par des gens qu'ils ont déjà arrêtés dix fois. Le problème du ministre de l'Intérieur est qu'il doit défendre un corps qui constitue tout de même aussi l'ossature d'un État. C'est son rôle. Le ministre de la Justice, pour sa part, doit faire en sorte que le ministre de l'Intérieur n'ait pas la tentation d'interférer dans le fonctionnement de la justice, y compris du parquet. Nous faisions en sorte d'avoir des rencontres régulières pour éviter les frictions [645]. » Le magistrat qui avait rédigé le discours voulait manifestement faire passer quelques messages...

Dans ce rapport de force, Élisabeth Guigou affirme que « face au ministère de l'Intérieur, il faut que le ministère de la Justice existe. L'équilibre démocratique l'exige. Si le garde des Sceaux disparaît derrière le ministre de l'Intérieur, comme cela a été le cas après juin 2002, le ministère de la Justice ne remplit pas son rôle [646] ».

Marylise Lebranchu abonde dans ce sens : « Je suis très fière d'avoir été la première à recevoir les syndicats de policiers au ministère de la Justice en leur disant : "Vous n'êtes pas la possession du ministère de l'Intérieur, la chaîne pénale est un tout, venez me voir pour en parler." J'ai aussi réuni les préfets et les procureurs. Les groupements d'intervention régionaux (GIR [647]) sont sortis de cela après. Le ministère de l'Intérieur est le ministère des libertés

645. Entretien de l'auteur avec Pierre Méhaignerie, *op. cit.*

646. Entretien de l'auteur avec Élisabeth Guigou, *op. cit.*

647. Les groupes d'intervention régionaux (GIR) ont été créés en mai 2002 pour lutter contre l'économie souterraine. Ils sont composés de policiers, de gendarmes, de fonctionnaires des services fiscaux, de la concurrence des services fiscaux, de la concurrence de la consommation et de la répression des fraudes, des douanes... Ils doivent travailler ensemble sous l'autorité du procureur de la République ou du juge d'instruction compétent.

publiques. Il faut que le ministère de la Justice soit celui de la protection des libertés individuelles. Comme le dit Daniel Vaillant [648] : "La Place Vendôme, c'est le temple des droits de l'hommistes [649]." »

Dominique Perben, tout en cohabitant avec son ministre de l'Intérieur Nicolas Sarkozy, souligne sur ce point ses tentatives pour « mettre fin à ce conflit absurde et récurrent entre policiers et magistrats : un commissaire de police est présent à mon cabinet. Je consulte des policiers sur mes textes. J'invite les directeurs des services de police à mes vœux. Je fais tout pour que les relations entre la maison Intérieur et la maison chancellerie soient meilleures [650] ».

## *Les présidents et leurs gardes des Sceaux*

Heureusement, au gouvernement, les gardes des Sceaux ont quelques privilèges sur leurs collègues. Jusqu'à une période récente, les ministres de la Justice sont ainsi les seuls à bénéficier de rendez-vous fixes et solennels avec le président de la République. Tous deux forment la tête du Conseil supérieur de la magistrature. En tout cas jusqu'en 2007 – date à laquelle Nicolas Sarkozy refuse d'y siéger [651] –, Président et ministre de la Justice tiennent ensemble les séances du CSM. Le chef de l'État comme président, le garde des Sceaux comme vice-président.

Les autres occasions de rencontre entre le Président et son ministre de la Justice sont plus classiques. Il s'agit des

---

648. Daniel Vaillant a été ministre de l'intérieur de 1997 à 2002.

649. Entretien de l'auteur avec Marylise Lebranchu, *op. cit.*

650. Entretien de l'auteur avec Dominique Perben, *op. cit.*

651. Lire le chapitre 7 où Nicolas Sarkozy explique que « s'il préside, il décide » mais que « s'il ne décide pas, il ne préside pas ».

manifestations officielles et de l'incontournable Conseil des ministres.

Lors de ces rendez-vous du mercredi matin, François Mitterrand fait face, durant ses deux septennats, à huit gardes des Sceaux, dont deux de droite, arrivés là par le jeu de la cohabitation : Maurice Faure, Robert Badinter, Michel Crépeau, Pierre Arpaillange, Henri Nallet, Michel Vauzelle et en période de cohabitation Albin Chalandon et Pierre Méhaignerie.

Pierre Arpaillange, parmi d'autres souvenirs, confie que « vers la fin de l'année 1987 [652] », le Président le convia à prendre un petit-déjeuner en tête à tête. « Il me parla de la situation de la France, de problèmes d'actualité, de l'École nationale de la magistrature, de l'indépendance des juges... Au début de son septennat, il voulait faire une réforme du statut des magistrats. Mais ce jour-là, la question paraissait l'intéresser beaucoup moins. Nous parlions encore de l'enseignement, j'en profitais pour parler du budget de la Justice [653]. »

En public, le président Mitterrand peut se montrer cinglant. Henri Nallet en sait quelque chose. « J'ai un souvenir cuisant de ce regard critique, rapporte-t-il. Après quelques mois Place Vendôme, j'avais exposé une communication au Conseil des ministres sur la modernisation de la justice [654]. Elle était impeccable. Tout le Conseil m'écoutait. François Mitterrand, après m'avoir laissé parler, m'a

---

652. Pierre Arpaillange est alors procureur général près la Cour de cassation.

653. Lettre de Pierre Arpaillange à l'auteur, *op. cit.*

654. Le 26 février 1992, lors du Conseil des ministres, Henri Nallet, ministre de la Justice, avait présenté une « communication sur un projet de réforme de la procédure pénale visant à mieux garantir les libertés individuelles et la présomption d'innocence en même temps qu'à rendre plus efficace et à accélérer la procédure d'instruction ».

regardé, a caressé ses mains et a conclu : “Bien intéressant votre communication mais, vous savez, Monsieur le Garde des Sceaux, j’admire votre enthousiasme parce que tout ça, c’est du petit bois pour le feu [655] !”» Stupeur ! Le chef de l’État n’avait manifestement aucune illusion sur ces dépoussiérages de la machine et sur ces réformes trop volontaires pour aboutir réellement.

Henri Nallet voit aujourd’hui dans l’acerbité qu’il subit alors la force du ressentiment de François Mitterrand envers la magistrature : « Il avait toujours une relation plus que critique envers les magistrats. Pas méprisante mais... Il avait ses raisons. Il y avait l’affaire de l’Observatoire. Il y avait aussi le jugement que portait toute sa génération sur les magistrats de 40-45 [656]. »

## *François Mitterrand et le pouvoir des juges*

L’affaire de l’Observatoire, tant citée quand on s’interroge sur François Mitterrand et les juges, représente décidément un moment clé. Elle remonte au mois d’octobre 1959 lorsque François Mitterrand, alors ancien garde des Sceaux et sénateur de la Nièvre, voit sa voiture criblée de balles en plein Paris. Une semaine plus tard, Robert Pesquet, ancien résistant et proche de l’extrême droite, dénonce la mise en scène d’un faux attentat commandité par François Mitterrand lui-même dans le but de regagner les faveurs de l’opinion publique. Le juge d’instruction – qui est alors André Braunschweig [657] –

655. Entretien de l’auteur avec Henri Nallet, *op.cit.*

656. *Ibid.*

657. Lire le chapitre 12 où André Braunschweig, en 1981, devient le premier directeur de cabinet de la chancellerie de François Mitterrand.

inculpe Robert Pesquet et ses deux complices pour « détention d'armes ». François Mitterrand, après la levée de son immunité parlementaire, est inculpé pour « outrage à magistrat » en raison de ses mensonges par omission à propos de ses rencontres avec Robert Pesquet. Sept ans plus tard, en 1966, une loi d'amnistie éteint les poursuites. La justice conclut également la plainte initiale de François Mitterrand par un non-lieu. Mais l'affaire demeure longtemps un poids politique sur ses épaules.

Juste avant l'élection de 1981, d'après plusieurs témoins, une rumeur apparaît ainsi concernant Paul-André Sadon : le magistrat proche de la droite et d'Alain Peyrefitte aurait en personne réclamé l'inculpation de François Mitterrand. En réalité, les dates ne correspondent pas. À l'époque de l'attentat de l'Observatoire et de l'instruction judiciaire qui suit, Paul-André Sadon se trouve à la sous-direction des affaires criminelles et lui-même dément. Pourtant, un lien existe entre Paul-André Sadon et l'affaire de l'Observatoire. Il s'agit d'une curieuse anecdote, survenue quinze ans après la fusillade de la rue de l'Observatoire et livrée par Paul-André Sadon lui-même : « Quand j'ai été nommé procureur de la République de Paris, je remplace Pageaud. J'étais auparavant son ancien substitut et il n'est pas content que je sois choisi pour prendre sa place. Il refuse de me recevoir pour une passation de pouvoir. Le 23 juillet 1975, lorsque je prends possession de son bureau, il est donc totalement vide. Pas un seul papier. Seule une clé est posée au centre du bureau. C'est celle du coffre-fort. Quand je l'ouvre, il n'y a qu'un seul dossier, complet, classé. C'est celui de l'Observatoire ! Mais tout est terminé à ce moment-là. L'affaire est classée depuis plus de huit ans[658] ! » Un mystère de plus.

François Mitterrand, en tout cas, ne cesse d'afficher sa méfiance envers les juges incontrôlables et les atteintes à la présomption d'innocence qu'ils provoquent. « Ne laissez jamais

658. Entretien de l'auteur avec Paul-André Sadon, *op. cit.*

le pouvoir aux juges », aurait-il lancé au gouvernement sortant de gauche en 1993 [659]. Et deux ans plus tard, évoquant la nécessité pour la France de compter des troupes parlementaires fortes, Mitterrand dénonce encore le pouvoir de la magistrature : « Je souhaite que le Parlement soit en mesure de contrôler tous les actes de l'exécutif. D'autant plus que ce pouvoir-là, s'il ne l'a pas, d'autres le prennent. Vous voyez le pouvoir dont dispose la presse. Vous voyez le pouvoir dont disposent les juges. Je pourrais ajouter à cette liste trois ou quatre catégories de citoyens qui sont en mesure aujourd'hui de décider, bien avant les parlementaires, ce qui serait utile pour la France. Et même aujourd'hui, il n'est pas nécessaire de recourir au juge, enfin au juge tel qu'on l'imagine, de l'ordre judiciaire… Il suffit que quelqu'un, quelque part, manifeste son intention de s'interroger sur le degré de culpabilité d'un citoyen, pour que ce citoyen n'ait plus qu'à rentrer chez lui, s'il ne rentre pas dans une maison forte à côté. Il y a là une déviation extraordinaire à laquelle seul peut remédier le Parlement [660]. »

### *Jacques Chirac et ses hommes de justice*

À partir de 1995, entre les juges et l'Élysée, le style change. De l'avis général, Jacques Chirac n'est pas passionné par l'univers de la justice. Il y serait même totalement indifférent si ses fonctions et son propre cas ne

---

659. « Les colères de Sarkozy. Les magistrats coupables, forcément », Denis Demonpion, *Le Point*, 20 novembre 2008.

660. Allocution de François Mitterrand, président de la République, sur l'érosion du rôle constitutionnel du pouvoir législatif et sur la nécessité de renforcer les pouvoirs de contrôle du Parlement sur l'exécutif. Inauguration de l'exposition permanente sur l'Assemblée nationale au château de Versailles le 19 avril 1995.

l'avaient pas forcé à la connaître de l'intérieur. Malgré cet état de fait, il semble déléguer entièrement cette problématique à ses ministres, à ses conseillers et bientôt… à ses avocats.

Cette attitude est déjà la sienne en 1986 quand, comme Premier ministre, il fait le choix d'Albin Chalandon pour la Place Vendôme. « Lors de ma nomination, se souvient ce dernier, il m'a déclaré : "La Justice, ce n'est pas mon domaine. Je m'en remets à toi. Nous sommes à une époque où il faut mettre au premier rang le respect de l'ordre. Tu es libéral, donc tu sauras trouver le juste équilibre entre l'ordre et la liberté [661]". »

Jacques Toubon, premier garde des Sceaux du président Chirac en 1995, témoigne de la même brièveté dans la description de la feuille de route.

Laurent Le Mesle qui fut le conseiller judiciaire de l'Élysée entre 2002 et 2004 confirme cette impression. Selon lui, le chef de l'État cherchait comme conseiller un professionnel pouvant traduire et décrypter un monde inconnu. « Quand Jaques Chirac m'a nommé à ce poste, raconte-t-il, il m'a dit : "Écoutez, le domaine de la justice n'est pas ce que je connais le mieux mais cela fait partie de mes responsabilités de président de la République et il faut m'expliquer." Le terme de traducteur convient bien à la façon dont on peut définir la tâche qui était la mienne : je me suis astreint durant ces deux années à ne pas employer de jargon juridique. Cela m'est resté, ensuite [662]. »

Dans le face-à-face entre Jacques Chirac et la justice, l'actualité impose deux périodes nettement distinctes. Celle du président, garant de l'indépendance de la justice et décideur des orientations gouvernementales. Et celle du responsable de parti politique rattrapé par les affaires et devenu justiciable en sursis. Pour la première catégorie, le

661. Entretien de l'auteur avec Albin Chalandon, *op. cit.*
662. Entretien de l'auteur avec Laurent Le Mesle, *op. cit.*

registre choisi est l'insatisfaction du citoyen face à un service public qui ne marche pas. Ainsi, lors de son allocution radiotélévisée de janvier 1997 annonçant le lancement d'une grande réforme de la justice, la critique du système judiciaire est marquée : « La situation n'est pas satisfaisante et les Français le ressentent directement dans leur vie quotidienne. Des soupçons demeurent sur l'indépendance des magistrats à l'égard du pouvoir politique. Des droits fondamentaux de la personne humaine sont parfois ignorés. (...) La justice ne répond pas assez aux attentes des Français, malgré la qualité de ses magistrats, de ses fonctionnaires, de ses auxiliaires. Vous êtes nombreux à la trouver trop lente, parfois trop chère et, en définitive, peu compréhensible. Et il est vrai qu'il n'est pas supportable, dans un État de droit, de devoir attendre plusieurs années la décision d'une cour d'appel et de voir classer sans suite une proportion importante des plaintes. (...) Le juge doit pouvoir se consacrer à ses missions essentielles. Il faut donc les redéfinir. Il faut qu'une formation permanente permette aux magistrats de s'adapter aux évolutions rapides de notre société. Il faut réfléchir sereinement, en concertation avec les élus locaux, à notre carte judiciaire [663]. »

Un an plus tard, sous les dorures de la Cour de cassation, accompagné d'Élisabeth Guigou, garde des Sceaux cohabitante, le président s'en prend une nouvelle fois au système, allant presque jusqu'à donner un diagnostic sur le malaise des juges. « Je suis déterminé, lance-t-il, à renforcer les garanties offertes au justiciable et à faire en sorte, en particulier, que la présomption d'innocence, valeur constitutionnelle, soit respectée. Ceci suppose une réelle adaptation de notre justice pénale à l'évolution et à l'augmentation de la délinquance moderne. L'on ne peut

663. Allocution radiotélévisée de Jacques Chirac, 20 janvier 1997.

plus se satisfaire des réformes multiples et souvent de circonstances qui, depuis près de trente ans, ont surchargé notre procédure pénale sous un amas de sédiments législatifs qui viennent compliquer, parfois au-delà du raisonnable, la tâche des praticiens [664]. » Le magistrat qui avait rédigé le discours voulait manifestement faire passer quelques messages…

Les dossiers judiciaires où le nom de Jacques Chirac est cité imposent brutalement un changement de ton. Il est vrai que les menaces sont multiples. D'abord, l'affaire des emplois fictifs du RPR payés par la mairie de Paris, qui se solde en 2004 par la condamnation d'Alain Juppé. Les faits concernant le Président ont été disjoints mais ils font planer sur lui un risque non négligeable. Le cas de billets d'avion payés en liquide avant l'élection de 1995 ou encore le dossier des chargés de missions de la Ville de Paris intéressent également la justice. C'est d'ailleurs cette dernière affaire qui lui vaut sa première mise en examen, le 21 novembre 2007, sept mois après qu'il ait quitté l'Élysée [665]. Les juges d'instruction avaient patiemment attendu la fin du quinquennat, l'immunité présidentielle rappelée par le conseil Constitutionnel en 1999 les empêchant d'agir plus tôt. En 2001, la Cour de cassation avait, elle, précisé que la prescription de l'action publique était suspendue durant le mandat présidentiel.

Entre Jacques Chirac et la justice, l'année 2001 marque un tournant spectaculaire. Déjà, l'ancien maire de Paris n'était plus guère interrogé sur la justice que pour parler de « ses » affaires. Ainsi, après la publication d'une interview posthume de Jean-Claude Méry qui le mettait personnellement en cause en affirmant avoir remis sous ses yeux une valise de cinq millions de francs à Michel Roussin pour le

664. Discours de Jacques Chirac à la Cour de cassation, 9 janvier 1998.

665. « Chirac mis en examen », *Le Figaro*, 22 novembre 2007.

financement occulte du RPR, Jacques Chirac avait parlé d'une « histoire abracadabrantesque [666] ». Mais, dans les mois qui suivent, les épisodes se succèdent encore, parfois exceptionnels. En mars 2001, le juge d'instruction Éric Halphen convoque ainsi Jacques Chirac comme « simple témoin » dans l'affaire des HLM de Paris [667]. Il veut l'entendre sur le fonctionnement de l'office HLM et sur les aveux posthumes de Jean-Claude Méry. À l'Élysée, la colère à l'encontre du magistrat est grande. Et elle se manifeste presque publiquement puisque Jacques Chirac la fait personnellement ressentir au garde des Sceaux.

Marylise Lebranchu, ministre de la Justice de cohabitation, confie ainsi : « Mes relations avec Jacques Chirac sont bonnes. Mais il y a un fait majeur : sa convocation par le juge Halphen. À partir du moment où il a reçu la lettre, il ne me parle plus. Il est fâché. Il adopte une attitude me montrant que j'aurais dû empêcher cela. Il était persuadé que je savais, ce qui n'est pas exact. Il ne me parle plus. Au Conseil des ministres, je suis assise à sa gauche. À chaque fois qu'il avait besoin de quelque chose, c'est jusque-là vers moi qu'il se penchait. À partir de ce jour-là, il reste bien droit. Il boude [668] ! »

Et, pour de longues années, le président Chirac continue à être interrogé sur les seules affaires. En juillet 2001, ce sont cette fois celles des billets d'avion payés en liquide.

— Pour vous, les sommes se dégonflent ?, demande Patrick Poivre d'Arvor lors d'une interview.

— Ce n'est pas qu'elles se dégonflent, c'est qu'elles font « pschitt », si vous me permettez cette expression [669].

---

666. Interview de Jacques Chirac, France 3, 21 septembre 2000.

667. « Jacques Chirac convoqué par le juge Halphen », article de Laurent Valdiguié, *Le Parisien*, 28 mars 2001.

668. Entretien de l'auteur avec Marylise Lebranchu, *op. cit.*

669. Interview radiotélévisée de Jacques Chirac, 14 juillet 2001.

Lors de la dernière année de son mandat, Jacques Chirac reprend bien ses habits de garant de l'indépendance de la justice. Mais c'est parce qu'il s'agit de rappeler à l'ordre… son ministre de l'Intérieur et candidat à sa succession, Nicolas Sarkozy. Solennellement, après la mise en cause des magistrats du tribunal de grande instance de Bobigny par le ministre d'État, il souligne donc sa « très grande exigence quant au respect de l'indépendance des magistrats » et adresse « aux magistrats un message de confiance dans leur engagement et leur esprit de responsabilité ». Le communiqué est diffusé par l'Élysée en septembre 2006 quelques minutes après que Guy Canivet, alors premier président de la Cour de cassation, y soit venu déplorer les propos « provocants » de Nicolas Sarkozy mettant en cause le « laxisme » de magistrats en Seine-Saint-Denis [670].

## *Nicolas Sarkozy, les petits pois et les réformes*

Avec Nicolas Sarkozy, précisément, le rapport entre le locataire de l'Élysée et la magistrature connaît une nette… rupture. Le style est d'emblée différent. Ainsi, un président de la République en exercice n'avait pas mis les pieds depuis des années au ministère de la Justice quand, le 13 juillet 2007, à peine élu depuis deux mois, il fait l'événement à la garden-party organisée par Rachida Dati.

Faisant mine, pour l'anecdote, de s'étonner de la longueur du jardin, le nouveau Président affiche ses volontés de changer la Place Vendôme. Lui-même explique son rapport à l'institution judiciaire : « Je suis peut-être l'homme politique qui a investi le plus dans la Justice. Peut-être parce que je suis avocat ! C'est un monde qui m'intéresse, dont je connais la complexité. Mais c'est un monde qui ne me fait pas peur et dont les membres doivent débattre.

670. Dépêche AFP, 23 juin 2006.

Mon ambition est de réconcilier les Français et la Justice [671]. »

Alors que ses derniers mois de ministre de l'Intérieur avaient été marqués par ses déclarations visant « à faire payer » les juges qui avaient accordé une libération conditionnelle au meurtrier présumé de Nelly Crémel, ses premières phrases de président de la République touchent davantage le conservatisme de la magistrature dont il observe les membres les plus éminents, en mai 2007 à la Cour de cassation, lors de la cérémonie d'installation de Vincent Lamanda, son premier président. « Je regardais la salle, je voyais 98 % d'hommes qui se ressemblaient tous, mêmes origines, même formation, même moule, la tradition des élites françaises, respectables bien sûr mais pas assez de diversité, témoigne-t-il quelque temps plus tard. Je n'ai pas envie d'avoir tout le monde qui se ressemble, aligné comme des petits pois. La même couleur, même gabarit, même absence de saveur [672]. »

« Oui, les relations entre le politique et le judiciaire sont dans notre pays marquées d'une tradition au pire de rivalité, au mieux de méfiance mutuelle, martèle-t-il en janvier 2009 lors de la rentrée solennelle de la Cour de cassation. Et si l'un ou l'autre s'indigne de quelques déclarations générales, force est de constater qu'elles trouvent leur origine dans un syndrome syndical né de l'après 1968 ou dans un phénomène de glorification, bien temporaire, de telle ou telle figure élevée au rang de chevalier blanc. Mais de revendication globale d'un pouvoir autre que celui reconnu par la loi, je n'en vois pas trace dans la magistrature française [673]. »

---

671. Discours de Nicolas Sarkozy à la chancellerie, 13 juillet 2007.

672. Interview de Nicolas Sarkozy, émission *Vivement dimanche* de Michel Drucker, France 2, le 7 octobre 2007.

673. Discours de Nicolas Sarkozy pour la rentrée solennelle de la Cour de cassation, le 7 janvier 2009. C'est au cours de

Des propos plus sévères lui sont même prêtés. « Pour moi, les magistrats, c'est des gens qui m'arrêtent dans la rue pour me parler de leur avancement. Quand je vous vois aux audiences de rentrée avec vos médailles, je me demande quels services vous avez rendus pour qu'on vous les donne », aurait ainsi lancé Nicolas Sarkozy lors d'une discussion avec des magistrats [674].

Dans ses dialogues entre Président et garde des Sceaux, Rachida Dati n'a pas le même genre de souvenirs. « Il est passionné par la justice parce qu'il aime le droit et il aime comprendre, commente-elle sobrement lorsqu'on l'interroge à propos du Président. Sa formation d'avocat et son expérience politique lui ont permis de connaître la justice et de s'y investir. Il a pris un risque en me nommant garde des Sceaux. J'ai une obligation de résultats. Je n'ai jamais été familière avec le chef de l'État. Il est Président et je suis ministre de son gouvernement. La distance est liée à la fonction. C'était déjà le cas quand j'étais sa conseillère ou sa porte-parole [675]. »

La distance soudaine entre le Président et sa ministre saute pourtant aux yeux durant toute l'année 2008. Si proche du chef de l'État à ses débuts, la garde des Sceaux semble avoir été placée à l'écart. « Elle a perdu la main. L'Élysée l'a mise sous tutelle : elle a commis trop de gaffes [676] », observe un magistrat dans un hebdomadaire faisant sa une, en 2008, sur sa « disgrâce ».

Jamais les relations entre un président de la République et son garde des Sceaux n'avaient été autant passées au

---

cette intervention que le Président annonce la fin du juge d'instruction.

674. « Les colères de Sarkozy. Les magistrats coupables, forcément », Denis Demonpion, *Le Point*, novembre 2008, *op. cit.*

675. Entretien de l'auteur avec Rachida Dati, *op. cit.*

676. « L'œil de l'Élysée Place Vendôme », article de Gilles Gaetner, *L'Express*, le 13 novembre 2008.

peigne fin. Chez les parlementaires, on observe l'omniprésence du chef de l'État sur les périmètres en principe dévolus à la Place Vendôme. Chez les magistrats, on ironise sur le fait que la garde des Sceaux ait dû attendre à la porte du Président tandis que celui-ci recevait pour la première fois l'USM à l'Élysée et n'avait programmé la présence de sa garde des Sceaux que dans la seconde partie de l'entretien. Chez les journalistes, on remarque que le conseiller judiciaire du président de la République est devenu une sorte de ministre bis de la justice, chargé de prendre décisions et directions, tant sur les dossiers signalés[677] que sur les grandes réformes annoncées par le chef de l'État.

Affublé par la presse du titre de « vrai garde des Sceaux[678] », Patrick Ouart est décrit comme celui qui, depuis « le château », supervise l'activité de la chancellerie[679] en ayant désormais une autorité discrète sur la plus médiatique des membres du gouvernement.

## *Rencontre inédite avec Patrick Ouart*

À l'Élysée, le magistrat devenu conseiller du tout premier cercle cultive la discrétion. Il accepte exceptionnellement de nous répondre, au moment même où la rédaction de ce livre touche à sa fin. Au sein du bâtiment central du palais de l'Élysée, son bureau se niche au sommet d'un haut escalier accessible à la droite de la cour d'honneur. Une petite pancarte annonce le nom et les fonctions de Patrick Ouart.

---

677. Lire le chapitre 9 où Rachida Dati affirme qu'elle « travaille en totale coordination et confiance avec notamment Patrick Ouart ».

678. « Patrick Ouart, le "vrai" garde des Sceaux », *Le Monde*, le 3 février 2009.

679. « Elle c'est elle et lui, c'est loi », article de Dominique Simonnot, *Le Canard enchaîné*, le 6 août 2008.

Quand les deux portes capitonnées s'ouvrent, l'homme est jovial. « Je ne reçois jamais les journalistes mais les écrivains, oui », s'amuse le conseiller de l'ombre, à la fois moqueur et accueillant. Le ton est donné. Les fantasmes autour de sa personnalité et de son influence l'amusent visiblement. Mais le message politique qu'il souhaite délivrer n'est pas anodin. Pour la première fois, il révèle comment l'Élysée a agi pour normaliser les relations entre l'exécutif et un corps judiciaire secoué par le phénomène Dati.

« D'aucuns estiment que j'excelle dans "la psychologie judiciaire", ironise-t-il. Je ne sais pas si cela est vrai. Mais la magistrature est un corps fragile qui a besoin de considération. Mon rôle était de protéger le président de la République de dysfonctionnements éventuels de la Place Vendôme [680]. » Incroyable mission de pompier de la République que de poser des gardes-fous ! Le conseiller de l'ordre était donc là pour empêcher qu'une crise de la justice n'éclate face à Rachida Dati et surtout pour veiller aux déclarations de la ministre comme le lait sur le feu afin, dit-il, qu'elles ne provoquent pas d'« incident institutionnel ».

Au fur et à mesure du temps, diagnostique-t-il, « des postures publiques de la garde des Sceaux ont fait penser au Président que des visions n'étaient pas partagées par lui. Ni politiquement, ni institutionnellement, ni techniquement. » Quelles ont été les raisons de ces dysfonctionnements ? « Je ne le sais pas, dit-il. Je ne me pose pas la question. Étant là pour rendre service à Nicolas Sarkozy, je ne veux pas me lancer dans des querelles politiques. Je veux que les choses marchent. Je veux que ce que souhaite le Président soit mené de façon rationnelle et efficace. Tout cela est constitutionnel. Il n'y a pas d'empiétement politique. Le Président décide. Les ministres sont là pour appliquer. Il me semble que le sujet Rachida Dati n'est pas institutionnel

---

680. Entretien de l'auteur avec Patrick Ouart.

mais personnel. L'affaire de Metz[681] est la goutte d'eau qui a fait déborder le vase. Elle a provoqué une vague de peur qui a déstabilisé le corps[682]. »

Le corps judiciaire, Patrick Ouart le connaît de l'intérieur. Avant même l'Élysée, ce magistrat a suivi un parcours inhabituel constitué autant de palais de justice que de palais de la République. Durant ses premières années dans la magistrature, à compter de 1981, il est l'un des fondateurs de l'Association professionnelle des magistrats (APM). Devenu conseiller pour les affaires judiciaires d'Édouard Balladur quand celui-ci est Premier ministre entre 1993 et 1995, il quitte la magistrature quelques années plus tard pour rejoindre le groupe Suez puis LVMH.

La sphère politique n'est jamais loin. « Avant d'être nommé ici, confie-t-il dans son bureau de l'Élysée, j'avais failli y venir deux fois : avec Édouard Balladur en 1995 s'il avait été élu président de la République. Et en 2002, avec Jacques Chirac qui me l'avait demandé... En 2007, j'étais passé à autre chose. J'ai accepté de venir ici pour Nicolas, en raison de notre amitié. C'était parce que c'était lui et parce que c'était moi. Mais en réalité, j'ai essayé de ne pas venir ! Et je n'étais pas au courant de l'arrêté de ma

---

681. Le suicide d''un adolescent de 16 ans, le 6 octobre 2008, à la maison d'arrêt de Metz-Queuleu, est le point de départ d'une vive polémique entre Rachida Dati et les magistrats. Après les faits, la ministre de la Justice avait ordonné immédiatement une enquête interne de l'inspection générale des services judiciaires. Des magistrats mosellans avaient été entendus précipitamment et en pleine nuit, provoquant la colère de l'ensemble des syndicats et la signature par 534 magistrats d'une pétition exigeant des « excuses publiques » de Rachida Dati. Deux mois après les faits, le Conseil supérieur de la magistrature, après une enquête, critiquera la garde des Sceaux pour sa « mise en cause précipitée » des magistrats.

682. Entretien de l'auteur avec Patrick Ouart, *op. cit.*

nomination. Je l'ai appris en écoutant France Inter... Les missions ici sont variées : les dossiers de grâces présidentielles, les mariages posthumes... C'est un travail technique quotidien. Si je vous disais que je ne fais que cela, vous ne me croiriez pas [683] ! »

De fait, dans ce bureau au cœur du pouvoir, la politique et les affaires passionnent davantage que les missions constitutionnelles de l'exécutif. On veut savoir comment l'Élysée intervient quand il s'agit, par exemple, de former les équipes autour des ministres.

En 2007, Patrick Ouart est à l'origine du choix de Michel Dobkine comme directeur de cabinet de Rachida Dati. Le conseiller de l'Élysée est alors favorable à la constitution d'une équipe technique autour d'une garde des Sceaux qui, elle, est très politique. « C'était mon analyse, dit-il. Elle était apparemment erronée. Michel Dobkine est, dans sa génération, ce que l'on fait de mieux. C'est un intellectuel et pas un technocrate. Je ne connaissais pas du tout Rachida Dati. Je n'ai pas compris que ces deux-là ne pouvaient pas s'entendre. (...) Tous les gardes des Sceaux, à mon avis, sous-estiment leur impuissance quand ils arrivent : ce sont des personnalités politiques d'une certaine dimension, leur nomination est souvent un aboutissement dans leur carrière, ils savent que le ministère de la Justice est à part. Mais ils ont nécessairement l'idée qu'un ministre donne des instructions. En fait, ils sont décontenancés rapidement. On leur explique toutes les trois minutes que telle chose, cela ne se fait pas ou que telle autre est totalement impossible ! L'équipe technique autour de lui est pour assurer le bizutage. Un ministre qui réussirait est celui qui parviendrait à allier la nécessaire impuissance démocratique sur l'institution et sa capacité à garder sa propre image et sa propre existence politique [684]. »

683. *Ibid.*

684. Entretien de l'auteur avec Patrick Ouart, *op. cit.*

Entre la première garde des Sceaux de Nicolas Sarkozy et le conseiller de l'Élysée, après « la crise Dobkine », la première dissension sérieuse éclate précisément sur ce terrain. Elle se produit en septembre 2007 quand Rachida Dati souhaite renouveler une grande partie des trente-cinq procureurs généraux. Elle entend imposer la parité hommes-femmes[685]. « J'avais alors exprimé mon scepticisme sur ce projet, affirme aujourd'hui Patrick Ouart. Était-il bien nécessaire de la mener ? Le but était de montrer l'autorité de la garde des Sceaux sur les parquets généraux, sous la forme d'une préfectoralisation de la fonction. C'était une erreur d'appréciation lourde : si on affaiblit la fonction, on affaiblit l'État. On se tire une balle dans le pied alors qu'il est nécessaire de conforter dans leurs fonctions ceux qui sont les représentants naturels de l'État. Ce projet était donc brutal et déphasé. J'ai alors donné mon avis. Mais Rachida Dati était à cette période au fait de sa puissance... Les nominations ont été avalisées[686]. Mais cette histoire a usé l'oxygène pour la suite des événements[687]. »

Dans la magistrature, cette vague de nominations avait créé inquiétudes et protestations. L'USM et le SM, dans un communiqué commun, avaient même dénoncé une « véritable tentative de caporalisation des magistrats du parquet, inédite dans un État de droit » et rappelé que « les procureurs généraux, qui ne sont pas des préfets de justice,

---

685. « Dati veut la parité chez les procureurs généraux », dépêche Reuters de Thierry Leveque, 20 septembre 2007.

686. Au Conseil des ministres du 14 novembre 2007, formant un mouvement d'une ampleur inédite dans la haute magistrature du parquet, dix procureurs généraux sur trente-cinq sont remplacés. Parmi les dix nouveaux nommés, figurent cinq femmes.

687. Entretien de l'auteur avec Patrick Ouart, *op. cit.*

bénéficient comme les autres magistrats de règles statutaires protectrices[688] »... Bref, une tempête sur la justice. Allait suivre, un an plus tard, l'erreur d'écriture d'un arrêt d'une chambre de l'instruction de la cour d'appel de Paris permettant à un violeur présumé d'être remis en liberté. Le parquet général fera appel après que Nicolas Sarkozy, depuis un voyage officiel à Pékin, eut demandé à sa ministre de donner des instructions en ce sens[689]. L'Élysée désavouera encore la garde des Sceaux sur le dossier du mariage annulé de Lille[690], sur l'affaire Petrella[691] ou, enfin, sur plusieurs nominations clés dans la magistrature[692].

---

688. « "Pressions" sur les mutations : les magistrats dénoncent une "capolarisation" », AFP, 4 octobre 2007.

689. « Sarkozy veut renvoyer en prison le violeur libéré », le figaro.fr, le 26 octobre 2008.

690. Après l'annulation, révélée en mai 2008, du mariage civil d'un couple musulman au motif de la non-virginité de l'épouse, la garde des Sceaux estime que « le fait d'annuler un mariage est aussi un moyen de protéger la personne qui souhaite peut-être se défaire du mariage ». Elle rappelle également que les époux concernés étaient tous les deux « d'accord ». Pourtant, en juin 2008, après intervention de l'Élysée, elle doit se contraindre à faire appel du jugement. « Je n'ai pas changé d'avis, insiste-t-elle alors. J'ai fait appel pour que les avocats puissent étayer leurs conclusions, leurs demandes. »

691. Marina Petrella, ancienne activiste des Brigades rouges réfugiée en France, est incarcérée à la maison d'arrêt de Fresnes dans un état de santé alarmant après son arrestation en 2007. L'Italie réclame son extradition. Lors des négociations menées, l'épouse du président Sarkozy, Carla Bruni, et sa sœur Valeria Bruni-Tedeschi, mettent en avant les arguments humanitaires plaidant pour une hospitalisation en France plutôt qu'une incarcération. Le 23 juillet 2008, Marina Petrella est transférée de Fresnes à l'hôpital Sainte-Anne. La veille, sur France Info, Rachida Dati estimait pourtant que Petrella était en prison « soignée et bien soignée ».

692. La rumeur judiciaire veut que l'Élysée ait eu le dernier mot face à la garde des Sceaux concernant les nominations de Gilbert Azibert au secrétariat général du ministère et de

Plus tard, des désaccords éclateront même en plein CSM[693].

Dans son bureau, Patrick Ouart écoute l'énumération de ces incidents avec un petit sourire et quelques soupirs. Il admet évidemment que ses propres avis et conseils ont bien vite supplanté ceux de la garde des Sceaux auprès du chef de l'État.

Déjà, le conseiller avait de longue date l'oreille du Président sur le sensible terrain des affaires… C'est lui qui avait dès le départ « la main » sur les dossiers signalés. Avait-il le contrôle d'un domaine réservé au Président, à l'instar de ceux de la diplomatie ou de la Défense ? Existe-t-il d'ailleurs des dossiers réservés ? « Non, nuance le conseiller, il n'y a que des dossiers suivis. Ils concernent les événements liés aux déplacements et aux interventions que le Président est susceptible de faire. » Ce serait oublier, cependant, le dossier Clearstream. « Le Président veut en avoir la maîtrise, assume le conseiller. Ce pourrait être une privatisation de ma fonction. Mais ce n'est pas le cas. Dans ce dossier, je conseille Nicolas Sarkozy. Ses intérêts sont défendus par un duo formé de Thierry Herzog et de moi-même. Mais je ne suis pas dans un conflit d'intérêts[694]. » Pas un mot de plus sur « l'affaire »...

Lors de notre entretien, dans le bureau de l'Élysée, l'homme de l'ombre reconnaît en revanche volontiers que c'est lui qui a rédigé le discours sur la réforme de la procédure pénale que Nicolas Sarkozy a prononcé en janvier 2009 devant la Cour de cassation. La ministre, tout juste revenue de son congé maternité, avait alors eu comme seul rôle celui d'écouter la parole venue du palais présidentiel. Rachida Dati a-t-elle été tenue à distance de l'événement ? « Non, rétorque Patrick Ouart. Elle avait eu le discours la veille… » Tout est dit.

---

François Falletti au poste de procureur général de la cour d'appel d'Aix-en-Provence.

693. Lire le chapitre 8 où l'incident concernant la mutation de Marc Robert est rapporté.

694. Entretien de l'auteur avec Patrick Ouart, *op. cit.*

L'anecdote symbolise brutalement la façon dont un invisible mais influent conseiller a, dans les faits, remplacé une ministre de la Justice trop remarquée. Au moins sous ce ministère, l'action ferme et discrète [695] de l'Élysée a pris le pas sur les ambitions médiatisées de la Place Vendôme.

## *Un garde des Sceaux invisible*

À présent, d'ailleurs, pourquoi ne pas faire disparaître totalement le garde des Sceaux ? La question – explosive en apparence – a refait surface dès la campagne de la présidentielle de 2007. Avant le scrutin, plusieurs candidats promettent qu'ils refuseront le maintien d'un ministre de la Justice doté de ses – si larges – prérogatives actuelles.

François Bayrou affirme ainsi qu'il veut « un garde des Sceaux indépendant du gouvernement [qui] sera investi, sur proposition du président de la République, par le Parlement, à la majorité des trois quarts par exemple, de manière qu'il échappe aux préférences partisanes. Il devra animer un débat annuel de politique pénale devant le Parlement [696] ».

Son projet est relativement proche de celui que la droite propose lors de la campagne présidentielle de 2007. « Pour éviter les soupçons qui continuent et continueraient de peser quant à l'immixtion du pouvoir politique dans les affaires individuelles, affiche alors l'UMP, il pourrait être créé un poste de procureur général de la nation. Nommé par le président de la République en Conseil des ministres, après

---

695. Suite à notre entretien avec lui, le 24 mars 2009, Patrick Ouart est le seul de nos interlocuteurs à décliner la proposition de relire les propos qui seront retranscrits. « Je ne démentirai pas ce que je vous ai dit », nous affirme-t-il en nous raccompagnant !

696. Site Internet du candidat François Bayrou durant la campagne présidentielle de 2007.

audition devant une commission représentative du Parlement disposant d'un pouvoir de veto, ce magistrat de grande envergure et de grande compétence serait placé sous l'autorité du garde des Sceaux. Il serait chargé de veiller à l'application, par les parquets généraux, de la politique pénale décidée par le gouvernement et de la décliner, si nécessaire, en instructions individuelles dans le souci exclusif de la réussite de cette politique pénale, de l'application de la loi, ou de la cohérence de la jurisprudence [697]. »

Parmi les finalistes de l'élection présidentielle de 2007, seule Ségolène Royal ne veut pas bouleverser le rôle actuel du garde des Sceaux mais propose en revanche des réformes institutionnelles. « Nous rendrons la justice responsable et indépendante, dit son programme. (...) Le parquet, responsable de la mise en œuvre de la politique pénale définie par le pouvoir politique, sera mis à l'abri des pressions, notamment par la suppression des instructions individuelles de nature à dévier le cours de la justice. La composition du Conseil supérieur de la magistrature sera modifiée pour garantir son pluralisme et un équilibre entre magistrats et non-magistrats. Ses attributions seront étendues. Il sera consulté sur les aspects essentiels du fonctionnement de la justice ainsi que sur les projets de réforme la concernant, et aucune nomination de magistrats ne pourra intervenir sans avis favorable [698]. »

L'idée de créer un procureur général de la nation n'est en réalité pas nouvelle. Elle doit sa célébrité au haut magistrat Jean-François Burgelin qui avait appelé, en 1986, à la création « d'une véritable autorité de justice indépendante échappant au contrôle du gouvernement pour devenir une

---

697. « Justice, le droit de confiance », direction des études de l'UMP durant la campagne présidentielle de 2007.

698. Le projet socialiste pour la France, « Réussir ensemble pour le changement, refonder la République ». Site Internet du Parti socialiste durant la campagne présidentielle de 2007.

institution d'État[699] » puis renouvelant son appel dans un autre ouvrage[700] publié en 2003.

Jacques Toubon qui, en 1989, n'est qu'un député parisien de l'opposition, propose pour sa part un « chancelier de la magistrature[701] ». Cinq ans plus tard, l'ancien président de la République Valéry Giscard d'Estaing reprend l'idée, en mettant en avant la possibilité de placer le pouvoir judiciaire au même niveau que l'exécutif. L'ancien chef de l'État émet l'idée d'instaurer en France « un vice-président chargé de la justice[702] », situé au-dessus du gouvernement.

Le magistrat Yves Bot, ancien procureur général de Paris, ne voit que des avantages à cette perspective de réforme : « Pour moi, l'idée essentielle est que la suppression du juge d'instruction doit avoir pour conséquence une modification du statut du parquet dans le sens d'un renforcement de ses garanties et de son indépendance. (...) Le changement de statut du parquet et le statut particulier du procureur général de la nation devant permettre d'inscrire la structure pyramidale du parquet, nécessaire à une mise en œuvre de la loi égale pour tous les citoyens, dans un équilibre global détachant le parquet du pouvoir politique[703]. »

Dans la magistrature, les défenseurs du procureur général de la nation se comptent sur les doigts d'une main.

---

699. *Raison pour la justice*, Jean-François Burgelin en collaboration avec Jean-Marie Coulon et Jean Léonnet, sous le pseudonyme de Solon, 1986.

700. Jean-François Burgelin et Paul Lombard, *Le Procès de la justice*, Plon.

701. Intervention de Jacques Toubon, Assemblée nationale, décembre 1989.

702. Interview de Valéry Giscard d'Estaing dans l'émission *7 sur 7*, TF1, novembre 1994.

703. Entretien de l'auteur avec Yves Bot, *op. cit.*

Yves Bot, précisément, y est très ouvertement favorable à l'approche de l'élection de 2007. « J'exprime cette idée à Nicolas Sarkozy après avoir fait sa connaissance alors que j'étais procureur de la République de Nanterre, précise-t-il. Mais le devenir n'est pas mon ambition. On pense que je m'y verrais bien alors que je suis déjà, à la période où cette question se pose, futur avocat général à la Cour de justice des communautés européennes. En réalité, je m'y serais bien vu mais je sais que l'âge de la retraite rend impossible cette éventualité [704] ! »

Son successeur dans le fauteuil de procureur général de Paris, Laurent Le Mesle, affirme lui aussi que l'idée gagne ses faveurs : « Je constate qu'un certain nombre de magistrats du parquet ont aujourd'hui du mal à se situer à la fois par rapport aux magistrats du siège, à leur hiérarchie et au pouvoir exécutif. Pour répondre à cette interrogation, l'instauration d'un procureur général de la nation pourrait être l'une des solutions intéressantes [705]. »

Parmi ces hauts magistrats, à la fois témoins et acteurs des misères imposées à la justice et à leur ministre, une voix est importante. Celle de Michel Dobkine, celui qui fut le premier et éphémère directeur de cabinet de Rachida Dati après avoir occupé, entre 2005 et 2007, le poste de directeur de l'École nationale de la magistrature. Lui aussi, au bout du compte, pense que la métamorphose de la fonction de garde des Sceaux s'impose. « Il faut un procureur général de la nation dont le mandat serait plus long que celui de la législature, détaille-t-il. Cela lui conférerait une certaine indépendance. Il appartiendrait au gouvernement sans être titulaire à proprement parler d'un portefeuille politique. Il assurerait l'interface entre l'exécutif et la justice [706]. » La Place Vendôme aurait ainsi un ministre sanctuarisé…

---

704. Entretien de l'auteur avec Yves Bot, *op. cit.*
705. Entretien de l'auteur avec Laurent Le Mesle, *op. cit.*
706. Entretien de l'auteur avec Michel Dobkine.

Le pouvoir politique, lui, joue la prudence face à cette révolution envisagée. Rachida Dati, interrogée quelques semaines après son arrivée Place Vendôme sur l'éventualité prochaine de l'instauration d'un procureur général de la nation, affirme tout de go que « ce n'est pas actuellement au programme [707] ». Mais la suppression du juge d'instruction n'est alors pas encore évoquée et le fait de vouloir confier aux parquets la direction des enquêtes fait inévitablement renaître le débat sur l'indépendance du parquet.

À gauche, Élisabeth Guigou se dit « vivement opposée » à l'instauration d'un procureur général de la nation. Pour elle, « cela n'a aucun sens. Dans une démocratie, seul un membre du gouvernement peut répondre et rendre des comptes face au Parlement. J'ai une certaine méfiance envers ces autorités administratives, sans responsabilité politique, dites indépendantes. Ce serait une technocratisation de la justice citoyenne, la soumettant davantage à des influences politiques occultes. Le garde des Sceaux est indispensable, à condition de réformes constitutionnelles auxquelles je tiens, comme la garantie de l'indépendance des magistrats du parquet en les faisant nommer par le CSM de la même façon que les magistrats du siège [708] ».

Son ancien directeur de cabinet, Christian Vigouroux, professeur à l'université Paris-I, alimente pour sa part le débat en lançant une hypothèse plus radicale : « Et si le ministère n'existait plus ? Nul ne s'en apercevrait immédiatement mais le code pénal éclaterait entre les multiples autorités et ministères soucieux de renforcer la sanction de leurs propres législations et se réduirait à une compilation de peurs et de réactions aux faits divers. (...) La police judiciaire serait un peu plus police et un peu moins judiciaire. (...) Si le ministère de la Justice n'existait plus, le code civil

707. Interview de Rachida Dati *Le Figaro*, le 14 octobre 2007, *op. cit.*

708. Entretien de l'auteur avec Élisabeth Guigou, *op. cit.*

retournerait là où il est né, c'est-à-dire au Conseil d'État et les professions juridiques dans une improbable délégation aux professions libérales auprès du ministère de l'Économie. L'administration pénitentiaire reviendrait au ministère de l'Intérieur qu'elle n'a quitté qu'en mars 1911. (...) La Protection judiciaire de la jeunesse pourrait rejoindre le ministère des Affaires sociales en charge de l'aide sociale à l'enfance. La Direction des services judiciaires viendrait former un service du personnel placé sous l'aile du Conseil supérieur de la magistrature [709]. » Selon Christian Vigouroux, « ce scénario n'est pas inimaginable. Il se joue même chaque fois que, par l'histoire des institutions et des hommes, le ministère de la Justice est trop poli pour s'imposer. (...) La dernière difficulté du ministère n'est autre que le ministre lui-même. Il a lu avant d'accepter son mandat du chef de l'État que nul ne sortait indemne d'un passage à la chancellerie, idéal pour achever sinon briser une carrière politique. Il sera systématiquement critiqué par ceux qui ne sont pas satisfaits des décisions et ignoré par ceux qui gagnent leur procès [710] ».

Dur métier ! Et qu'il doit être désespérant pour un garde des Sceaux d'entendre que des réformes vont désormais s'attaquer à son propre fauteuil et qu'on songe même à le supprimer.

---

709. *Dictionnaire de la justice*, sous la direction de Loïc Cadiet, PUF.

710. *Ibid.*

## CHAPITRE 17

# Fins de règne

L'épilogue d'une vie ministérielle amène parfois le goût des larmes [711]. On ignore en revanche qu'il produit un bruit caractéristique ! Début mai 2007, dans les jours qui suivent la victoire de Nicolas Sarkozy à l'élection présidentielle, dans les étages du cabinet du garde des Sceaux, un vacarme régulier envahit les bureaux, dont les portes sont inhabituellement ouvertes aux quatre vents.

« Sonia, arrêtez la broyeuse [712] ! », hurle un conseiller qui n'arrive plus à entendre son interlocuteur au téléphone. Selon lui, lors des derniers jours d'un ministre, « on détruit tout ». Les documents qui étaient dans son bureau, d'ailleurs, paraissent tous devoir être engloutis par les broyeuses de la République qui transforment les feuilles de papier en longs filaments impossibles à reconstituer.

Alternance ou pas, la Place Vendôme connaît ces scènes étonnantes qui précèdent les passations de pouvoir. Comme dans tous les ministères de la République, le

---

711. Lire le chapitre 2 où les émotions des passations de pouvoirs sont évoquées.

712. « Grand ménage et petits drames dans les ministères », article de Jean Chichizola, Mathieu Delahousse et Marie-Christine Tabet, *Le Figaro*, 18 mai 2007.

ménage est fait intégralement. Les nouvelles équipes arriveront dans des bureaux méthodiquement nettoyés.

Les directions de l'administration centrale ne connaissent pas ce rituel. Seuls les bureaux dédiés au cabinet ministériel sont concernés. Il appartient aux différents collaborateurs du ministre de faire leur propre sélection entre les documents officiels qu'ils versent aux Archives nationales, les documents personnels qu'ils emportent et ceux qu'il convient de détruire. « La plus grande partie part à la poubelle. Nous avons des armoires pleines de dossiers qui ont été communiqués en double aux services. Il n'y a donc aucun intérêt à les garder en de multiples exemplaires », assure un conseiller de début 2007. « La règle est de ne plus signer de documents à partir du moment où le Premier ministre sortant a présenté sa démission », se souvient un garde des Sceaux déjà parti ailleurs au moment où son cabinet connaissait ces intenses instants de nettoyage.

Quitter le ministère est-il un soulagement ? Assurément pour Maurice Faure en 1981, ravi de repartir vers des domaines lui étant plus familiers [713]. Robert Badinter, pour sa part, quitte la Place Vendôme en 1986 afin d'accéder à la présidence du Conseil constitutionnel. L'aboutissement de leurs carrières ministérielles respectives semble satisfaire l'un comme l'autre.

### *Le cauchemar des ministres de la Justice cités dans des affaires*

Pour les gardes des Sceaux confrontés à des affaires qui les visent parfois personnellement, l'instant du départ est

713. Lire le chapitre 2 où la passation de pouvoir entre Maurice Faure et Robert Badinter est racontée.

fort différent. Eux, ne dissimulent pas, au moment des adieux, un certain sentiment de... délivrance.

Albin Chalandon, par exemple, quitte la Place Vendôme après la réélection de François Mitterrand en 1988. Sur fond de campagne électorale, le garde des Sceaux vient de subir des mois agités. « Votre nom est à la une de tous les journaux, l'affaire Chaumet est en train de devenir l'affaire Chalandon [714] », commence ainsi un journal télévisé en octobre 1987. Invité pour répondre, le ministre de la Justice dénonce les mises en cause. Il se dit victime d'« un procès politique », d'une « orchestration » destinée, « à l'évidence, à faire diversion aux affaires pénales dont on parle depuis un certain nombre de temps, qui touchent l'opposition de gauche. Je parle de l'affaire Nucci et d'un certain nombre d'autres [715] ! »

Pour ne rien arranger aux ennuis du garde des Sceaux d'alors, le cœur de cette affaire se situe précisément place Vendôme. Géographiquement, s'entend. La Justice siège au numéro 13 de la place. Le joaillier Chaumet, au 12. Dans les années quatre-vingt-dix, la maison des frères Chaumet, en difficulté, est accusée d'avoir lancé des opérations offrant des rémunérations mirifiques à quelques grands clients qui accepteraient de placer chez eux leurs liquidités [716]. Or Albin Chalandon est soupçonné, lors de l'enquête, d'avoir possédé l'un des comptes confortablement rémunérés et, quand éclate l'affaire, il est garde des Sceaux.

« L'affaire Chaumet aurait été une faillite commerciale banale si elle n'avait été compliquée par de nombreuses violations de la loi pénale, souvent graves, observe aujourd'hui Albin Chalandon. En elle-même, elle ne devait remonter à la chancellerie que pour information. Mais, la

714. Interview d'Albin Chalandon en direct dans le 20 Heures d'Antenne 2, le 13 octobre 1987.

715. *Le Monde*, 15 octobre 1987.

716. *Le Monde*, 13 octobre 1987.

complication est venue de ce que j'étais l'une des victimes de la faillite en tant que détenteur d'une créance sur l'entreprise : l'interpellation de mon cabinet par le parquet a été immédiate. Aussi, dès que l'affaire a éclaté, j'ai tout de suite écrit au procureur général de Paris pour lui donner l'instruction de gérer ce dossier en toute indépendance avec l'interdiction de consulter mon cabinet et, à plus forte raison, ma personne. À défaut de quoi, j'aurais été à la fois juge et partie. (...) Comme l'a indiqué le représentant du parquet au procès intervenu plusieurs années après, (...) je n'avais commis aucun délit et les rumeurs répandues par certains journaux n'avaient aucune raison d'être. Évidemment, j'avais tout de suite informé Jacques Chirac [717] de cette situation, en ajoutant que, s'il le souhaitait, je lui remettrais immédiatement ma démission. Il a refusé tout net. La seule conséquence a été de provoquer beaucoup de bruits, d'attaques contre le garde des Sceaux dans la presse ou au Parlement, lors des séances d'actualité. Cela a peut-être parasité quelque peu mon action, mais ne l'a jamais ni entravée ni ralentie, ou simplement gênée. C'était désagréable, c'est tout [718]. »

Pierre Méhaignerie, pour sa part, est entraîné dans d'interminables semaines de polémiques autour des affaires du financement du CDS et du Parti républicain [719]. Il n'en dormira pas durant plusieurs nuits. Seul ministre de la Justice à avoir ordonné des poursuites qui se retourneront finalement contre lui, Pierre Méhaignerie met en avant sa bonne foi. Ayant présidé le CDS et connaissant le fonctionnement de sa formation politique, il pensait impossibles des manipulations financières. D'où sa décision d'ordonner

717. Jacques Chirac est alors Premier ministre.
718. Entretien de l'auteur avec Albin Chalandon, op.cit.
719. Voir le chapitre 8 où Pierre Méhaignerie met en avant « la distanciation totale » nécessaire selon lui pour ne pas « succomber » aux sollicitations incessantes de ses amis politiques.

l'ouverture d'une information judiciaire en 1995 après que la presse eut révélé l'existence de commissions passant par la Suisse.

« Le CDS constituait un parti aux moyens limités au sein du paysage politique, justifie encore aujourd'hui Pierre Méhaignerie. Et le plus pauvre ! Je me souviens, comme président du CDS, avoir traversé la France dans une vieille Citroën DS pour aller dans le Sud tenir meeting. J'avais le dos douloureux et supportais la fatigue du trajet. Le lendemain, je voyais arriver, frais et dispos, par avion, les responsables des autres partis. Nous, au CDS, on ne payait ni les sandwichs ni les transports. On avait 400 personnes sur des chaises branlantes. Et on n'avait pas FR3 le soir ! Les autres avaient les moyens et, donc, une visibilité certaine dans les médias. Au bureau du CDS, on m'interpellait : “Tu ne te débrouilles pas bien ! Pourquoi ne fais-tu pas comme les autres ?” Quand l'affaire du CDS éclate, il s'agit de montrer qu'on a été exemplaires. Mais en raison de deux ou trois factures litigieuses, une mise en examen a été prononcée. J'ai mal dormi durant plusieurs nuits. On en a eu des articles de presse ! Au procès [720], en revanche, j'étais totalement détendu : je n'étais plus ministre, je savais que personne n'avait utilisé un seul centime pour lui-même et que tout cela était allé à notre engagement politique

720. Les politiques du CDS, Jacques Barrot, Bernard Bosson et Pierre Méhaignerie, prévenus de « recel d'abus de confiance », bénéficient de l'amnistie. Lors du procès, l'une des principales questions porte sur le niveau de connaissance des finances du parti par les ministres. Le rôle de l'ancien conseiller politique de Pierre Méhaignerie, François Froment-Meurice, est évoqué. Bernard Bosson a suscité l'hilarité du tribunal lorsqu'il a rappelé la chanson que les jeunes militants du CDS chantaient sur l'air de *Petit Papa Noël* : « Petit Froment-Meurice, quand tu reviendras de Suisse, avec tes millions par milliers, n'oublie pas nos petits souliers. »

dans une période où n'existait aucun financement public[721]. »

Affaires personnelles encore, Rachida Dati fait face lors de l'été 2007 aux révélations sur les mises en cause judiciaires de ses frères. Jamal, trente-cinq ans, doit comparaître devant la cour d'appel de Meurthe-et-Moselle en compagnie de deux autres prévenus pour trafic de drogue[722]. Quant à Omar Dati, il est alors placé sous contrôle judiciaire depuis juin 2005, après avoir été interpellé dans le cadre d'une enquête portant sur un trafic de haschisch dans la région châlonnaise[723]. Tous deux seront condamnés[724].

Rachida Dati considère que la médiatisation de ces affaires était en réalité une façon de la viser. « J'ai bien compris, dit-elle, que l'intérêt porté à mon frère Jamal, lors de son procès, n'avait rien à voir avec lui ou plutôt avait tout à voir avec moi… Des jeunes gens qui ont plongé dans la drogue puis dans la délinquance, qui ont dealé pour payer leur consommation, il y en a hélas des centaines, des milliers. D'autres familles ont connu ce déchirement, cette impuissance quand quelqu'un que l'on aime est en train de dévier, de sombrer. Mon frère Jamal n'a pas eu de chance médiatiquement : sa sœur est exposée. Ministre. Parler du frère permettait sans doute de viser la sœur – oh, bien élégamment, en prenant prétexte de "l'intérêt humain" de l'histoire ! Je n'y vois que de l'hypocrisie voyeuriste. À la minute où j'ai été nommée, j'ai compris que le compte à

---

721. Entretien de l'auteur avec Pierre Méhaignerie, *op.cit.*

722. *Le Parisien*, 13 juillet 2007.

723. AFP, le 13 juillet 2007.

724. Devant le tribunal correctionnel de Chalon-sur-Saône, en décembre 2007, Omar Dati est condamné à 8 mois de ferme pour transport et acquisition de stupéfiants. Devant la cour d'appel de Nancy, Jamal Dati est condamné en août 2007 à 12 mois de prison ferme pour un délit similaire.

rebours avait commencé. Qu'il allait devenir un personnage médiatique, alors que je n'excuse rien de ce qu'il a fait. (...) Je n'interviens pas, ne commente pas, je ne veux pas et ne souhaite pas m'approcher de leurs démêlées judiciaires. C'est bien le moins [725]. »

Affaires personnelles toujours, Rachida Dati est, à compter du mois de septembre 2008, au centre de mille et une rumeurs autour de sa grossesse et du nom du père de son enfant… Soudain, le « bruit médiatique » de la vie privée de la ministre dépasse de très très loin celui de son activité gouvernementale. « Je ne vais quand même pas embaucher une attachée de presse pour gérer ces âneries », se serait-elle alors irritée [726] face à la soif exprimée par la France entière : savoir qui est le véritable géniteur de l'enfant de la garde des Sceaux.

La curiosité provoquée est invraisemblable. En janvier 2009, une rumeur veut même que les deux pièces de l'appartement privé de la chancellerie aient été convertis en nursery [727] pour abriter Zohra Dati après les cinq jours de congés maternité de sa mère. Or, en réalité, à cette période, personne au ministère n'a même aperçu l'enfant.

Affaires encore : quand Michèle Alliot-Marie, qui avait été témoin durant la très longue instruction du dossier Clearstream, arrive au ministère, le procès en correctionnelle est imminent. Cela pose-t-il un problème ? « Je ne suis pas partie prenante à la procédure. J'ai été entendue comme témoin et si mon témoignage est sollicité à l'audience je m'y rendrai, de la même façon que si en sortant du ministère je suis témoin d'un accident, j'apporterais mon concours à la justice [728] », évacue la ministre.

---

725. Rachida Dati, *Je vous fais juges*, *op.cit*.

726. Michaël Darmon et Yves Derai, *Belle-Amie*, Éditions du Moment.

727. Confidentiel, *Le Figaro*, 21 janvier 2009.

728. Interview dans le *Figaro*, le 10 juillet 2009.

## *La fragilité des derniers instants*

Comme si les gardes des Sceaux ne devaient subir des attaques que lorsqu'ils sont encore en position de force, une trêve s'impose dès que leur remplacement est annoncé. Ainsi, Pierre Arpaillange, visé par de multiples anicroches lors de son ministère, le quitte-t-il sereinement. « Le poste de premier président de la Cour des comptes était vacant à la suite du départ à la retraite d'André Chandernagor, raconte-t-il. Le président de la République m'a fait valoir les avantages que j'aurais à être nommé dans ces fonctions. Il m'a laissé absolument libre de rester à la Justice ou de rejoindre la Rue Cambon. C'est malgré tout avec un serrement de cœur que je décidai de quitter le ministère de la Justice où j'avais travaillé pendant de longues années. Je n'ai pas besoin de décrire l'agitation qui régna à la chancellerie dès que ces nouvelles se répandirent. Certains membres de mon cabinet cherchèrent un point de chute. D'autres paraissaient surtout préoccupés par mon départ [729]. »

Au moment de ses propres adieux, son successeur Henri Nallet avoue qu'un sentiment d'inachevé le gagne : « Je ne suis resté que deux ans et demi, regrette-t-il. C'est trop court. Il faudrait un contrat avec le ministre : cinq ans pour faire quelque chose. En cinq ans, j'y serais arrivé. (...) C'est ridicule de nous laisser à des responsabilités aussi importantes aussi peu de temps sauf, bien sûr, en cas d'incompétence ou de faute… Vous vous rendez compte que le même chancelier de l'Échiquier, au Royaume-Uni, est au boulot depuis dix ans. Il a eu le temps de faire quelque chose, lui [730] ! »

Pierre Méhaignerie, lui aussi, a quitté la Place Vendôme « avec un sentiment de frustration ». « Franchement, dit-il,

729. Lettre de Pierre Arpaillange à l'auteur, *op. cit.*
730. Entretien de l'auteur avec Henri Nallet, *op.cit.*

je maîtrisais les dossiers en cours. J'avais obtenu l'adhésion des magistrats. (...) C'était un grand progrès : avoir la confiance des magistrats en un garde des Sceaux qui puisse les défendre était devenu un acquis. Des magistrats témoignent encore de ce fait ! Cela est gratifiant. La confiance est un socle des relations entre les magistrats et leur ministre. Je suis parti fatigué mais regrettant qu'une ou deux années supplémentaires ne me soient pas accordées afin de parvenir à des relations apaisées et confiantes entre la Justice et le pouvoir politique [731]. »

Malgré le sentiment d'inachevé commun à tous, Élisabeth Guigou, au moment du départ, mesure sa fierté d'être entrée dans l'histoire de la Ve République comme garde des Sceaux. « Aujourd'hui, chaque fois que je rencontre des gens dans la rue, ils font spontanément référence à mon passage à la Justice, remarque-t-elle. J'y ai sans doute commis des erreurs. Je n'ai pas pu mener à bien tous mes projets de réformes. Mais nous avons tenu une ligne. Au contraire de ceux qui voient ce ministère comme un ministère négatif, immobile et décevant, je pense qu'il s'agit de l'une des plus belles fonctions qui soit. Car il est en charge des tragédies humaines. À la Justice, on travaille sur l'enfance maltraitée, les divorces ou les crimes… Ce sont des tâches extrêmement difficiles. Y revenir ? Je ne crois pas qu'il faille revenir vers ce qu'on a déjà fait. Mais j'encouragerai certainement des personnalités de ma famille politique à y aller. Je leur dirai simplement les écueils qu'à mon avis il faut éviter [732]. »

Les regrets de Dominique Perben portent également sur la durée. « Intellectuellement et humainement, dit-il, j'aurais bien aimé faire les cinq ans comme Robert Badinter. Mais, en 2005, la bataille pour les municipales de Lyon arrive. J'ai conscience que les deux tâches ne se

731. Entretien de l'auteur avec Pierre Méhaignerie, *op.cit.*
732. Entretien de l'auteur avec Élisabeth Guigou, *op.cit.*

mènent pas de front. Le Président est aussi de cet avis. Peut-être suis-je resté trop longtemps ? Ministre de la Justice, cela ne donne pas une bonne image dans l'opinion publique : on est vu comme un homme un peu solennel, un peu austère et répressif. Pour la campagne, ce n'est pas la meilleure des choses… Je ne pense pas toutefois que l'issue de l'élection municipale de Lyon soit liée à mon passage à la Justice [733] ! »

Dominique Perben est retourné à son banc de député, à l'Assemblée nationale. Tout comme Pascal Clément qui n'a pas retrouvé la présidence de la commission des lois mais un simple bureau de député. « Les méchantes langues disent que j'ai été meilleur président de la commission des lois que ministre. On a contesté mon léger autoritarisme. Il est vrai que j'ai mon caractère mais je prétends écouter [734] », philosophe-t-il. En 2008, il n'a toutefois pas pu réprimer un mouvement d'humeur à l'encontre de son ancien ministère. « Je n'ai pas voté le budget de la Justice, avoue-t-il. Comme la carte judiciaire a supprimé le tribunal de Montbrison, il fallait bien que je traduise l'opinion publique de mon département. C'était symbolique [735]. »

## *Les ministres battent en retraite*

Le ministère de la Justice a-t-il « saboté [736] » la carrière politique de toutes ces femmes et hommes politiques venus le servir ? L'épuisement des journées de la chancellerie a-t-il essoré leurs perspectives d'avenir ?

---

733. Entretien de l'auteur avec Dominique Perben, *op.cit.*
734. Entretien de l'auteur avec Pascal Clément, *op.cit.*
735. *Ibid.*
736. Voir le chapitre 1 où Jacques Toubon assure que « quand vous voulez saboter une carrière politique », il faut aller au ministre de la Justice.

Maurice Faure, après trois semaines surprenantes de garde des Sceaux, retourne vers sa mairie de Cahors, dans le Lot. Élu sénateur en 1983, il quitte les rangs des parlementaires cinq ans plus tard pour devenir ministre de l'Équipement de Michel Rocard avant d'être désigné membre du Conseil constitutionnel durant neuf ans. Retraité après une longévité politique exceptionnelle, Maurice Faure partage aujourd'hui son temps entre Paris et Cahors.

Robert Badinter, après cinq années ardentes à la Place Vendôme, est président du Conseil constitutionnel de mars 1986 à mars 1995. Il est ensuite élu sénateur des Hauts-de-Seine. Et poursuit sans relâche le combat contre la peine de mort, plaidant pour que l'abolition soit prononcée au niveau planétaire. Il est l'un des animateurs du premier congrès mondial contre la peine de mort en 2001 à Strasbourg. Et sa voix demeure incontournable dans les débats judiciaires secouant régulièrement la France. Avant la présidentielle de 2007, il est engagé aux côtés de l'Observatoire international des prisons (OIP) dans l'élaboration des États généraux de la condition pénitentiaire. Au Sénat, il s'oppose vivement aux lois Perben 2 ou Dati. « Nous sommes dans une période sombre pour notre justice [737] », déplore-t-il en 2008 en évoquant l'instauration de la rétention de sûreté. Face à la suppression annoncée du juge d'instruction, un an plus tard, il dénonce un « oukase présidentiel [738] ».

Michel Crépeau, après un mois rapidement passé dans la bibliothèque royale en 1986, est réélu député de Charente-Maritime sous les couleurs du Mouvement des radicaux de gauche (MRG) qu'il avait présidé jusqu'en 1981.

737. Interview de Robert Badinter, *Le Monde*, 24 février 2008.

738. « La mort programmée du juge d'instruction », Robert Badinter, *Le Monde*, 21 mars 2009.

Il demeure également maire de La Rochelle jusqu'à son brutal décès à l'Assemblée nationale, en pleine séance, en mars 1999, peu après être intervenu lors des questions d'actualité.

Albin Chalandon, après deux années denses de garde des Sceaux, ne se représente pas aux élections législatives pour reconquérir son fauteuil de député du Nord. Il reprend en 1989 des activités industrielles auprès d'une société textile picarde. En 2007, à la demande de la nouvelle garde des Sceaux « venue le chercher », il est dans la voiture qui conduit Rachida Dati à son entrée en fonction à la chancellerie.

Pierre Arpaillange, après deux longues années à l'hôtel de Bourvallais, accède aux fonctions de premier président de la Cour des comptes. Il y demeure trois ans jusqu'à l'âge de la retraite. Il partage depuis son temps entre son village de Carlux, en Dordogne, et la Côte d'Azur, où il s'est installé.

Henri Nallet, à la suite de ses deux années à la tête de la Justice, devient conseiller d'État. Membre du conseil national du Parti socialiste, il est réélu en 1994 conseiller général puis maire de Tonnerre dans l'Yonne. Retraité du Conseil d'État, il est depuis conseiller au sein du groupe pharmaceutique Servier.

Michel Vauzelle, après une année de garde des Sceaux, reprend les campagnes électorales à Arles dont il devient maire puis député. Il est ensuite, à partir de 1998, et à ce jour encore, président de la région Provence-Alpes-Côte-d'Azur.

Pierre Méhaignerie, quittant le ministère qu'il avait habité plus de deux ans, est réélu dans les mois qui suivent député-maire de Vitré, en Ille-et-Vilaine. Président de la commission des finances puis de la commission des affaires culturelles, familiales et sociales de l'Assemblée nationale, il a rejoint en 2002 l'UMP

Jacques Toubon, après deux années également passées derrière les façades de la Place Vendôme, devient conseiller à l'Élysée. Maire du XIIIe arrondissement, il intègre lui aussi le Conseil d'État puis le Parlement européen. Depuis 2005, il est président de la Cité internationale de l'histoire de l'immigration.

Élisabeth Guigou, après trois années de réformes de la justice, change de ministère pour remplacer Martine Aubry à l'Emploi et la Solidarité. À compter de 2002, elle est élue député de Seine-Saint-Denis et figure toujours parmi les anciens gardes des Sceaux les plus interrogés sur les questions de justice, au point de devenir l'opposante numéro un de Rachida Dati.

Marylise Lebranchu, à la suite d'un an et demi dans le monde de la magistrature, est réélue députée de Morlaix. À compter de 2007, elle est désignée à l'un des trois fauteuils de questeurs de l'Assemblée nationale.

Dominique Perben, les trois années de chancellerie derrière lui, déménage au ministère des Transports et de l'Équipement. En 2007, il échoue aux municipales à Lyon mais demeure député.

Pascal Clément, après deux ans de fonction auprès de la presse des Sceaux de la République, retrouve son siège de député mais perd en 2008 celui de président du conseil général de la Loire. À compter de 2007, il redevient avocat.

Rachida Dati, enfin, au terme d'un parcours aussi atypique que chaotique Place Vendôme est élue en 2009 députée européenne, contrainte dès lors de laisser la place à un successeur au ministère de la Justice.

## *Les pronostics impossibles*

Décriée, critiquée continuellement et présentée comme un chemin de croix pour les hommes politiques qui s'y aventurent, la Justice continue pourtant à attirer les vocations, par idéal ou par ambition. Le mode de désignation n'a pas changé avec le temps. Les décisions véritables se prennent dans les derniers instants. Impossible de formuler des pronostics sérieux quant aux noms des futurs occupants de la Place Vendôme, même si la rumeur vient du cœur du pouvoir.

C'est le cas en 2004. Jacques Chirac a, en formant le gouvernement Raffarin 2, demandé à Dominique Perben s'il souhaitait réellement être maintenu à son poste de garde des Sceaux. Au cas où, un successeur a semble-t-il été déjà trouvé. Le 1er avril, le nom de Renaud Dutreil, alors secrétaire d'État aux petites et moyennes entreprises, est même cité par *Le Monde.* Mais Dominique Perben demande et obtient de rester encore Place Vendôme…

En 2007, trois mois avant la présidentielle, les entretiens de Saintes, qui rassemblent chaque année des professionnels du droit, s'électrisent autour des pronostics. Qui sera garde des Sceaux ? La mise en scène des débats place face à face André Vallini, président de la commission parlementaire sur l'affaire d'Outreau, et Patrick Devedjian, avocat et proche de Nicolas Sarkozy. L'affiche ressemble à une finale avant l'heure. Mais ni l'un ni l'autre n'accèdent Place Vendôme. À droite, le choix se porte sur Rachida Dati. Et André Vallini, qui en cas de victoire de Ségolène Royal aurait été concurrencé par plusieurs autres candidats dont l'avocat Arnaud Montebourg, ne devient pas non plus garde des Sceaux.

Plus tard, quand à son tour Rachida Dati est politiquement fragilisée, d'autres noms nourrissent aussitôt les rumeurs. Les candidats affichent la volonté d'affronter les défis promis par la Justice. Sans succès pour les hommes concernés, les noms de Xavier Darcos circulent pour le fauteuil de ministre et celui de Jean-Claude Magendie, premier président de la cour d'appel de Paris, pour un fauteuil de secrétaire d'Ètat. Leur ambition, souvent cachée, est de marquer de leur nom le ministère par leurs lois, leurs personnalités ou simplement par leur statut… Être le plus jeune ministre de la Justice, être le premier magistrat à devenir ministre de la Justice, être le premier français d'origine maghrébine à devenir ministre de la Justice ou être la première femme ministre de la Justice.

## *Dix-neuf ans avant Rachida Dati, une magistrate avait failli devenir garde des Sceaux*

Dans l'histoire du ministère de la Justice, cependant, certaines premières fois auraient pu intervenir bien plus tôt… Si Élisabeth Guigou est bien devenue en juin 1997 la première femme garde des Sceaux et Rachida Dati devenue dix ans plus tard la première femme magistrat à ce poste, il s'en est en effet fallu de peu pour que ces deux événements inédits se produisent bien antérieurement : l'idée de mettre en avant des femmes magistrats avait déjà à plusieurs reprises titillé le pouvoir.

La première fois se produit en 1988 après la réélection de François Mitterrand. À l'Élysée, le Président et son nouveau Premier ministre, Michel Rocard, discutent du gouvernement à former [739]. Le nouveau chef du gouvernement redoute que les affaires financières qui couvent finissent par provoquer une crise avec l'univers de la justice : « Ca, Monsieur le Président, vous êtes d'accord avec moi pour constater que c'est gravissime, lance Michel Rocard. Ma proposition serait de nommer comme garde des Sceaux le plus haut magistrat de France, Simone Rozès, premier président à la Cour de cassation. » Selon Michel Rocard, François Mitterrand aurait alors répliqué : « Vous n'y pensez pas, c'est une adversaire ! Ce sera

739. La scène est racontée dans le livre *L'Enfer de Matignon* de Raphaëlle Bacqué, paru chez Albin Michel.

Pierre Arpaillange ! » Pierre Arpaillange était alors procureur général auprès de la Cour de cassation.

Simone Rozès termina sa carrière à ce sommet, n'évoquant jamais publiquement sa carrière ministérielle manquée. Elle ignora sans doute d'ailleurs longtemps la conversation de l'Élysée. Aurait-elle souhaité entrer dans un gouvernement socialiste ? En 2006, tandis qu'elle venait d'être décorée par Jacques Chirac de la grand-croix de la Légion d'honneur, elle se souvenait de son entrée dans la magistrature en 1947. À l'époque, peu de femmes étaient admises dans ce corps mais elle-même se disait peu enthousiaste face à la féminisation du corps intervenue ensuite : « Ce n'est pas forcément une bonne chose quand un corps se déséquilibre. Regardez l'Éducation nationale. » Retraitée, elle disait porter un regard un peu « désabusé » sur la société, dénonçant « la perte des valeurs [740] »...

Autre occasion manquée de voir Place Vendôme une femme magistrate : l'instant où Simone Veil faillit devenir ministre de la Justice. En 1993, quand s'instaure la cohabitation entre François Mitterrand et Édouard Balladur, son nom circule avec insistance. « Le Premier ministre avait pensé à elle [741] », confirme Jacques Toubon. Simone Veil, dans son autobiographie, raconte qu'elle reçut un appel de Matignon alors qu'elle était sur le point de prendre un avion pour un colloque sur le sida en Namibie : « Ma surprise fut grande d'entendre Édouard Balladur me proposer de revenir au ministère de la Santé et des Affaires sociales avec rang de ministre d'État. J'ai hésité pendant quelques instants à lui demander le ministère de la Justice. Je pense qu'il aurait pu me donner son accord, mais je me suis aussitôt ravisée [742]. »

740. « Simone Rozès, la grande dame des premières dans la justice », article dans *Le Bien Public*, 14 août 2006.

741. Entretien de l'auteur avec Jacques Toubon, *op.cit.*

742. Simone Veil, *Une vie*, Stock.

La Place Vendôme alla, dans ce gouvernement-là, à Pierre Méhaignerie. « Malgré le vif intérêt que j'aurais trouvé à diriger une maison que je connaissais bien et que j'avais beaucoup aimée, poursuit Simone Veil, je savais que, sans assise politique forte, la tâche qui m'y attendait serait difficile sinon impossible. (...) Ministre de la Santé[743], j'avais vu mon collègue de la Justice se débattre dans les problèmes de la chancellerie. Je m'étais souvent dit : “Si un jour je devais être garde des Sceaux, je crois que je préférerais me suicider plutôt que de vivre ce qu'il vit[744].” »

Certes, le ministère infernal a fait vivre des nuits de cauchemars à ses locataires. Mais la place est trop belle pour qu'on puisse réellement se plaindre d'y être passé.

743. Simone Veil fut ministre de la Santé entre 1974 et 1979. Ses collègues de la Justice furent successivement Jean Lecanuet, Olivier Guichard et Alain Peyrefitte...

744. Simone Veil, *Une vie*, *op.cit.*

# Épilogue

L'amicale des anciens ministres de la Justice n'existe pas. Pour d'évidentes raisons politiques, personne n'a jamais songé à la créer. Si la plupart des intéressés organisent encore des dîners annuels regroupant à la fois les anciens de leurs cabinets et ceux encore prêts à former des équipes fantômes pour les échéances à venir, aucun ex-ministre ne cherche en revanche à philosopher avec prédécesseurs et successeurs, surtout s'ils sont de l'autre bord.

Les images, d'ailleurs, en témoignent. Des quinze gardes des Sceaux en poste depuis 1981, ne subsiste aucune photo de famille qui les réunirait tous. Dans le couloir qui longe la bibliothèque royale, au ministère de la Justice, les portraits sont en noir et blanc et ils sont… individuels.

Tous les gardes des Sceaux encore de ce monde ont pourtant reçu, fin 2008, le même carton d'invitation. Le bristol provenait du Conseil constitutionnel et de son président Jean-Louis Debré, fils de Michel Debré, le dernier garde des Sceaux de la IVe République et premier chef de gouvernement de la Ve. Le carton proposait un rendez-vous exceptionnel. En 2008, l'institution des sages de la rue de Montpensier organisait, pour le cinquantenaire de la Constitution de 1958, un dîner en l'honneur des gardes des Sceaux de la Ve République. Un repas historique rassemblant tous ceux qui ont dirigé la Place Vendôme durant près de trente ans.

## *Un dîner de gardes des Sceaux rue de Montpensier*

Le mardi 18 novembre 2008, tous devaient donc poser dans le grand escalier du Conseil pour que soit réalisée l'unique photo les rassemblant dans le même cadre. Le cliché fut pris mais l'image est à jamais incomplète. Robert Badinter, pourtant le plus familier du Conseil constitutionnel – qu'il présida entre 1986 et 1995 – était retenu ce soir-là par ailleurs, et donc absent des locaux du Palais-Royal. Pierre Arpaillange n'avait pas pu faire le déplacement. Marylise Lebranchu était également excusée. Le dîner s'est tenu à huis clos.

Peut-on tenter d'imaginer ce que se disent des gardes des Sceaux entre eux ? Partagent-ils leurs souvenirs des souffrances ou n'ont-ils gardé en mémoire que les honneurs et les retombées purement politiques ? Sous la forme d'une fiction, on peut tenter ici de reconstituer le plan de table et les dialogues de ce rendez-vous inédit et songer au bilan que ces hommes et ces femmes ont gardé de la Place Vendôme.

Imaginons donc ce dîner très protocolaire. Les ministres auraient été placés selon leur date d'entrée en fonction, tous auraient souri pour la photo et, en fin de repas, chacun aurait prononcé une ou deux phrases, en forme de maxime, pour décrire quelle était, au bout du compte, sa vision de son passage au ministère de la Justice [745].

On songerait d'abord aux paroles des figures disparues. François Mitterrand, garde des Sceaux en 1956, racontait paraît-il fréquemment qu'un grand calme régnait à la chancellerie lors de son arrivée. « Le président du Conseil

745. Au cours des entretiens, chaque garde des Sceaux interrogé par l'auteur a répondu à cette question : « Quelle serait, en quelques phrases, la description de votre expérience au ministère de la Justice ? »

Guy Mollet m'avait dit : “Vous venez de subir une opération. Il faut que vous alliez Place Vendôme. Là, au moins, vous aurez une convalescence tranquille !” Vous voyez, c'était cela autrefois, le ministère de la Justice [746] ! », plaisantait François Mitterrand. Jean Foyer, garde des Sceaux de 1962 à 1967, soupirait : « Le moyen d'avoir le moins d'ennuis dans cette maison, il est vrai que c'est de ne rien faire. Moi, je suis peut-être activiste mais, malgré les ennuis que j'ai subis, j'ai réussi à faire des choses qui m'intéressaient [747]. »

Plus pessimistes étaient Jean Lecanuet, garde des Sceaux de 1974 à 1976, et son successeur Olivier Guichard. « Ce ministère est un linceul pour l'homme politique qui veut y faire quelque chose [748] », lançait le premier. « Faites comme moi, n'y faites rien et vous vous en porterez très bien. Le ministère de la Justice est une vieille dame qu'il ne faut pas bousculer. Sinon, elle s'effondre [749] », ajoutait le second.

Au dîner imaginaire, après avoir entendu les phrases de leurs prédécesseurs, les gardes des Sceaux prendraient la parole pour les contredire, abonder dans leur sens ou encore débattre des vertus du ministère. Maurice Faure serait sévère, rappelant que « les ministres de la Justice ne rendent pas du tout la justice mais [que] le peuple le croit dur comme fer [750] ». Robert Badinter réfléchirait à haute voix sur les rares lumières et les ombres épaisses de la fonction.

---

746. La phrase de François Mitterrand est rapportée par Henri Nallet. Le président de la République le lui avait confié en 1990 lors d'une marche « dans les dunes » en marge d'un voyage à La Rochelle.

747. Entretien de l'auteur avec Jean Foyer.

748. Cité dans la biographie d'Alain Peyrefitte par Jean-Claude Michaud, Fayard.

749. *Ibid.*

750. Entretien de l'auteur avec Maurice Faure.

Au dîner, les convives auraient le souvenir de Michel Crépeau, disparu en 1999. Il avait pour sa part cette description hilarante : « J'ai été avocat pendant vingt-huit ans et garde des Sceaux pendant vingt-huit jours. Si je suis le seul ministre de la Justice à ne pas avoir commis d'erreur, c'est parce que je n'en ai pas eu le temps [751]. »

Albin Chalandon philosopherait : « Je me suis passionné pour ce ministère, même si j'y ai subi pas mal d'avanies et d'ennuis parce qu'on y vit en permanence avec la crainte d'avoir une bombe qui va exploser sous son siège, autrement dit le surgissement d'un problème angoissant du fait que la solution ne peut être que le choix entre deux maux souvent tragiques. C'est ce qui permet aux ministres qui, ayant plus voyagé que moi d'un ministère à un autre, de dire que c'est l'un, si ce n'est le plus dur de tous, surtout psychologiquement [752]. »

Son successeur Pierre Arpaillange analyserait la place du garde des Sceaux : « La phrase de François Mitterrand selon laquelle le ministère de la Justice était autrefois une sinécure est très parlante. Quand l'institution n'était pas au centre de l'État, comme un organe régulateur incontournable, quand le droit lui-même était un corps élastique de règles avec lesquelles on pouvait toujours s'arranger, la Place Vendôme n'intéressait pas grand monde. Cela a changé. La Justice est maintenant un enjeu politique et social et le ministre y perd en confort… Pour être honnête, il faut ajouter que le corps des magistrats, la très influente profession des avocats et des avoués, sont globalement et profondément conservateurs. Cela ne simplifie pas la tâche du ministre [753] ! »

Un regard observateur successivement posé sur chacun des convives, Henri Nallet, solennel, surprendrait l'assistance en employant soudain une référence religieuse pour

751. Phrase de Michel Crépeau, récompensé à l'époque par le prix de l'humour politique.

752. Entretien de l'auteur avec Albin Chalandon, *op.cit.*

753. Lettre de Pierre Arpaillange à l'auteur.

décrire la fonction : « C'est une responsabilité impressionnante qui touche au plus intime et au plus symbolique de la vie des gens et l'on vit constamment avec cette terrible question : qu'est ce qui est juste ? On ne peut approcher cette responsabilité à la légère. Ce n'est pas un ministère comme les autres. Et ce n'est pas manquer à mon respect de la laïcité que de dire que cette responsabilité a quelque chose de religieux en ce qu'elle traite de questions qui vont bien au-delà de l'administration des choses et des rapports sociaux [754]... »

Michel Vauzelle observerait : « On est porté par le sensationnel intérêt et la grandeur de la chose. Les gens que l'on rencontre sont de très grande qualité. C'est un moment qui m'a laissé un souvenir passionnant mais très difficile humainement et physiquement [755]. »

Pierre Méhaignerie, plus qu'une maxime, prononcerait un slogan : « Faites confiance, donnez des responsabilités aux hommes et vous les changez [756]. »

Jacques Toubon insisterait sur les paradoxes de la charge : « Le ministère de la Justice est le ministère même de la responsabilité : le garde des Sceaux a un pouvoir considérable qu'il doit exercer dans des limites extrêmement contraintes. J'ajouterais qu'il faut respecter le regard humain de la justice c'est-à-dire comprendre que la justice est rendue par les humains sur des litiges ou des poursuites qui constituent autant de drames humains [757]. »

Élisabeth Guigou, en une phrase, résumerait sa conception du rôle politique du garde des Sceaux : « La cohésion sociale et nationale passe par la justice [758]. »

---

754. Entretien de l'auteur avec Henri Nallet, *op. cit.*
755. Entretien de l'auteur avec Michel Vauzelle, *op. cit.*
756. Entretien de l'auteur avec Pierre Méhaignerie, *op. cit.*
757. Entretien de l'auteur avec Élisabeth Guigou, *op. cit.*
758. Entretien de l'auteur avec Jacques Toubon, *op. cit.*

Et Marylise Lebranchu d'ajouter : « C'est le ministère où le politique doit se montrer discret [759] ! »

Dominique Perben synthétiserait : « Trois ans d'expérience humaine exceptionnelle même si à chaque fois que l'on ouvre un tiroir, on peut y trouver une bombe [760]. »

Pascal Clément, enthousiaste, lancerait : « J'ai adoré ce ministère. Il est le ministère de la loi et j'aime faire la loi. J'aime les magistrats. Je crois que la confiance qu'un garde des Sceaux peut avoir en eux permet de construire une justice totalement incontestée. Pour moi, le ministère de la Justice est l'équilibre du gouvernement et de la société. Si le ministère est équilibré, la société se sent stabilisée. C'est pour cela qu'il faut être un ministre équilibré. Et pas forcément médiatique [761]. »

Rachida Dati, souriant aux regards braqués vers elle, soulignerait qu'« être associée à la justice d'une République comme la France vous amène au cœur de l'équilibre d'un pays et au cœur de ce qui fait que chacun de ces citoyens est libre ». « À chaque fois que je mets en œuvre une réforme ou que je donne des instructions de politique pénale, je pense à cette notion de protection. Protection des libertés et protection de l'égalité. Ce sont tous les personnels du ministère qui portent au quotidien ce souci de la protection de tous, et en particulier des plus vulnérables [762]. »

Michèle Alliot-Marie, enfin, afficherait cette ambition métaphorique : « La Justice est une grande dame, à même de devenir aussi une jeune femme dynamique, donnant aux Français l'envie de la suivre et de participer à sa mission [763]. »

---

759. Entretien de l'auteur avec Marylise Lebranchu, *op.cit.*
760. Entretien de l'auteur avec Dominique Perben, *op.cit.*
761. Entretien de l'auteur avec Pascal Clément, *op.cit.*
762. Entretien de l'auteur avec Rachida Dati, *op. cit.*
763. Entretien de l'auteur avec Michèle Alliot-Marie, *op. cit.*

En coulisse de ce dîner d'apparat, on peut imaginer que des visiteurs de marque seraient venus observer encore une fois « leurs gardes des Sceaux ». Il s'agirait de magistrats d'influence devenus au fil des années des figures de la Place Vendôme. Ces hommes de justice oubliés par l'Histoire mais devenus des personnages incontournables de la France judiciaire échangeraient entre eux sourires et amabilités mais à vrai dire, ce soir de fête, aucun d'eux ne se montrerait bien insolent.

En fait, au fil des conversations avec ces « huiles » menées pour ce livre, un seul se montrerait bien acide sur l'institution en elle-même. La fréquentation des politiques en terres judiciaires lui aurait-elle fait perdre quelques illusions ? Le contraste entre les ors de l'hôtel de Bourvallais et le quotidien des palais de justice lui serait-il devenu insupportable ? En tout cas, selon lui, il serait temps de prendre la mesure des « deux grands échecs du ministère de la Justice ». Les échecs des affaires et des erreurs judiciaires ? Non, ceux « de l'informatique et l'immobilier » ! « Ce sont des carences insupportables qui devraient être délégués à des agences expérimentées avec un budget correspondant. Allez voir dans un tribunal. Allez voir à Saint-Malo, à Montauban. Matériellement, on travaille comme il y a vingt ans ! La justice s'est habituée à une permanence de problèmes très matériels, très concrets, qui ne changent pas. La problématique matérielle est constante. Les justiciables tombent de l'armoire quand ils sont pris dans une procédure et réalisent cette misère, sans compter les délais qui vont avec. Mais le débat est tellement permanent qu'il a disparu des discours, y compris de la part des syndicats qui se concentrent comme les politiques sur les débats concernant la rétention de sûreté ou sur les lois des mineurs, mais ne parlent plus de la justice au quotidien. »

Pour ce haut magistrat, décidément, « la déconnexion avec les attentes du terrain est totale ». Selon lui, « les locataires de la Justice découvrent le 13 place Vendôme à leur nomination et le laissent à leur départ exactement dans le même état qu'à leur arrivée, en ayant seulement ajouté un lot de lois supplémentaires ».

## *L'ordre donné au garde des Sceaux*

Au dessert de ce dîner touchant à sa fin, parlerait-on de l'expérience inédite que chaque garde des Sceaux a pu réaliser ? S'amuserait-on de l'expérience dont il a constitutionnellement l'exclusivité, c'est-à-dire celle de presser les Sceaux de la République ? Pour tous, les cérémonies de scellement ont en effet été d'un déroulement solennel, d'une précision technique et elles forment une sorte de parenthèse dans la vie agitée du ministère.

Le 28 mars 2007, dans la galerie Peyronnet, la grande presse, brillant d'or et d'argent, a ainsi été extraite du bureau du ministre. De la cire chaude est sur le point d'être apposée sur un ruban tricolore rattaché au texte constitutionnel à honorer. Face à l'impressionnant accessoire, se trouvent Robert Badinter et Pascal Clément. Le premier grand garde des Sceaux de François Mitterrand et le dernier de Jacques Chirac sont unis pour sceller un texte historique. Il s'agit de l'abolition de la peine de mort, votée en 1981, que le Parlement réuni en congrès a solennellement fait inscrire quelques semaines auparavant dans la Constitution. L'ambiance, face à la presse, est aux sourires. Patrick Ollier, président de l'Assemblée nationale, et Jean-Louis Debré, président du Conseil constitutionnel, sont présents.

Dans le discours et dans les yeux de Pascal Clément, un quart de siècle de la vie du ministère de la Justice passe en vitesse accélérée. L'ancien député hostile à l'abolition devenu ministre de la Justice à son tour, expose que la suppression de la peine de mort « fut un débat politique majeur, dans les assemblées, dans les prétoires, dans les lieux publics ou simplement dans l'intimité des consciences. Elle eut ses défenseurs et ses pourfendeurs. Aujourd'hui, nous l'avons définitivement exclue du champ des discussions et des propositions politiques. La vie humaine a un caractère inviolable et sacré. Éliminer d'autres hommes n'est pas une règle propre à une société évoluée. D'autant plus que la justice humaine est faillible. Le juge, dans sa difficile mission de dire le droit et le juste, peut se tromper ».

Le ministre, après ses propos, tourne lui-même la presse du Sceau. « C'est une tradition assez belle, observe Michel Vauzelle qui se prêta en son temps au même exercice. De plus, le moment où le directeur des Sceaux donne l'ordre au ministre de presser les Sceaux est solennel. C'est le seul moment où un fonctionnaire donne un ordre à un ministre[764] ! »

Les jours de cérémonie sont aussi les seules occasions qui sont données aux visiteurs de toucher du doigt les fameux Sceaux de la République. Quand on en prend un en main, l'objet est surprenant. D'abord, le disque de cire est plus imposant qu'on ne pourrait le croire. Il mesure une quinzaine de centimètres de diamètre. Et il est relativement épais. On y distingue, côté face, la République incarnée par Junon assise, coiffée d'une couronne de laurier radiée à sept pointes. Elle tient d'un bras un faisceau traversé d'une pique et de l'autre un gouvernail frappé d'un coq. Sont à ses pieds d'autres symboles de la République comme un vase, censé représenter le suffrage universel et cette devise, inscrite en lettres capitales . « République française, démocratique, une et indivisible ». Côté pile, on lit simplement les mentions « Au nom du peuple français » et « Égalité, Fraternité, Liberté ».

Les larges matrices qui forment l'empreinte des Sceaux de la République sur la cire sont en argent pur. « Il y a

764. Entretien de l'auteur avec Michel Vauzelle, *op.cit.*

encore quelques années, raconte Louis Faivre d'Arcier, chef du service des archives du ministère de la Justice, les matrices étaient conservées dans un coffre-fort à l'intérieur même du bureau du ministre. Depuis peu, pour des raisons de sécurité, elles ont été déplacées. Elles sont à l'abri dans un autre lieu du ministère… » Si le coffre du bureau du garde des Sceaux possède encore des secrets, il ne recèle donc plus le petit boîtier contenant les Sceaux et que plusieurs ministres avaient sorti de leur écrin pour les exposer à leurs visiteurs. Le bureau, en revanche, abrite depuis 1995 la presse à les sceller.

Jusqu'à une période récente, les originaux des textes scellés par les gardes des Sceaux prenaient place, pour leur part, dans les larges vitrines de la salle des Sceaux, située à quelques mètres de la bibliothèque royale. L'antichambre du bureau du ministre contenait ainsi les documents historiques sans qu'aucune protection particulière ne leur soit réservée. Mais en 1996, Jacques Toubon, les voyant exposés à la chaleur et à la lumière, les a fait déplacer au musée de l'Histoire de France [765]. « Ils sont désormais dans la salle de l'armoire de fer [766] », expose le chef du service des archives, intarissable quant à la symbolique machine de 300 kg que Cambacéres avait commandée en 1810.

Depuis cette date, d'ailleurs, la méthode n'a pas changé. Deux galettes de cire d'abeille similaires à celles utilisées au Moyen Âge viennent entre les deux presses, emprisonnant le ruban tricolore – appelé le las – raccroché au texte constitutionnel. Le geste est significatif. Déjà, en Mésopotamie, les Sceaux venaient valider les actes de justice. Les rois de France en faisaient usage comme d'une signature. Jusqu'à la fin du XVIII^e^ siècle, le chancelier de France tenait

---

765. Aux Archives nationales, rue des Francs-Bourgeois, à Paris.

766. Interview de Louis Faivre d'Arcier pour Europe 1, le 26 mars 2007.

deux fois par mois place Vendôme des séances destinées à sceller formellement les actes officiels. L'action de sceller était ensuite tombée en désuétude durant quelques années avant de revenir en grâce, après la Seconde Guerre mondiale. Ce *come-back* des Sceaux se fit d'ailleurs dans une certaine précipitation !

« C'est en 1946 que la tradition a en quelque sorte été réinventée », souligne Louis Faivre d'Arcier. « La IVe République souhaitait sceller sa Constitution. Les choses se sont décidées rapidement. La matrice du sceau était celle de 1848, celle de la IIe République, dont seule la date a été effacée. Et, de façon inhabituelle, de la cire de couleur rouge a été utilisée. »

Depuis, ce sont toujours les mêmes matrices qui servent à la République. En octobre 1958, sous les mains de Michel Debré, ce sont elles qui pressent la Constitution de la Ve République. Elles sont aussi appelées à enserrer, en décembre 1964, la loi « portant modification des dispositions du code civil relatives à la tutelle et à l'émancipation » puis, début 1986, la loi portant abolition de la peine de mort.

Un second *come-back* des Sceaux remonte au début des années quatre-vingt-dix. Les fonctionnaires des Archives nationales assistent alors à un véritable engouement pour leur atelier de restauration des Sceaux, jusque-là confiné à un relatif anonymat. Le choix des textes est politique. L'apposition du Sceau sur les lois ne constitue plus une formalité nécessaire à leur validité mais cela a une forte valeur symbolique.

La preuve : depuis 1992, chaque ministre veut impérativement marquer d'un sceau son passage Place Vendôme ! L'importance des réformes constitutionnelles est aussi là. Michel Vauzelle tournera la presse sur la loi constitutionnelle sur la Communauté européenne. Pierre Méhaignerie, sur la révision constitutionnelle de 1993 et la loi sur le droit d'asile. Jacques Toubon, sur la loi constitutionnelle d'août 1995 et les lois de financement de la Sécurité sociale.

Élisabeth Guigou, sur loi constitutionnelle relative à la Nouvelle-Calédonie. Marylise Lebranchu, sur la loi constitutionnelle instaurant l'égalité entre les femmes et les hommes. Dominique Perben, sur la loi constitutionnelle de l'organisation décentralisée de la République. Pascal Clément, sur l'inscription dans la Constitution de l'abolition de la peine de mort. Rachida Dati, enfin, sur le texte de la révision constitutionnelle du 23 juillet 2008 sur la modernisation des institutions de la Ve République.

Ce jour-là, pour la première fois lors d'une cérémonie de scellement, la Place Vendôme accueille le chef de l'État, Nicolas Sarkozy, son Premier ministre François Fillon et le président de l'Assemblée nationale Bernard Accoyer. À cette date, après plusieurs incidents, le Président a déjà pris ses distances avec Rachida Dati. Nicolas Sarkozy est-il, alors, tenté de se saisir lui-même de la machine pour sceller « sa » réforme ? Rien ne le montre vraiment durant la brève cérémonie et quels que soient les jeux politiques, les attributions constitutionnelles demeurent ici sacrées : seule la garde des Sceaux est autorisée à toucher la presse.

Pour le déroulement de la cérémonie, les femmes et les hommes des Archives nationales sont désormais rompus à l'exercice. Tout est vérifié mille fois. Matériel comme fournitures. Hors de question d'improviser à la dernière minute face à une pénurie de cire du bon coloris !

La couleur des Sceaux est en effet d'une importance capitale puisqu'elle doit respecter des codes. Depuis l'Ancien Régime, le rouge est uniquement destiné aux actes privés. Le jaune et le vert sont là pour signifier la valeur perpétuelle des documents. Et la seule couleur jaune est en principe rigoureusement dédiée aux textes officiels.

Aux Archives nationales, on se serait par exemple montré bien chagriné du rouge utilisé pour le scellement de la Constitution de 1946. Un rouge de scellé judiciaire ! Et l'on fut bien plus gêné quand il fut soudainement impossible de fournir à la République un jaune digne de ce nom.

Brusquement, on se rendit compte qu'il n'existait plus aucun fournisseur attitré pour apporter la cire adaptée. « Il faut reconnaître que la Constitution, en 1998, a été pressée avec un jaune presque fluorescent. Ça se voyait. C'était limite », confie un homme de l'art. Depuis 1999, seule une cire de couleur verte est donc utilisée. La presse est méticuleusement entretenue en prévision de ces cérémonies devenues rituelles. Et les spécialistes des Archives de France ont eux aussi pris l'habitude de voir les ministres se succéder.

À chaque fois, avant le jour J, ils ont pour tâche d'enseigner au ministre un bref mode d'emploi. Lors de la cérémonie, ils doivent laisser au garde des Sceaux l'honneur de serrer la presse, soit entièrement, soit uniquement pour les derniers tours de vis.

À chaque fois, l'angoisse muette des hommes de l'art est qu'un empressement ou une brutalité du ministre provoque l'écrasement de la cire. Le Sceau serait alors gâché et ses motifs en relief deviendraient illisibles. Au pire, dit-on, les imposantes galettes de cire de la République pourraient même prendre l'allure de grossiers palets informes. La fête serait gâchée. La justice, ridiculisée. Et la panique dans les rangs, sans doute indescriptible.

Heureusement, jusqu'à présent, aucun garde des Sceaux ne s'est montré maladroit dans cette manœuvre-là. Et nul doute que si, un jour, la cire d'un sceau raté venait lamentablement s'écouler sur le parquet et les moquettes de la Place Vendôme, le ministère y survivrait. Il en a vu tellement d'autres ! Si cette petite catastrophe judiciaire devait un jour se produire, les détracteurs chroniques de l'institution viendraient une nouvelle fois dénoncer un ministère tout entier irresponsable, archaïque et terrifiant. Pour leur répondre, les directions seraient immédiatement appelées à la rescousse pour échafauder une nouvelle réforme tandis que le cabinet s'agiterait pour que l'image du garde des Sceaux ne soit pas éclaboussée par cette énième crise. Enfin, quand la journée serait terminée et l'agitation retombée, les huissiers, dans le silence de l'hôtel de Bourvallais, iraient méticuleusement remettre à sa place la gigantesque presse.

Elle resterait là, au coin du bureau ministériel, en attendant qu'un nouvel arrivant ait à son tour l'audace de manier cette machine infernale.

# Remerciements

Ce livre n'aurait pas été possible sans ses premiers rôles. Je remercie vivement les gardes des Sceaux qui ont bien voulu me livrer récits, enthousiasmes, anecdotes et regrets, en particulier Robert Badinter qui, en dépit de sa volonté de ne pas m'accorder d'entretien inédit, m'a apporté ses éclairages, Rachida Dati et Michèle Alliot-Marie qui ont accepté de se prêter au jeu alors qu'elles étaient encore en fonction, ainsi que Jean Foyer (±), Maurice Faure, Albin Chalandon, Pierre Arpaillange, Henri Nallet, Michel Vauzelle, Pierre Méhaignerie, Jacques Toubon, Élisabeth Guigou, Marylise Lebranchu, Dominique Perben et Pascal Clément, qui, tous, ont formé des rencontres passionnantes.

Cette enquête n'aurait pas abouti sans les connaisseurs de la Place Vendôme. Je remercie infiniment pour leurs réponses et pour leur aide Gilbert Azibert, Dominique Barella, Laurent Bedouet, Philippe Bilger, Yves Bot, Maryvonne Caillibotte, Alain Carre-Pierrat, Mathilde Casteran, Patricia Chapelotte, Yves Charpenel, Bruno Cotte, Guillaume Didier, Michel Dobkine, François Falletti, Patricia Friob, Jean Favard, Bénédicte Guitard, Jean-Marie Huet, Georges Kiejman, Laurent Le Mesle, Daniel Ludet, Sabine Mariette, Jean-Claude Marin, Isabelle Montagne, Catherine Nay, Patrick Ouart, Christophe Régnard,

Dominique Rousseau, Paul-André Sadon, Denis Salas, Jean-Marc Sauvé, Christian Vigouroux, Ulrika Weiss et Mercure.

Cette visite n'aurait pas été complète sans les guides souhaitant rester anonymes mais que, selon la formule consacrée, on n'oublie pas.

L'idée de ce récit est née auprès de Thierry Billard, des éditions Flammarion. Elle s'est construite grâce aux conseils de mes amis de la presse judiciaire, Acacio, Éric, Xavier, Pierre-Antoine, Jean-Philippe et Stéphane... Je remercie mes directeurs successifs, à Europe 1 et au *Figaro* de m'avoir permis de mener ce projet à son terme, parallèlement à mes différentes activités quotidiennes. J'adresse un clin d'œil aux A.M.A.G. et à leur présence permanente.

## Ministres de la Justice depuis 1981

Sous la présidence de François Mitterrand
— Maurice Faure (mai 1981)
— Robert Badinter (juin 1981-février 1986)
— Michel Crépeau (mars 1986)
— Albin Chalandon (avril 1986-mai 1988)
— Pierre Arpaillange (mai 1988-octobre 1990)
— Henri Nallet (octobre 1990-avril 1992)
— Michel Vauzelle (avril 1992-mars1993)
— Pierre Méhaignerie (mars 1993-mai 1995)

Sous la présidence de Jacques Chirac
— Jacques Toubon (mai 1995-juin 1997)
— Élisabeth Guigou (juin 1997-octobre 2000)
— Marylise Lebranchu (octobre 2000-mai 2002)
— Dominique Perben (mai 2002-juin 2005)
— Pascal Clément (juin 2005-mai 2007)

Sous la présidence de Nicolas Sarkozy
— Rachida Dati (mai 2007-juin 2009)
— Michèle Alliot-Marie (Juin 2009- ...)

# Table

*Imprimé en France*
Dépôt légal : octobre 2009
N° d'édition : L.01ELKN000157.N001 – N° d'impression : 96669